Kursbuch 204

Essen fassen

Klimaneutral
Druckprodukt
ClimatePartner.com/12752-1803-1001

Zum Ausgleich für die entstandene CO_2-Emission bei der Produktion dieses Buches unterstützen wir die Erhaltung und Wiederaufforstung des Kibale-Nationalparks in Uganda. Das Projekt trägt zum Klimaschutz bei, indem die Bäume bei der Fotosynthese Kohlenstoff aus der Luft binden, es schützt die Biodiversität des tropischen Waldes und sichert 260 Arbeitsplätze.

Das Kursbuch erscheint viermal im Jahr.
Das Heft kostet einzeln € 19,–
Das Jahresabo (4 Ausgaben) kostet € 60,–
Im Internet: https://kursbuch.online

Kursbuch Kulturstiftung gGmbH
Miramar-Haus, Schopenstehl 15, 20095 Hamburg
Tel.: 040/39 80 83-0
V. i. S. d. P.: Peter Felixberger

ISBN 978-3-96196-169-6
ISSN 0023-5652

Herstellung und Gestaltung: Murmann Publishers GmbH, Hamburg
Druck: Steinmeier GmbH & Co. KG, Deiningen
Printed in Germany

Zuschriften bitte per Mail an: kursbuch@kursbuch.online
Abonnenten-Service: abonnements@kursbuch.online
Pressevertrieb: PressUp GmbH, Wandsbeker Allee 1, 22041 Hamburg. www.pressup.de

Armin Nassehi

Editorial

»Weil Speis und Trank in dieser Welt doch Leib und Seel' zusammenhält«, heißt es 1690 in dem Singspiel *Der irrende Ritter Don Quixotte de la Mancia* von Johann Philipp Förtsch – es ist der Ursprung des geflügelten Wortes, und es enthält fast alles, was man über das Essen sagen kann. Es hält Leib und Seele nicht nur zusammen, es findet sogar gewissermaßen in zwei Welten statt – in der Welt des Leibes, des Lebens, des Überlebens, der Natur und der Stofflichkeit einerseits, in der Welt der Seele, der Kultur, der Bedeutung und ihrer sozialen Ausprägung andererseits. Essen ist gewissermaßen das Symbol für die unterschiedlichen Formen des Stoffwechsels, in der der Mensch steht: im Stoffwechsel mit seiner natürlichen Umwelt einerseits, im Stoffwechsel mit der soziokulturellen Umwelt andererseits. Essen (und Trinken) dient einerseits der Selbstreproduktion unseres stofflichen Körpers und ist immer geprägt von der eher feinstofflichen Ebene seiner sinnhaften Verweisungen. Nichts, was gegessen wird, ist nur Nahrung, und alles, was gegessen wird, bedeutet auch etwas.

Darin ähnelt das Essen der Sexualität – die auch nicht einfach der Reproduktion der Gattung dient, sondern stets auf besondere Weise soziokulturell aufgeladen ist. Nicht umsonst sind sowohl Sexualität als auch Ernährung ein besonderer Gegenstand aller Weltreligionen – Sexualität und Ernährung stehen gewissermaßen für die Perpetuierung der Schöpfung, im Falle des Essens von Tag zu Tag, im Falle der Sexualität von Generation zu Generation. Die christliche Vorstellung des *peccatum originale*, der Erbsünde, wird gewissermaßen durch den Kontrollverlust des Sexuellen von Generation zu Generation weitergegeben, perpetuiert gleichwohl die Schöpfung Gottes und muss deshalb stark eingehegt werden – in einer strengen Sexualmoral und der Sakralisierung der Ehe.

Der Ursprung der Erbsünde freilich war nicht der Sex, sondern ein Biss in einen Apfel, der den Menschen aus dem Paradies vertrieb, ihm aber auch die Kultur bescherte: Er konnte nicht mehr einfach sein, was er war, sondern er musste sich nun ansehen. Dass der Sündenfall der Frau oblag, ist dann vielleicht die Verbindung zur Sexualisierung des Geschlechts. Dass es ein Akt des Essens war, der den Menschen zu dem macht, was danach sein sollte, ist vielleicht kein Zufall, vielleicht auch nur theologische Spekulation – aber man könnte den Satz »Du bist, was du isst« als geradezu schöpfungstheologische Anthropologie interpretieren.

Es ist jedenfalls kein Zufall, dass die Religionen nicht nur klare Sexualvorschriften, -tabus und -regeln kennen, sondern auch deutliche Speisevorschriften, -tabus und -gebote. Diese variieren enorm, sind hier strenger, dort nur noch ein blasser Widerschein früherer Strenge, aber sie symbolisieren tatsächlich das Grundlegende jenes Stoffwechsels des Menschen mit seiner natürlichen Umwelt. Innerhalb der religiösen Traditionen ist es vor allem der Distinktionsgewinn zwischen strengeren und weniger strengen Gruppen, zwischen Konfessionen und Lebensarten, die sich besonders in diesen kulinarischen Regeln niederschlagen.

Und jede Regel ist nur so schön wie seine Übertretung – wie in dem bekannten Witz über den Rabbi, der beim Metzger auf einen Schinken zeigt und fragt, was der Fisch koste. Auf die Auskunft, das sei ein Schweineschinken, sagt er, er wolle den Preis des Fisches wissen, nicht, wie er heißt. Genauso schön ist das schwäbische »Herrgottsbscheißerle« – Maultaschen, die in der Fastenzeit bis Karfreitag gereicht wurden und deren fleischhaltige Füllung eben in der Teigtasche versteckt war, die Gottes Blick, wiewohl omnipotent, verborgen bleibe. Dialektisch wissen wir, dass die kreative Übertretung der Regel vor allem auf die Geltung der Regel verweist. Das Essen jedenfalls kann sich der Doppelbedeutung zwischen schlichter Stofflichkeit und Nährwert und seiner kulturellen Bedeutung nicht entziehen.

Die Beiträge dieses *Kursbuchs* eint die Perspektive auf diese Doppelbedeutung des Essens und der Ernährung als natürlich-kulturelle Dublette. Und auch ganz ohne Rekurs aufs Theologische und Religiöse wird deutlich, dass die Bedeutung des Essens in allen Beiträgen auch darin liegt, dass gegessen werden muss, damit sowohl die Gattung als auch ihre Gesellschaft und Kultur kontinuiert. Es findet jeden Tag statt, meistens mehrmals, und es bedeutet stets mehr, als es ist. So machen Eva-Maria Endres und Christoph Klotter darauf aufmerksam, wie sehr sich das Essen stets moralischer Beobachtung ausgesetzt sieht, und Eva Barlösius zeigt in ihrem Beitrag, dass sich in den Lebensmitteln selbst eine sozialmoralische Differenz ausdrückt, in der unterschiedliche Praktiken sichtbar werden. Jana Rückert-Johns Überlegungen über das Essen in Corona-Zeiten machen ebenso auf die soziale Bedeutung des Essens aufmerksam – wer enger aufeinandersitzen muss, muss auch zusammen essen. Oder darf?

Andrea Fadanis Kulturgeschichte des Hungers Marie Schröers Beitrag über »Foodporn« gegenüberzustellen, macht sehr deutlich, wie sich im Essen gesellschaftliche Extreme unterscheiden lassen – hier der menschheitslange Mangel und der Hunger, dort die Ausstellung des Überflusses von seiner künstlerischen Darstellung bis zu seiner popkulturellen Darstellung in sozialen Medien. Auch Corinna Schirmers Beitrag über den Bedeutungswandel des Fleisches als Nahrungsmittel lässt im Nahrungsmittel und seiner Aufladung mit Bedeutung gesellschaftlichen Wandel sichtbar werden. Die »Wurstpoetologie« von Felix Lindner ist der Beitrag, der aus unserem Call for Papers hervorgegangen ist.

Heike Littger hat sich nach diversen Foodtrends umgesehen und gezeigt, wie sehr nicht nur unterschiedliche Trends auffindbar sind, sondern wie diese in kulturelle, ökonomische, technische und Marketingentwicklungen eingebettet sind. Meine Lieblingsstelle: Manche sehr neue vegane Foodtrends, etwa Pouletstreifen aus Erbsenproteinen, sind zwar neu, verdanken ihren Erfolg aber der historischen Macht von Maggi- und Knorrwürze. Nur weil schon das richtige Huhn nicht nach Huhn schmeckte, kann man es jetzt ohne Rest, ohne Huhn kopieren. Das Essen dekonstruiert sich selbst, indem es den Geschmack perpetuiert, der aus einer Zeit vor aller Dekonstruktionsmöglichkeit stammt.

Das führt zum Beitrag von Jürgen Dollase – ein Meisterwerk der Dekonstruktion. Dollase diagnostiziert einen *clash of culinary cultures* – und dekonstruiert diesen, indem er den Kampfbegriffen dieses Kampfs der Kulturen misstraut. Was ist *einfache Küche*, was eine *Spitzenküche*, was *Qualität* und wie lässt sich die lebenslange Geschmackssozialisation überwinden – und geht dabei stets derjenige als Sieger hervor, den man erwartet? Dollase ist hier kein Kombattant in diesem Kampf der Kulturen, auch kein Schiedsrichter, sondern jener parteiliche Unparteiische, der beiden Seiten bescheinigt, wie sehr sie sich an ihre eigenen Vorurteile gewöhnt haben.

Wer nach diesem kalorienreichen *Kursbuch* immer noch Appetit verspürt, stößt auf Peter Felixbergers FLXX-Kolumne, die diesmal die Demokratie in einem Menü der Extraklasse kredenzt – garantiert ganz ohne braune Soße.

Der Brief eines Lesers ist dem Autor diesmal im Halse stecken geblieben – er fällt dem Überangebot an Kulinaria in diesem *Kursbuch* zum Opfer.

Heike Littger

Lagerfeuer

Mitten durch die Prärie neuer Foodtrends

Frankfurt im Oktober. Der Countdown läuft. Noch 73 Tage, dann muss das »Seven Swans« sterben. So steht es auf der Homepage von Ricky Saward und seinem Frankfurter Restaurant. Seit einem guten Jahr bietet der Koch nur das an, was er auf seinem Acker und im Wald drumherum findet. Gemüse, Obst, Beeren, Kräuter, Pilze. Bisschen Getreide. Kein Fleisch, keine Eier, keine Milch. Was er in der Küche nicht verarbeiten kann, landet wieder auf dem Feld. Brutal lokal, Farm-to-Table, No Waste. Das Konzept kommt bei den Gästen gut an, kaum ein Abend, an dem das Restaurant nicht ausgebucht ist. Im Frühjahr konnte Saward seinen Stern verteidigen, damit führt er das erste vegane Sternerestaurant der Welt, das grüne Kleeblatt für Nachhaltigkeit gab es obendrauf. Mehr »in« geht nicht. Doch der Koch hat das Trendgerede satt. »Entweder dich versteht keiner, dann wirst du runtergeschrieben. Oder die Leute finden es cool und wollen immer mehr und noch eine Schippe drauf. Da kann man persönlich nur verlieren.«

Foodtrends. Was ist angesagt? Was wollen wir heute, morgen und übermorgen essen? Welche Lebensmittel sind besonders begehrt und welche wollen wir so gar nicht mehr auf unseren Tellern sehen? Ist vegan in der Mitte der Gesellschaft angekommen? Wie sieht es mit alternativen Proteinquellen aus? Werden wir die Zeit, in der wir Tiere in Massen gezüchtet und geschlachtet haben, hinter uns lassen? Kurz: Uns bewusster, gesünder, regionaler, nachhaltiger ernähren? Wer hier nach Antworten sucht, kommt an Hanni Rützler nicht vorbei. Seit 2014 bringt die Trendforscherin jedes Jahr für 150 Euro ihren *Foodreport* heraus, der die kulinarischen Trends beleuchtet. Natürlich, einen Wandel der Esskulturen hat es immer schon gegeben, doch noch nie war er »so rasant, so radikal, so differenziert wie aktuell«. Rützler schreibt von einer Revolution, die da stattfindet, nicht nur hier in Deutschland oder Europa, sondern weltweit in allen Wohlstandsgesellschaften. »Nie konnten wir so frei über unser Essen entscheiden wie heute« – und die Menschen identifizieren und positionieren sich nicht nur mit dem und durch das, was sie essen, sondern auch mit dem und durch das, »was sie aus Überzeugung nicht essen«. Kein Qualfleisch. Keine Milch. Kein Import-Soja. Kein Palmöl. Keine industriell verarbeiteten Lebensmittel. »Als Veganer, Paleo-Jünger oder Clean-Eater weiß man sehr genau, welchen Platz man in der Gesellschaft einnimmt«, so Journalist und Buchautor Nils Binnberg.[1] Und dieses Wissen gibt einem die vermeintliche Gewissheit, auf der richtigen Seite des Lebens zu stehen. Oder zumindest ein bisschen das Gefühl von Kontrolle: Was in der Welt da draußen passiert, kann ich nur bedingt beeinflussen, was in meinen Körper reinkommt, schon.

Um im Trenddschungel nicht den Überblick zu verlieren, versucht es Rützler mit einer Food-Trend-Map: 35 englische Begriffe über eine Doppelseite verteilt, manche in dünner, manche in etwas dickerer Schrift, die von sieben Megatrends in sieben Farben unterschiedlich stark umschlungen werden:

Brutal Lokal, *Transparency* und *Seasonal Food* gehören zu GLOKAL, NACHHALTIGKEIT und QUALITÄT. *Ethno Food* und *Hybrid Food* zu GLOKAL und GENUSS. *Cell Cultured Food* und *Real Omnivores* zu BEYOND FOOD und NACHHALTIGKEIT, *Veganmania* außerdem zu GESUNDHEIT. *Spiritual Food*, *Clean Food* und *Plant Based Food* zu GESUNDHEIT und ALLTAG …

Der Treiber für diesen Wandel ist für Rützler die jüngere Generation, »die das Ernährungsverhalten der eigenen Familie hinterfragt«. Sich auf die Suche nach Alternativen macht – und wenn sie sie nicht findet, kurzerhand auch mit eigenen Ideen auf den Foodmarkt tritt. Allein im vergangenen Jahr gingen hierzulande laut startupdetector 146 Food-

Start-ups an den Start. Ein bunt gemischter Haufen aus Leuten mit den unterschiedlichsten Abschlüssen und Berufen. Überzeugungstäter, die ihren Job an den Nagel hängen, um jetzt endlich etwas zu verändern, bis hin zu Betriebswirtschaftlern mit Master in der Tasche, die bereits ein, zwei Unternehmen in anderen Branchen hochgezogen haben. Hinter ihnen bringt sich allmählich ein Heer aus Business Angels und Finanzinvestoren in Position, die den Foodmarkt zunehmend für sich entdecken. Dazu Handelskonzerne (REWE, EDEKA, METRO), Lebensmittelhersteller (Katjes, Bahlsen) und selbst TV-Sender (ProSiebenSat.1), die mit eigenen Beteiligungsgesellschaften und Inkubatoren an den Start gehen oder sich irgendwo andocken. Wer mit seiner Idee überzeugt, bekommt nicht nur Geld, sondern auch den Zugang zu Strategie-Workshops, Laborküchen, Lagerräumen, Coworking Spaces und Networking-Veranstaltungen. Manche Gründer besetzen Themen wie Überproduktion, transparente Lieferketten, Vertical Farming und direkte Vernetzung von Erzeugern mit Kunden. Doch die meisten tüfteln an eigenen Produkten. Schockgefrostete Bio-Bowls, Protein-Schokolade, Energie-Shots zum Trinken, kalorienarme Snacks, Powerriegel, Low Carb Pasta, Saftkuren zum Detoxen, Kaugummis mit CBD-Öl, Algensalat, Milch ohne Milch und immer wieder Fleischersatz. Zwei Beispiele seien stellvertretend herausgepickt, angesiedelt zwischen den Extremen In-vitro-Fleisch und Insekten und jenseits von Soja, Erbsen und Lupinen.

It's all about Krebs: Lukas Bosch berät eigentlich Unternehmen in Sachen Zukunft. Doch als er in einem Zeitungsartikel über die handtellergroßen Sumpfkrebse las, die jedes Jahr in Horden durch den Berliner Tiergarten krabbeln, zählte er eins und eins zusammen. Die Stadt hat ein Problem: Die Tiere, irgendwann eingeschleppt aus Nordamerika, haben keine natürlichen Fressfeinde und verdrängen heimische Arten. Die Menschen haben ein Bedürfnis: Fleisch mit gutem Gewissen essen, aus artgerechter Haltung, am liebsten aus der Region, noch besser aus der eigenen Stadt. Warum also nicht aus der Plage ein Business machen?

Zusammen mit seiner Frau Jule, Trendforscherin, und Andreas Michelus, Koch, telefonierte er mit Binnenfischern. Probierte Rezepte aus. Besorgte sich einen silbrig glänzenden Foodtruck. Servierte die Krabben auf Events unter anderem in einer frisch gebackenen Sauerteigbrioche mit Dill-Mayonnaise, mariniertem Staudensellerie, rotem Zwiebelsalat. Und entdeckte in und um Berlin noch andere invasive Arten, die sich zu stark vermehren und lecker verarbeiten lassen: den nordamerikanischen Kamberkrebs, die Chinesische Wollhandkrabbe.

Corona hat dem Ganzen zwar ein jähes Ende bereitet, Events wurden abgesagt, der Truck wurde vermietet, doch Bosch arbeitet mit seinen Mitstreitern weiterhin an seiner Idee. Produziert Krabbenessenz, die man Saucen beimischen und in seinem Onlineshop kaufen kann. Liefert die Tiere an Berliner Restaurants – wenn denn in der Region gerade Fangsaison ist. Zukaufen aus China oder den USA kommt für ihn nicht infrage. Neuerdings ist er auch mit Supermärkten im Gespräch. »Die allermeisten Food-Trends zielen letztlich darauf ab, unsere Art des Essens nachhaltiger und gesünder zu gestalten«, sagt Bosch. »Und wir Start-ups können diese Trends befeuern, indem wir immer wieder Impulse setzen, die die Ernährungsgewohnheiten der Menschen verändern und dadurch auch die Großen zum Handeln bewegen.« So passiere es jetzt schon in der Mode. Und so werde es auch zunehmend im Bereich Food stattfinden.

It's all about Pilz: Keine zehn Minuten vom Rathaus Schöneberg entfernt, in der Rosenheimer Straße 13, sitzt Mushlabs. Der Kopf dahinter: Mazen Rizk. Der Biologe arbeitete nach seiner Doktorarbeit über Biokraftstoffe bei einem Hefehersteller und entdeckte dort die wundersame Welt der Lebensmitteltechnologie. Heute versucht er, Pilzzellen, die er in großen Stahltanks mit sterilisierten Nebenprodukten aus der Lebensmittelindustrie und Landwirtschaft füttert (zum Beispiel Obstschalen, Reishüllen, Kaffeesatz), durch Fermentation in eine proteinhaltige und ballaststoffreiche Masse zu verwandeln. Welchen Pilz er dafür nimmt, ist geheim. Angeblich ist es einer, den man in jedem Supermarkt kaufen kann. »Ziel ist ein neues Nahrungsmittel mit besonderer Textur und einem eigenen Umami-Geschmack, das zudem einen positiven Einfluss auf unsere Gesundheit hat«, sagt Anne-Cathrine Preißer, die die Produktentwicklung seit Anfang des Jahres leitet. »Auf Zusätze wollen wir so gut es geht verzichten«, vor allem auf importiertes Soja, Palm- oder Kokosöl.

Im Sommer konnte das Start-up neben Atlantic Food Labs und Bitburger Ventures weitere Geldgeber von sich überzeugen, aus der Schweiz, aus Singapur, aus Kalifornien. Die Idee hat globales Potenzial: Die Bioreaktoren könnten überall stehen. Und die Vorteile sind selbsterklärend: Kein Landverbrauch für die Aufzucht von Tieren, aber auch kein Landverbrauch für den Anbau von Pflanzen – weder für Tier noch Mensch. »Wir machen Protein quasi aus dem Nichts«, so Rizk. Wobei seine Vision keine Welt ganz ohne Rinder, Schweine und Hühner ist. Er selbst isst ab und zu Fleisch. »Zweimal die Woche ist das auch okay, nur an den anderen fünf Tagen sollte es etwas anderes sein.« Um Menschen zu überzeugen, müsse aber vor allem der Geschmack stimmen, er entscheide letztlich darüber, ob Kunden das Produkt kaufen. »Nachhaltigkeit kommt immer erst an zweiter Stelle.«

Mit den kürzlich eingesammelten 8,7 Millionen Euro sollen jetzt erst einmal neue Leute eingestellt werden, auch um die Produktion hochzufahren. Bislang gibt es nur Prototypen für Würstchen, Bällchen, Pattys. Wenn alles klappt, können 2021 die ersten Produkte schon mal an ausgewählte Restaurants ausgeliefert werden.[2]

Gunther Hirschfelder ist Kulturanthropologe und Agrarexperte. Seit Jahrzehnten beschäftigt er sich mit Essen und Trends. Das Engagement von jungen Unternehmen nennt er mitunter »symbolische Markierung«: Ich nehme wahr, dass es ein Riesenproblem gibt, und das hier ist meine Antwort darauf. Hirschfelder ist weit davon entfernt, zu werten. »Es ist die Aufgabe von Start-ups, den Markt zu sondieren und mithilfe von Kapital Ideen auszuprobieren – auch wenn dann nur ein Bruchteil das Zeug dazu hat, unsere Ernährung wirklich nachhaltig zu beeinflussen.« Vor allem die technologischen Lösungen haben nach Hirschfelder die Chance, eine rasante Entwicklung hinzulegen – »es ist der Trend schlechthin, die Folie, auf der alles andere passieren wird«. Vermutlich nur in einem größeren Maßstab.

Seit vergangenem Jahr sitzt Hirschfelder als Berater im Innovationsraum NewFoodSystem, den das Bundesministerium für Bildung und Forschung (BMBF) zusammen mit dem Fraunhofer-Institut für Verfahrenstechnik und Verpackung sowie dem Max Rubner-Institut (MRI) ins Leben gerufen hat. Die Akteure sind sich einig: Um die Versorgung mit Lebensmitteln auch in Zukunft sicherstellen zu können, müsse jetzt in die Grundlagenforschung investiert und die Landwirtschaft von Boden, Wetter und Klima entkoppelt werden. Stillgelegte Salzbergwerke sind denkbar, so Hirschfelder, in denen nicht nur Getreide, Gemüse und Obst rund ums Jahr gedeihen, sondern auch Fische und alternative Proteinquellen gezüchtet werden. Das Ganze zusammengedacht als effizienter Stoffkreislauf, ohne Abfall, CO_2-neutral und sicher.

Auch wenn die Ideen nicht taufrisch sind, die Kombination aus Fisch und Pflanzenzucht geisterte unter dem Namen »Tomatenfisch« schon vor sechs Jahren durch die Presse, erntet Hirschfelder auf solche Visionen Stirnrunzeln. Das werde sich aber ändern. »Die technikkritische 68er-Generation, die die Innovationsfeindlichkeit quasi mit der Muttermilch aufgesogen hat, tritt langsam ab und räumt die Posten für eine technikaffinere Generation.« Corona gebe dieser Entwicklung einen zusätzlichen Schub, »weil wir sehen, nur Hochtechnologie – nichts anderes ist Impfen – wird uns vor einer Katastrophe und einem Leben mit tiefen Einschnitten bewahren.«

Richard Kägi ist 62. Bei dieser Vorstellung wird ihm tatsächlich flau. Seit 30 Jahren reist der Schweizer als Foodscout um die Welt und besucht Bauern, Köche, Winzer, Fischer. Nicht zuletzt, um innovative Produkte für das Schweizer Warenhaus Globus zu finden. Die tollsten, so Kägi, »sind aber für den großen Handel gar nicht geeignet«. Weil zu rar, zu teuer, zu empfindlich. In Japan lagen neben seinem Sushi mal schimmernde Perlen auf dem Teller. »Wenn sie in deinem Mund zerplatzen, schmeckst du das ganze Meer.« Die Algen finden sich nur an den Küsten Okinawas. Einmal aus dem Wasser gefischt, sind sie nach 24 Stunden kaputt. »Sicher, es muss sich etwas tun«, sagt Kägi, »unsere Landwirtschaft, unsere Lebensmittelproduktion, unsere Art zu essen verursacht zu viele Probleme.« Grundsätzlich sei er auch für alles offen, »wenn denn die Rechnung wirklich aufgeht«. Doch bei riesigen Hallen muss er an all die Tomaten, Gurken und Erdbeeren denken, die in der Schweiz schon heute zum großen Teil hors-sol in beheizten Gewächshäusern oder hermetisch abgeschlossenen Räumen unter künstlichem Licht kultiviert werden. Die Pflanzen stehen auf Hydrokulturen, Kokosfasern oder Schaumstoff statt auf Erde, »das Zeug hat für mich keinen Geschmack und keine Lebendigkeit, es wirkt wie tot«[3].

Auf seinem Blog hat sich Kägi vor zwei Jahren über Foodtrends ziemlich ausgelassen. Der Titel: »Fuck the trends!« So scharf würde er es heute nicht mehr formulieren. Nur: Was ist neu an Ethnofood? »Wird in den entsprechenden Ländern schon immer gekocht und schwappt dann als grottenlangweiliger Abklatsch zu uns. Kantinentauglich.« Oder an vegetarisch? »Vor allem in Indien, aber auch in anderen Ländern und Regionen, ernähren sich Hunderte Millionen Menschen schon immer ohne Fleisch.« Oder an lokal, regional? »War bis vor 150 Jahren so normal wie heute peruanischer Spargel im Weihnachtsmenü. Gewürz war das Einzige aus fernen Ländern, aber auch nur getrocknet und teuer wie Kronjuwelen.« So sinnvoll der Einkauf regionaler Produkte auch sein mag, für Kägi macht er nur Sinn, »wenn die Produkte auf Wochenmärkten direkt beim Produzenten eingekauft werden. Im Handel versickert ein großer Teil der Frische in Logistik und aufwendiger Verpackung.« Zudem verstünden Kunden nicht, dass regional und naturnah produziert *immer* auch strikt saisonal bedeutet – »das wollen die allermeisten dann doch nicht«.

Überhaupt, auch wenn sich viele Schweizer für Foodtrends und Foodinnovationen interessieren: »80 Prozent kaufen dieselben Lebensmittel ein wie vor 30 Jahren«, sagt Kägi. »Unter die zehn beliebtesten Gerichte konnte sich neben Schnipo, Cordon bleu, Burger und Spaghetti Bolo als einzige Exotin gerade mal das grüne Thai Curry schleichen.« In Deutschland sieht es nicht viel anders aus. Menschen sind Gewohnheitsesser und als Kunden markentreu. In Krisenzeiten sowieso. Während des ersten Lockdowns feierten die Dosenravioli von Maggi ein rauschendes Comeback, das Werk in Singen musste Sonderschichten fahren.

Auch Hirschfelder sieht die Diskrepanz. Während ein Teil der Bevölkerung durchaus eine Antwort auf Billigfleisch finden möchte, indem er zum Sojaschnitzel greift oder sich beim Metzger seines Vertrauens nur noch einmal pro Woche ein Edelstück aus dem Dry-Aged-Reifeschrank holt, ist in den allermeisten Kantinen die Currywurst partout nicht von der Tageskarte zu streichen.[4] »Diese Widersprüche müssen wir in einer Demokratie aushalten – und sind höchstens politisch aufzulösen, indem Umweltfolgekosten nicht länger sozialisiert werden, sondern eingepreist.«[5] Bloß: Schon vor Corona hat sich keiner ernsthaft da rangetraut. »Jetzt, unter zunehmend ökonomischem Druck, wird die Nachfrage nach preiswertem und energiedichtem Essen vermutlich zunehmen«, schätzt Hirschfelder. Also Fertigpizza, Pommes, Bratwurst, Schnitzel. Auch wenn mit Tönnies die Fleischdiskussion zumindest kurz ins öffentliche Bewusstsein schwappte und verstärkt auch Obst und Gemüse im Einkaufswagen landeten, gerne in Bioqualität:[6] »Fleisch hat in weiten Teilen der Bevölkerung nach wie vor eine hohe Wertigkeit und wird als Statussymbol gesehen«, sagt Hirschfelder. »Solange ich es mir leisten kann, ist noch nicht alles verloren. Wir vergessen oft, dass die Zeit, in der zu Mittag nur der Vater ein Stück Fleisch zu essen bekam, noch nicht so lange zurückliegt.« Diese Erfahrung stecke in vielen von uns noch drin und beeinflusse bis heute unbewusst unser Kauf- und Essverhalten. »Das schleicht sich nicht so schnell aus.«[7]

Sowieso gebe es neben den Foodtrends, die es in Bücher, Magazine oder ins Fernsehen schaffen, noch ganz andere Entwicklungen. 27 Prozent aller Menschen, die hierzulande leben, haben ausländische Wurzeln, Ende des Jahrzehnts werden es voraussichtlich 30 Prozent sein.

Gerade die jungen Leute, die sich von ihrem Elternhaus emanzipieren, so Hirschfelder, kaufen überwiegend westliche Markenprodukte: Coca-Cola, Red Bull, Hamburger von McDonald's. Zudem haben Menschen mit afrikanischem oder arabischem Hintergrund zumeist keine Vorbehalte gegenüber Zucker oder Tiefkühlhähnchen von deutschen Discountern, aus ihrer Sicht sind die Tiere im internationalen Vergleich top, »hygienisch einwandfrei, keine Salmonellen, super fleischig«. Unterm Strich, so Hirschfelder, ist die Trenddiskussion, wie wir sie in der Regel führen, eine »doch ziemlich exklusive«. Ausdruck einer glücklichen, aber vielleicht begrenzten Phase von Wohlstand und Überfluss – die auch hierzulande längst nicht alle Menschen gleichermaßen so erleben.[8]

Holycrab-Gründer Lukas Bosch steigt an dieser Stelle aus. Zu oft hat er die Diskussion geführt. Zu schnell driftet sie ab. Nimmt gewollt oder ungewollt Wind aus den Segeln. Junge Menschen, zumeist aus den Großstädten der Republik, besetzen Themen, bauen ein Business möglichst nachhaltig auf, bieten Alternativen an – und dann kommt der Satz: Tolle Idee, tolles Produkt, können sich jedoch nur bestimmte Leute leisten. »Innovationen entstehen immer aus der Nische heraus«, so Bosch, »und sind nie gleich zu Anfang in allen Belangen perfekt und für jeden erschwinglich.« Der erste Bioladen eröffnete 1971 in Berlin – vermutlich zog er mit seinen selbst gemischten Müslis und Tofu-Bratlingen auch nur eine bestimmte Personengruppe mit etwas mehr im Geldbeutel an. Heute finden sich Bioprodukte in jedem Supermarkt, und für die Tierschutzorganisation PETA ist ALDI der »veganfreundlichste Supermarkt«. Warum soll es in fünf, zehn oder 20 Jahren nicht normal sein, invasive Arten zu essen? Es gibt genug davon, auch Pflanzen. Wie den japanischen Staudenknöterich, der sich nicht nur in Berlin, sondern auch im Allgäu viel zu breitmacht. »Die Stängel schmecken gekocht wie Rhabarber«, sagt Bosch, »ideal für Kompott und Chutneys.«

Wenn der Münchner Koch Vincent Fricke durchs Univiertel zu seiner Küche schlendert, kann er sehen, wie sich Foodtrends niederschlagen. Noch immer ist da die Pizzeria Mario, die Max-Emanuel-Brauerei, der Gasthof Atzinger, gleich daneben die Pommesboutique. In den letzten Jahren sind einige Bowl-, Poke-, Smoothie- und Rohkostläden dazugekommen. Zudem eine vegane Eisdiele und ein Bäcker, der hinter einer großen Glasfront von Hand Sauerteiglaibe formt. Das Stück um die sechs Euro, jeden Tag stehen Leute Schlange. Genau wie Rützler sieht Fricke nicht den einen großen Trend auf uns zurollen, »zum Beispiel Burger, und dann entstehen, wie vor paar Jahren, an allen Ecken plötzlich Burgermanufakturen – die Leute haben gesehen, dass die sechste, siebte Version von etwas keinen Sinn mehr macht, die letzten, die eröffnet haben, waren als Erstes wieder zu.« Vielmehr Mikro-Trends, die sich teilweise überlappen und irgendwo angesiedelt sind zwischen »mega abgespact – bald wird sich sicherlich ein Restaurant Insekten hart auf die Fahne schreiben« bis »unfassbar bodenständig«. Wobei Letzteres seiner Meinung nach überwiegen wird. Nicht weil es den Menschen plötzlich um Nachhaltigkeit, Qualität oder transparente Lieferketten geht, sondern weil es »einfach nur Sinn macht, das zu essen, was in der Umgebung wächst und mit handwerklichem Können verarbeitet wird. Man verträgt es zumeist besser.«[9] Außerdem tut es der Seele gut. In Griechenland erlebte die traditionelle Küche nach der Finanzkrise einen wahren Boom, der bis heute anhält. Gerade die Jungen erinnerten sich an Großmutters einfache Küche und wälzten alte Kochbücher.

Im Grunde wäre das eine Chance für seine Zunft. Zwischen Spitzengastronomie und Food to go klafft eine riesige Lücke, die es zu besetzen gilt. Doch gerade mal »18 000 Köche und Köchinnen sind derzeit in Ausbildung, das ist erschreckend wenig«, so Fricke. Der Grund: Die Betriebe schaffen es nicht, Leute zu gewinnen, die wirklich Bock auf Kochen haben, »sondern sich nur für die Lehre entscheiden, weil Maurer noch anstrengender klingt«. Die wenigen, denen es wirklich ernst ist, geben oft vorzeitig auf. Desillusioniert nach monatelangem Bodenschrubben und fertigem Kartoffelsalat aus dem Fünf-Liter-Eimer. Ein

Blick in die Hauptstadt gibt Fricke Hoffnung. Dort versucht die Initiative Kantine Zukunft Berlin den Beruf des Kantinenkochs aufzuwerten, indem sie derzeit sieben Küchenbetreiber wieder zum Kochen und Backen bringt – kein Berufsstand wurde vom eigenen Handwerk so entfremdet. Gleichzeitig arbeiten die beiden Start-ups Aitme und Da-Vinci an Kantinenrobotern, die schon im kommenden Jahr in Büros Pasta und Bowls frisch zubereiten sollen, die Zutaten frei wählbar per App. Auch hier: Bedürfnis (besseres Mittagessen) – Idee – Business.

Der Grund, warum sich die meisten Menschen noch so ernähren, wie sie sich ernähren – zu fett, zu salzig, zu süß, zu viele Fertigprodukte –, liegt für Fricke zum einen an mangelnder Selbstreflexion. Kaum jemand nimmt bei sich selber wahr, welche Wirkung bestimmte Lebensmittel haben. Wie geht es mir nach Currywurst, Burger, einem Liter Zuckerwasser? Zum anderen an der kaum bis nicht vorhandenen Kochkompetenz. Ausgerechnet Christoph Minhoff, Hauptgeschäftsführer der Bundesvereinigung der Deutschen Ernährungsindustrie (BVE), ließ sich während des Lockdowns zu der Aussage hinreißen: »Der Wegfall des Angebots von Schnellrestaurants, Pommes-Buden und Italiener um die Ecke wirft die Leute dramatisch zurück auf ihre eigenen Kochkünste – und die sind begrenzt.« Eine Fertigpizza könne noch jeder in den Ofen schieben, und Nudeln kochen mit Pastasauce drüber überfordere die meisten auch nicht. »Schon eine Kartoffel zu kochen, ist aber eine Herausforderung.« Zu den Mitgliedern der Vereinigung gehören unter anderem Nestlé, Unilever und Danone – Großmeister in Sachen Convenience und Kundenverführung.[10]

Bereits seit mehreren Jahren bietet Fricke deswegen Kochkurse für Schulen an – »das Interesse ist da, aber leider oft kein Budget« – und veranstaltet Pop-up-Restaurants. Immer zu einem anderen Trendthema. Was bedeutet eigentlich Plant Based Food? Zero Waste und No Leftovers? Root to Leaf und Nose to Tail? »Wer nicht weiß, dass der Brokkolistiel geschält nach Kohlrabi schmeckt, wird ihn auch weiterhin wegschmeißen. Wer vom Tier noch nie Bäckchen, Schwanz, Zunge oder Innereien zubereitet hat, wird beim Metzger auch weiterhin die teuren

Edelstücke Filet, Rücken und Keule kaufen. Oder Hack.« Trends in die Breite tragen, erfordere Transfer.

Auch Foodscout Kägi lässt keine Gelegenheit aus, Leute vom Kochen zu überzeugen. Vor allem von Gemüse.[11] Bei einem Testessen hat er die Pouletstreifen aus Erbsenproteinen probiert, die seit Kurzem in den Schweizer Supermärkten liegen. Wie bei Treibhaustomaten ist sein Fazit: Schmeckt nach nichts. Wobei das nicht ganz richtig ist. »Die Masse schmeckt neutral, nicht nach Huhn – wie sollte sie auch –, sondern nach der Gewürzmischung, in die sie getunkt wird.« Das Produkt läuft gut, auch die Presse berichtet positiv, komme einem echten Huhn erstaunlich nahe. »Ich weiß da nie, was ich sagen soll«, so Kägi, »anscheinend vermissen die Leute nichts und mögen den vollen Umami-Geschmack.« Dank Knorr- und Maggie-Würze habe man sie über Jahrzehnte hinweg natürlich auch daran gewöhnt. Prägung von klein auf. Er vermutet, dass er mit seiner Meinung wohl gerade nicht im Trend liege. Und jeder, der zum Veggie-Huhn greift, sei ja auch ein Gewinn. Vor allem, wenn man damit das Fleisch im Döner ersetze – begraben unter viel Sauce und Pul Biber falle der Unterschied vermutlich wirklich nicht auf. Doch er selbst würde aus der Gelberbse lieber gleich eine Suppe kochen. »Eine der besten Suppen von Paul Bocuse war eine Lauch-Kartoffel-Suppe, und der hatte immerhin drei Sterne.« Puristen könnten die Crème fraîche auch weglassen.

Selbst kochen, wissen, was einem bekommt, bedeutet nicht nur, ein Stück weit unabhängig zu sein von Produkten, die einem die Industrie[12], aber auch Newcomer[13] auftischen. Sondern auch, sich nicht kirre machen zu lassen von Foodtrends, die schon mal ins Ungesunde kippen. Zwar geht die Zahl der Übergewichtigen kontinuierlich in die Höhe,[14] die der Ernährungsfanatiker aber auch. Laut Nils Binnberg sind eine Million Deutsche süchtig nach gesundem Essen, inzwischen hat die Essstörung sogar einen Namen: Orthorexie. »Mag sein, dass diese Zahl überzogen ist, vielleicht ist sie aber auch weit untertrieben«, so der Journalist, die Grenze zwischen (über)bewusstem, gestörtem und krankhaftem Essverhalten sei unter den Selbstoptimierern nur schwer zu ziehen.

Ziel: perfect body, perfect brain, perfect life. Sieben Jahre war Binnberg selbst davon betroffen, zuerst aß er nur bio, dann clean, fühlte sich »besonders gesundheitsbewusst« und »tugendhaft«, wenn er in der Mittagspause eine Quinoa-Tahina-Bowl oder einen Chiasamen-Pudding löffelte.[15] Zum Schluss standen nur noch fünf Lebensmittel auf seiner Erlaubt-Liste. Verunsichert und verirrt im Foodtrend-Dschungel – der auch durch Social Media immer dichter wird. »Aktuell findet man unter #food knapp 416 Millionen Einträge auf Instagram. Um aufzufallen, werden Trends auf die Spitze getrieben. Und da man nur Inhalte sieht, die man selbst auswählt, wird man in seinen eigenen Ansichten bestätigt. Der Echokammer-Effekt verstärkt das Gefühl, unter Gleichgesinnten zu sein. Wenn es plötzlich heißt, 25 Tage lang nur reines Wasser trinken, wird man selbst das nicht absurd finden.«

Saward steht auf seinem Acker, 25 Kilometer von seinem Restaurant in der Frankfurter Innenstadt entfernt. Bevor der erste Frost kommt, müssen noch Kartoffeln, Kohl, Topinambur und Knollenziest geerntet und in den Erdkeller gebracht werden. Zudem checkt er noch die Gläser, in denen Vogelkirschen, Erdbeeren und schwarze Haselnüsse lagern. Im Frühjahr und Sommer hat er sie in verschiedenen Reifegraden getrocknet, eingekocht, fermentiert. Sein Restaurant kommt nicht unter die Erde. Natürlich nicht. Die Aktion sollte eine Art Weckruf sein. Innehalten. Nachdenken. Wollen wir wirklich so weitermachen? Uns mit Blick auf Trends vormachen, dass wir ja irgendwie schon auf dem richtigen Weg sind, weil sich in der ein oder anderen Nische bereits etwas tut. Und wenn wir nicht auf den einen Zug aufspringen, können wir immer noch den nächsten nehmen. Den großen Wandel kann Saward (noch) nicht sehen. »Auch wenn Potenzial da ist, coole Ideen und Ansätze – genau wie andere Branchen hält auch die Foodbranche an ihrer alten Denke fest.« Profitabilität. Skalierbarkeit. Marge vor Qualität. Kunden dort abholen, wo sie angeblich stehen, und bloß nicht überfordern. »So wird das nichts – letztlich gibt es nur eins, was zählt: Haltung. Ist es einem ernst? Und hat man die Dinge wirklich durchdacht?«

Zurück im Restaurant schneidet Saward eine Karotte auf. »Dry-Aged-Nummer«, sagt er dazu. Nach dem Angaren lag sie sechs Stunden im Dehydrator. Nun ist sie außen cremig und innen mit Knack. »Wer hat das eigentlich erfunden, dass Gemüse billig ist und höchstens für die Brühe gut?« Er und Trendsetter? Saward will niemandem zu nahe treten. Sagt dann aber doch: »Hat für mich keine Relevanz.« Und zeige eigentlich nur, wie sehr wir vom normalen Weg abgekommen sind.

Anmerkungen

1 Nils Binnberg: *Ich habe es satt. Wie uns Ernährungsgurus krank machen.* Berlin 2019.

2 Der Markt für vegane Burgerpattys ist inzwischen hart umkämpft. Neben dem gehypten Beyond Burger aus den USA (Umsatz 2019: 297,9 Millionen US-Dollar) finden sich auch hierzulande immer mehr Produkte in den Supermärkten. Ganz vorne mit dabei: die Rügenwalder Mühle. Mit seinem Veggie-Fleisch erzielt das Unternehmen inzwischen mehr Umsatz als mit seiner klassischen Wurst. Die Zutatenlisten der Produkte sind oft recht lang, insofern wird die nächste Innovation folgerichtig sein: Fleischersatz, der nicht nur satt macht, sondern auch noch einen gesundheitlichen und/oder ökologischen Mehrwert bietet.

3 Hors-sol ist für den biologischen Anbau verboten.

4 Auf der Menüchart »Beliebteste Gerichte am Arbeitsplatz« des Verpflegungsanbieters Apetito belegt die Currywurst seit 27 Jahren Platz Nummer eins. Beilage: Wellenschnittpommes.

5 Wie schnell es gehen kann, wenn die Politik sich einmischt und Grenzen zieht, zeigte das Beispiel Azofarbstoffe in Süßigkeiten. Kaum wurden die Hersteller 2010 von der EU verpflichtet, den Warnhinweis »Kann Aktivität und Aufmerksamkeit von Kindern beeinträchtigen« auf ihre Packungen zu drucken, wurde Chinolingelb, Cochenillerot und Tartrazin schnell gegen Extrakte aus Früchten und Pflanzen ersetzt. Für den US-amerikanischen Markt produziert Haribo weiterhin nach altem Rezept. Nur so viel bewegen, wie es gerade sein muss.

6 Die Logik des Billigprinzips hat mittlerweile auch die Biobranche erfasst und setzt wie schon im konventionellen Bereich zunehmend Produzenten und kleine Läden unter Druck. Die erste Folge, so Phillip Brändle, Mitglied im Bundesvorstand der Arbeitsgemeinschaft bäuerliche Landwirtschaft (AbL), sei die Spezialisierung, zum Beispiel auf eine bestimmte Sorte Getreide – das widerspricht dem zentralen Leitbild im Ökolandbau, das auf Vielfalt und Diversität setzt.

7 Vgl. Gunther Hirschfelder, Sarah Thanner (Hrsg.): *Prekäre Lebenswelten im Prisma der Ernährung.* Münster 2019.

8 Schon vor Corona zeigte eine Studie der Hans-Böckler-Stiftung, dass gut zwölf Prozent aller Erwerbstätigen in Deutschland von ihrer Arbeit kaum leben können. Ihre Jobs sind schlecht bezahlt und unsicher, ihre Lebensumstände instabil. Besonders betroffen: Frauen.

9 Wenn Menschen kein Brot vertragen, liegt das mitunter nicht am Getreide oder Gluten. Sondern an der Backtechnik. Nur wenn ein Teig wie traditionell üblich mehrere Stunden ruhen kann, werden bestimmte Zucker abgebaut, die sonst im Dickdarm Gase bilden.

10 Foodwatch zeichnet jedes Jahr Lebensmittelhersteller für ihre dreistesten Werbelügen mit dem Goldenen Windbeutel aus. Dieses Jahr mit im Rennen: Danone und sein Volvic Bio Rooibos Tee. Die Begründung: Eine rötliche Plastikfolie erweckt den Eindruck, es handelt sich um echten Rooibos-Tee. Dabei enthält das Getränk nur 0,26 Prozent Tee-Aufguss und besteht überwiegend aus aromatisiertem Wasser.

11 In seinem aktuellen Kochbuch stehen überwiegend fleischlose Gerichte. Richard Kägi: *Kägi kocht*. Aarau 2020.

12 Selbst gekochte Vollwertkost contra hoch verarbeitete Industrienahrung: Studien, wie die von Kevin Hall (Laboratory of Biological Modeling der National Institutes of Health in Bethesda, Maryland), legen nahe, dass Menschen, die sich von Fertigprodukten ernähren, zunehmen. Sie essen deutlich schneller – warum, ist nicht eindeutig geklärt – und kommen dadurch auf mehr Kalorien, bis der Sättigungseffekt einsetzt.

13 Die Frage, wie gesund und wie nachhaltig neue Fleischersatzprodukte letztlich sind, hängt immer davon ab, mit welchem Fleisch man sie vergleicht – aus bester artgerechter Haltung oder aus schlechtestem Massenbetrieb (Hormone, Antibiotika, multiresistente Keime) – und woher die Rohstoffe kommen. Ein anderes Trendgericht, die vegetarische Bowl, hat mitunter genauso viele Kalorien wie eine Pizza, die Basis besteht oft aus weißem Reis (gesund? nachhaltig?), das Topping aus Avocado (nachhaltig?).

14 Mehr als die Hälfte aller Erwachsenen in Deutschland ist übergewichtig (BMI ab 25), fast ein Viertel adipös (BMI ab 30). Bei Kindern und Jugendlichen liegen die Zahlen bei 15 und sechs Prozent. Tendenz ebenfalls steigend.

15 Seit Quinoa eine so große Nachfrage erfährt, können sich die Menschen in den Anbauländern Peru und Bolivien ihr einstiges Grundnahrungsmittel kaum noch leisten und steigen auf weniger nahrhafte Lebensmittel wie Nudeln und Reis um. Zudem führt die Kommerzialisierung zu Monokulturen, die die ehemals nährstoffreichen Hochlandböden auslaugen. Profiteure sind in der Regel allenfalls Großbauern. Der Chia-Boom hat ähnlich negative Auswirkungen.

Corinna Schirmer

Vom Fleisch fallen

Das Ende einer Essgewohnheit

Im Oktober 2020 beriet das EU-Parlament über einen Gesetzesentwurf, der die Benennung von vegetabilischen Produkten regeln sollte. Ziel des Entwurfs sollte sein, die sprachliche Nähe zwischen pflanzlichen und fleischlichen Produkten zu regulieren beziehungsweise sie klar voneinander abzugrenzen. Mit anderen Worten: Veggie-Burger, vegetarische Wurst und Co. sollten künftig andere Namen bekommen. Vorbild für diesen Gesetzesentwurf war eine EU-Verordnung, die die Benennung von Milchprodukten beziehungsweise von Produkten, deren Namensgebung an originäre Tiermilchprodukte erinnern könnte, mit folgender Regelung unterbindet: »Der Ausdruck ›Milch‹ ist ausschließlich dem durch ein- oder mehrmaliges Melken gewonnenen Erzeugnis der normalen Eutersekretion, ohne jeglichen Zusatz oder Entzug, vorbehalten.«[1] Das EU-Parlament entschied – entgegen der Entscheidung aus dem Jahre 2013 zum Thema »Milch« – bei der Benennung von sogenannten Fleischersatzprodukten jedoch dahin gehend, dass eine Regulierung seitens der EU nicht vorzunehmen sei: »Die Abgeordneten lehnten alle Vorschläge ab, sich auf Fleisch beziehende Bezeichnungen für fleischhaltige Produkte zu reservieren. Für Produkte auf pflanzlicher Basis und die Namen, die sie derzeit beim Verkauf verwenden, wird sich nichts ändern.«[2]

Die Entscheidung mutet wie ein Erfolg für derzeitige Vermarktungsstrategien fleischloser Steaks, Frikadellen und diverser Äquivalente an. Und dient gleichzeitig zur Dokumentation eines Höhepunkts zwangloser vegetabilischer Ernährung: Seit einigen Jahren erobern Fleischersatzprodukte die Supermarktregale. Sie gehören – teils als Lifestyle-Produkte – zu einer (vermeintlich) umweltbewussten, ethisch-moralisch geprägten Ernährungsweise, die im Zuge fortschreitender Globalisierung, Diskussionen um Klimawandel und Erderwärmung sowie prekärer Tierhaltungsbedingungen zunehmend an Unterstützung gewinnt. Befindet sich das Fleisch als Nahrungsmittel also in der Krise?

Vegetabilische Ernährung – eine Erfindung des 21. Jahrhunderts?

Im Zuge dieser aktuell omnipräsent erscheinenden Diskussion und der insbesondere im Lebensmittelhandel, in Restaurantküchen und heimischen Kühlschränken stattfindenden Aushandlung um fleischliche oder fleischlose Kost könnte der Eindruck entstehen, dass eine vegetabilische Ernährung eine Erfindung des 21. Jahrhunderts sei. Gemeint ist damit eine fleischlose Ernährungsweise, die auf dem bewussten Fleischverzicht beruht und nicht auf möglichen Versorgungsengpässen mit tierischen Produkten. Diese Form der Enthaltsamkeit ist schon wesentlich älter, als heutige Diskurse vermuten lassen: So ist schon in der griechischen Antike karnivore Abstinenz ein Thema, das den Ernährungsalltag insbesondere gut situierter Personen mitbestimmt.

Auf dem europäischen Festland ist der bewusste Fleischverzicht schon seit mehreren Jahrhunderten vor allem Teil verschiedener Bewegungen, die sich mit einem gesunden Lebensstil auseinandersetzen und diesen auch mittels spezifischer Ernährungsweisen in ihrem Alltag umzusetzen versuchen. En vogue ist eine pflanzliche Ernährung dabei insbesondere in diversen Religionen, denn Fastenvorschriften beziehen oftmals den Fleischkonsum mit ein. Trotz teils raffinierter Umgehungsversuche dieser Speisevorschriften – sind beispielsweise Maultaschen doch ein bis heute beliebtes Gericht der schwäbischen Küche, das seinen fleischlichen Inhalt optisch gut verbirgt und nicht umsonst den Namen »Herrgottsbscheißerle« trägt – bestimm(t)en sie letzten Endes, ob und wann welches Fleisch gegessen oder nicht konsumiert werden darf. Daneben entwickelten sich auch nicht religiöse Fleischverzichtsbewegungen, die insbesondere im 19. Jahrhundert einen ersten Höhepunkt erreichten und deren Akteure sich sogar in eigens dafür gegründeten Verbänden zusammenschlossen.

Schlussendlich aber ist der bewusste Fleischverzicht ein Privileg – er beruht auf dem Luxus, dass Fleisch, wenn es auf dem Speiseplan gewollt wäre, als Teil der Nahrung zur Verfügung stünde, und es dennoch nicht in die Ernährung mit eingebunden ist. Dabei ist Fleisch ein Bestandteil der Ernährung, der den Menschen schon seit seiner Ur- und Frühgeschichte begleitet.

Fleisch in der menschlichen Ernährung

Als Jäger und Sammler hatte man von der Verfügbarkeit verschiedenster Fleischstücke, zumindest aus alimentärer Sicht, nur träumen können. Fleisch war ein rares Gut, dessen Verzehr erst mit ausgefeilten Jagdtechniken zunehmen konnte. Zunächst stand es in der Regel roh auf dem Speiseplan, fehlten doch geeignete Zubereitungsmöglichkeiten wie Feuerstellen. Und selbst heutige Freunde der Garstufen *rare* oder gar *raw* müssen wohl zugeben, dass die Möglichkeiten der Zubereitung von Speisen durch Hitze den Essenskosmos durchaus erweitern.

Erst die Nutzbarmachung des Feuers im Verlauf der älteren Altsteinzeit ermöglichte es, Fleisch gegart oder gebraten verspeisen zu können. Ein evolutionärer Kniff, der das geschmackliche Repertoire erweiterte und überdies dem Verdauungstrakt zugutekam. Leichter verdaulich und durch Erhitzung von Parasiten befreit, trug das am Feuer zubereitete Fleisch auch zur sozialen Entwicklung des Menschen bei: Die gemeinsame Mahlzeit war erfunden. Fleisch wurde nicht mehr *to go* verzehrt, sondern zunächst zur Feuerstelle geschafft, um es dort erhitzen und gemeinsam verspeisen zu können.

Es darf dabei nicht vergessen werden, dass die Jagd eine komplexe Aufgabe darstellte, die – anders als bei den meisten heutigen Supermarktstreifzügen – neben körperlicher Höchstleistung auch das ein oder andere Opfer erforderte. Das zog wiederum geschlechterspezifische Herausforderungen nach sich, mit denen es umzugehen galt: etwa die körperlich (meist) unterschiedlichen Konstitutionen von Mann und Frau oder die Betreuung der Kinder inklusive Säuglingspflege. Ausgehend von dieser neuen Entwicklung differenzierten sich Geschlechterrollen aus: Frauen versorgten die Kinder in der Nähe der Feuerstelle, Männer gingen auf die Jagd. Eine Rollenverteilung, die sich in den meisten Kulturen bis ins 21. Jahrhundert gehalten hat und deren Aufweichung nach wie vor nur langsam im Prozess begriffen ist.

Zumindest zieht sich dieser Wandel wesentlich länger hin als die Sesshaftwerdung der Menschen. Der schleichende Abschied vom Wildbeuterdasein stellte eine gravierende Veränderung des (Zusammen-)Lebens dar und läutete die neolithische Revolution ein. Und von einigen Nomaden, Aussteigern und Weltreisenden abgesehen, kann man behaupten, dass dieser Prozess nahezu menschheitsumfassend ablief. In Gemeinschaften an einem Ort zusammenzuwohnen ist auch derzeit noch die bevorzugte Lebensweise. Die Jäger und Sammler entdeckten im Zuge des Neolithikums zudem peu à peu Pflanzenanbau und Viehhaltung – meist Rinder, Ziegen, Schweine und Schafe – für sich. War es doch weitaus angenehmer, für das saftige und zudem energiereiche Stück Fleisch nicht erst tagelang, von Familie und Freunden getrennt, durch die Gegend ziehen und Ausblick nach geeignetem Jagdwild halten zu müssen.

Irgendwann reichte es nicht mehr, das Vieh zu halten, zu schlachten und dann in aller Eile verspeisen zu müssen, um dem Verderb des Fleisches durch Konsum zuvorzukommen. Ob es nun der Ehrgeiz war, der den Erfindergeist vorantrieb, oder ob die Vorgängertechniken der heutigen Konservierungsmethoden zufällige Entwicklungen waren, lässt sich nicht mehr nachvollziehen. Belegbar ist jedoch, dass ab etwa 1000 v. Chr. eine neue Nutzungsart des tierischen Fleisches hinzukam: das Räuchern. Die Vorratshaltung wurde im Laufe der Zeit nicht nur in verschiedene Räuchermethoden ausdifferenziert, sondern noch um weitere Konservierungstechniken ergänzt. Lebensmittel, darunter auch

Fleisch, werden bis heute eingesalzen, getrocknet oder gepökelt. Bekommt man als Verbraucher diese technisch-chemischen Verfahren meist gar nicht mehr mit, sondern greift im Supermarkt zu Corned Beef, Salami und Co., entdecken seit einigen Jahren immer mehr Nostalgiker vor allem das Einkochen am heimischen Herd wieder für sich. Die Firma Weck erlebt ein Revival, und manch Köchin oder Koch wird bei Recherchen zum Thema klar, dass »Einwecken« in Wirklichkeit ein Eponym ist und »Einkochen« der Begriff, der den Vorgang vom Wortsinn her beschreibt.

Dieser neue Umgang mit den vorhandenen Lebensmitteln eröffnete ganz neue Möglichkeiten der Ernährung und dehnte auch die zeitlichen Bedingungen des Verzehrs des gehaltenen Schlachtviehs aus. Mit den verschiedenen Kulturen entwickelten sich dann während der Eisenzeit auch verschiedenste Speisepläne, der Zugriff auf Lebensmittel veränderte sich ebenso wie die genutzten Produkte selbst.[3] Durch Kontakt zwischen den Kulturen wurden verschiedene Prozesse angestoßen, auch im Bereich der Ernährung. Entwicklungen, die sich bis heute im Rahmen von Globalisierung und Migration beobachten lassen: So führten zum Beispiel die Handelsbeziehungen und kolonialen Bemühungen Großbritanniens im 19. Jahrhundert dazu, dass indische Gerichte, wie das Curry, den Weg auf die Britischen Inseln fanden. Von dort gelangten sie beispielsweise wiederum auf westfälische Speiseteller, wie sich unter anderem in Henriette Davidis' *Praktischem Kochbuch*[4] nachvollziehen lässt: Curry findet sich in der Ausgabe von 1887, herausgegeben von Luise Rosendorf, die das Kochbuch nach dem Tod von Henriette Davidis als erste weitere Autorin weiterführte.[5] In die Erstausgabe von 1845 hatte zwar Reis schon Eingang gefunden – Curry jedoch noch nicht. Der Blick über den Tellerrand erfolgte bei der westfälischen Kochbuchautorin im Wortsinn – in diesem Fall gen Großbritannien. Dessen internationale Bestrebungen hatten eine Art Vorbildcharakter, und die damit vermeintlich verbundene Exklusivität sowie ein erstrebenswert erscheinender und im Rahmen der eigenen (Koch-)Möglichkeiten greifbar werdender Exotismus konnten durch Kochrezepte in den eigenen provinziellen Speiseplan eingebunden werden. Die Imitation der insbesondere zu dieser Zeit geschätzten britischen Küche diente somit dazu, den im Vergleich zu den Referenzgesellschaften teils als rückständig empfundenen Alltag aufzuwerten und in ein exklusiveres Licht zu stellen. Wie sich ebenfalls diachron in den verschiedenen Ausgaben des *Praktischen Kochbuchs* von Henriette Davidis ablesen lässt, changierte eine Variante des Sonntagsbratens im Laufe dieser Entwicklungen – Orientierungen an der britischen und französischen Küche folgend – vom Beef à la mode über das verballhornte Bœuf à la mode hin zum, dann schon fast profan anmutenden, Schmorbraten. Eine Benennungshistorie, die gen Ende des 19. Jahrhunderts eine Rückbesinnung auf den Eigenwert der deutschen Sprache erkennen lässt – ganz im Sinne des zunehmenden Nationalismus der Zeit.

Gibt der Schmorbraten aktuell keinen Anlass (mehr?) zur Diskussion in puncto Namensgebung, ist es heute der Diskurs um die Benennung von Fleischersatzprodukten, der unter anderem aufzeigt, dass gerade Fleisch als Wohlstandsindikator gelten kann. Bei der Analyse menschlichen Fleischkonsums zeigen sich dabei verschiedene Merkmale, die Rückschlüsse auf die jeweilige Gesellschaft zulassen. So empfiehlt die Deutsche Gesellschaft für Ernährung (DGE) aktuell beispielsweise, die Fettzufuhr, vor allem gesättigter Fettsäuren, wie sie in Fleischprodukten vorkommen, zu reduzieren, da die meisten Männer und Frauen in Deutschland die empfohlenen Tagesmengen überschreiten.[6] Blickt man in der Geschichte der Menschheit zurück, lässt sich an dieser Empfehlung erkennen, an welch luxuriösem Punkt wir in unserer kulinarischen Historie angekommen sind. Denn im deutschsprachigen Raum war Fett bis in die Nachkriegsjahre des Zweiten Weltkriegs ein wertvolles Gut und somit auch ein wichtiger Anteil am Fleisch. Dies lässt sich darauf zurückführen, dass der physiologische Brennwert von Fett höher liegt als der vieler anderer Lebensmittel. Ergo ist bei der Aufnahme einer gleichen Menge von Fett und beispielsweise Kartoffeln die Energieaufnahme bei Ersterem höher. Fett als Teil der Ernährung trägt somit zu einer effizienteren Energiezufuhr bei.

Ruft man sich die eben erwähnten Jäger und Sammler ins Gedächtnis, ergibt es Sinn, dass die Zunahme von Fleisch in der Ernährung in der Evolution fast schon revolutionär war, da sich daraus in gewisser Weise eine Aufwandskaskade ergibt. Wer Fleisch isst, nimmt ein gewisses Maß an Energie zu sich. Bestenfalls muss für die Beschaffung des Fleisches dabei weniger Energie aufgebracht werden als für die gleiche Menge an Energie in Form von beispielsweise Kohlenhydraten. Somit ist fettes Fleisch lange Zeit ein hohes und erstrebenswertes Produkt. Das ändert sich erst, als es beginnt, im Überfluss vorhanden zu sein. Seit der sogenannten Fresswelle in den 1950er-Jahren wird immer mehr Wert auf eine fettreduzierte Ernährung gelegt – das Ergebnis eines Zusammenspiels industrieller Prozesse, die zu einer nahezu ganztägigen Verfügbarkeit sämtlicher Lebensmittel führten, und veränderter Arbeitsbedingungen sowie Alltagsgestaltungen: Wer den ganzen Tag am Schreibtisch sitzt und den Computer bedient, muss in der Regel weniger Energie zu sich nehmen als eine Person gleichen Grundbedarfs, die einer körperlich anstrengenden Arbeit nachgeht. Gleichzeitig fällt es im Schlaraffenland der Supermärkte immer schwerer, den Fokus auf gesunde Ernährung zu halten. Aus dieser Entwicklung ergibt sich auch die logische Konsequenz, dass fettreduzierte Ernährung nun das neue Distinktionsmittel ist, oftmals gepaart mit weiteren Entwicklungen zum Thema *healthy food* und einem sportiven Lifestyle.

Du bist, was du isst

Doch zurück zum Fleisch und zu einer der ersten Fragen, die meist gestellt werden, wenn die wissenschaftliche Beschäftigung mit dem Thema zur Sprache kommt: »Wie viel Fleisch wird in Deutschland im Schnitt konsumiert?« Gemeint ist meist die Verzehrmenge pro deutschem Kopf und Jahr. Die Reaktionen auf die Antwort sind oftmals ein erstaunter Blick und Sätze wie: »Oh, das ist ganz schön viel.« Und rein sachlich gesehen sind 59,5 Kilogramm im Jahr 2019 tatsächlich nicht wenig, zumal der Pro-Kopf-Verbrauch von Fleisch im selben Jahr bei 87,8 Kilogramm lag[7] – doch woran wird das gemessen?

Lassen wir die Forscherbrille auf und gucken in der Geschichte zurück: Im Vergleich zum Vorjahr sank der Fleischverzehr pro Person im Jahre 2019 mit 59,5 Kilogramm um 2,5 Prozent. Und schaut man rund 500 Jahre zurück, zeigt sich, dass die derzeitigen Werte im Vergleich rückläufig sind: Für das ausgehende Mittelalter gehen einige Forscher tatsächlich von bis zu 100 Kilogramm Fleisch pro Kopf und Jahr aus. Ob diese Zahl tatsächlich so haltbar ist, bleibt fraglich. Starke Schwankungen des Fleischkonsums nach Einkommen, Wohnort und -region sind zumindest anzunehmen. Schaut man dagegen auf besser verifizierbare Zahlen, etwa für das beginnende 19. Jahrhundert mit etwa 15 Kilogramm pro Kopf im Jahr, wird deutlich, dass der Fleischkonsum insgesamt in der Geschichte starken Schwankungen unterliegt. Klimatische Bedingungen, gesellschaftliche Prozesse sowie politische Entscheidungen tragen und trugen hierzu maßgeblich bei. Dabei avancierte Chicago im 19. Jahrhundert mit seinen Union Stock Yards zur weltweit führenden Stadt in der Fleischindustrie. Eine Entwicklung, die die Auswirkungen der Industrialisierung auf Fleischkonsum und -produktion verdeutlicht. Eine fast schon fordistisch anmutende Schlachtung am Fließband, neue Kühlmöglichkeiten und ausgebaute Transportwege ließen Chicago dabei zu einem Vorbild der Schlachtindustrie heranwachsen. Upton Sinclair gibt in seinem 1905 erschienenen Roman *The Jungle* ausführlich Einblick in die Schlachtungsbedingungen vor Ort.

Schließlich fanden die industrielle Schlachtung und damit zusammenhängende, nun industriell geprägte Wertschöpfungsketten den Weg auch in die Städte Europas. Geschlachtet wurde immer weniger von Metzgern in Hausschlachtung oder im eigenen Betrieb. Es entstanden große Schlachthöfe, meist verkehrsgünstig an der Bahn und am Rand der Städte gelegen. Kulturhistorisch zeigt sich hier, wie die Schlachtung, und somit der Tod, immer stärker aus den Städten selbst und somit auch aus dem Alltag der Menschen verschwand. Mit dieser Verdrängung ging eine gewisse Tabuisierung des Themas einher, deren Auswirkungen nicht nur bis heute auf den Tellern landen, sondern zu denen sich, gerade aktuell, auch entsprechende Gegenbewegungen bilden. *Ethical butchers*, ganzheitliche Fleischverwertung *from nose to tail* oder die Rückbesinnung auf regionale und saisonale Küche seien an dieser Stelle nur als einige Formen genannt.

Die bereits angemerkten Schwankungen des Fleischkonsums zeigen sich jedoch auch und trotz Chicagoer Produktionsvorbild im 20. Jahrhundert in Europa: Führte die fortschreitende Industrialisierung zunächst zu einer Zunahme fleischlicher Nahrung, ließen Kriegs- und Notzeiten diese Entwicklung zwischenzeitlich wieder einbrechen. Dem Wunsch nach dem Verzehr von Fleischprodukten konnte dann in den Nachkriegsjahren in starkem Maß nachgekommen werden und erreichte mit ca. 82,5 Kilogramm Fleisch pro Kopf und Jahr seinen vorläufigen Höhepunkt in den 1970er-Jahren. Entgegen oft geäußerter, anderer Annahmen, wir würden uns derzeit auf dem fleischlichen Ernährungshöhepunkt befinden, zeigt sich anhand dieser wenigen Zahlen zum einen, dass dem nicht so ist, und zum anderen, dass der menschliche Fleischkonsum im Lauf der Jahrhunderte, durch äußere Faktoren verursacht, einem anhaltenden Wandel unterworfen ist. Fleischkonsum kann somit als Wohlstandsindikator gesehen werden und – damit unmittelbar verbunden – auch als Distinktionsmittel.

It's the end of the meat as we know it?

Und nun? Besinnen wir uns unseres Fleischkonsums, indem wir über die Benennung von Fleischersatzprodukten diskutieren? Ändern wir unsere Einkaufslisten, weil wir uns jederzeit per Internet über einen gesunden Lebensstil informieren können? Oder versuchen wir, das Fleisch für den eigenen Konsum wieder selbst zu halten, zu schlachten und im Sinne einer umfassenden Resteverwertung zuzubereiten? Wohl kaum. Zumindest führt die Umsetzung nur einer einzigen dieser – zugegebenermaßen recht provokanten – Fragen nicht zu einer bewussteren

Ernährung im Sinne einer Berücksichtigung ethisch korrekter Tierhaltung unter Miteinbeziehung ökologischer Überlegungen sowie des fairen Handels.

Dennoch bleibt es durchaus relevant, diese Fragen zu stellen, die Bewegungen anzustoßen und so zu Prozessen beizutragen. Denn das Konglomerat all dieser sich daraus ergebenden Entwicklungen wird vielleicht in einigen Jahrzehnten rückblickend analysiert und vielleicht auch in einem Beitrag wie diesem behandelt. Das Ergebnis unserer heutigen Entscheidungen in Bezug auf unseren Fleischkonsum wird sich somit in der Kulturbedeutung von Fleisch als Nahrungsmittel niederschlagen, wie es schon die Entscheidungen unserer Vorfahren auf die Entwicklungen taten, die wir heute mit Abstand betrachten und in Teilen bewerten können. Es handelt sich tatsächlich um »the end of the meat as we know it«. Doch karnivore Krisen und der menschliche Umgang damit sind kein Neuland. Das stete Wechselspiel soziokultureller Kontexte bringt auch hinsichtlich des Fleischverzehrs, dessen Diskursen, Aushandlungen und Akteuren, und der ihm immanenten Wertschöpfungskette Veränderungen mit sich. Denn, wie schon Heraklit erklärte, ist ja bekanntlich alles im Wandel – unser Umgang mit Fleisch allemal.

Anmerkungen

1 Verordnung (EU) Nr. 1308/2013 des Europäischen Parlaments und des Rates vom 17. Dezember 2013 über eine gemeinsame Marktorganisation für landwirtschaftliche Erzeugnisse und zur Aufhebung der Verordnungen (EWG) Nr. 922/72, (EWG) Nr. 234/79, (EG) Nr. 1037/2001 und (EG) Nr. 1234/2007.

2 Europäisches Parlament: »EU-Agrarpolitik soll umweltfreundlicher, gerechter und krisenfester werden«, Pressemeldung vom 23.10.2020, https://www.europarl.europa.eu/news/de/press-room/20201016IPR89542/eu-agrarpolitik soll umweltfreundlicher-gerechter-und-krisenfester-werden

3 Vgl. zur Kulturgeschichte der Ernährung vor allem Gunther Hirschfelder: *Europäische Esskultur. Eine Geschichte der Ernährung von der Steinzeit bis heute*. Frankfurt am Main 2005.

4 Henriette Davidis: *Praktisches Kochbuch. Zuverlässige und selbstgeprüfte Recepte der gewöhnlichen und feineren Küche. Practische Anweisung zur Bereitung von verschiedenartigen Speisen,*

kalten und warmen Getränken, Gelees, Gefrornem, Backwerken, sowie zum Einmachen und Trocknen von Früchten, mit besonderer Berücksichtung der Anfängerinnen und angehenden Hausfrauen. Bielefeld 1845.

5 Henriette Davidis: *Praktisches Kochbuch für die gewöhnliche und feinere Küche. Mit besonderer Berücksichtung der Anfängerinnen und angehenden Hausfrauen neu bearbeitet und herausgegeben von Luise Rosendorf.* Bielefeld 1887.

6 Vgl. Deutsche Gesellschaft für Ernährung: »DGE empfiehlt: Auf Fettmenge und -qualität achten. Fettzufuhr spielt Rolle für die Prävention von Krankheiten«, Pressemeldung vom 24.03.2015, https://www.dge.de/presse/pm/dge-empfiehlt-auf-fettmenge-und-qualitaet-achten/#:~:text=Die%20evidenz-basierte%20Leitlinie%20%E2%80%9EFettzufuhr%20und%20Pr%C3%A4vention%20ausgew%C3%A4hlter%20ern%C3%A4hrungsmitbedingter,Metabolisches%20Syndrom%2C%20koronare%20Herzkrankheit%2C%20Schlaganfall%20sowie%20Krebskrankheiten%20hat

7 Bundesministerium für Ernährung und Landwirtschaft: »Nach vorläufigen Zahlen ist der Außenhandel in und aus der EU mit Fleisch, Fleischwaren und Konserven für 2019 rückläufig«, https://www.bmel-statistik.de/ernaehrung-fischerei/versorgungsbilanzen/fleisch/

Marie Schröer

Foodporn

Ein Kurztrip in die sozialen Medien

Sonntagsfrühstück

Altkanzler Schröder greift mit einer beherzten Rechten zum Körnerbrot, und das ansonsten menschenleere Stillleben ist damit einen Deut weniger beschaulich. Der Frühstückstisch auf dem Balkon ist in saisonalen Herbstfarben geschmückt – Kürbis, Kastanien, Hagebuttenstrauß. Das kulinarische Arrangement ist nicht opulent, aber sorgfältig kuratiert: Ginseng-Tee statt Kaffee (so verrät es der Begleittext), dazu sehr grüne Smoothies (Kiwi-Apfel, so legen es die Obst-Emojis nahe), zwei Frühstückseier, eine halbierte Grapefruit, aufgeschnittene Cherrytomaten, eine Handvoll gebratener Speck, eine Flasche gutes Olivenöl, Gabel, Messer, Stäbchen. Es ist der Morgen des 1. November 2020. Zwei Stunden nach Veröffentlichung des Fotos hat So-yeon Schröder-Kims Allerheiligen-Frühstück auf Instagram rund 1000 Likes und um die 30 Kommentare generiert. Dass die prominente Hand ihres Gatten das Bild ein Stück weit (zer)stört, mag Zufall, kann aber auch Absicht sein: Ein echter Arm als *effet de réel*, als Barthes'scher Realitätseffekt, ein vermeintliches Stück Authentizität im oft sehr glatten Instagram-Universum. Wenn Gerhard Schröder mitten in das Foto langt, gibt das der Szenerie den Reiz des imperfekten Schnappschusses, der den Betrachtenden das Gefühl gibt, ziemlich nah dran zu sein: Schröders Stillleben-sprengender Arm verhilft einem ansonsten weitgehend konventionalisierten Untergenre der Food-Fotografie durch den kleinen Bruch zu mehr Dynamik und Originalität. Ganz nebenbei demonstriert er freudige Ungeduld und

So-yeon Schröder-Kim, Altkanzler Schröders Frau, fotografiert den Frühstückstisch. Instagram-Post vom 01.11.2020, https://www.instagram.com/p/CHCpm_XH_m7/ (© So-yeon Schröder-Kim // Instagram: @soyeonschroederkim)

damit gesunden Appetit, was dem Altkanzler »zum Anfassen« sicher ein paar Sympathiepunkte beschert. Das Sonntagsfrühstücksfoto dient also nicht bloß als Inspiration für das saisonale Arrangement gesunder Leckereien, sondern ist Teil dessen, was man in den Termini des Boulevardjournalismus als Instagram-Homestory des prominenten Paares bezeichnen würde: Der dekorative Strauß, so wissen es die fleißigen Follower, ist auf Schröder-Kims Instagram-Wall schon zum Leitmotiv avanciert: In einem kleinen wackligen Video, das nur wenige Tage zuvor gepostet wurde, posiert Gerhard Schröder mit Hagebuttenzweigen und erzählt vergnügt aus seiner Jugend, von der Herstellung von Juckpulver, mit dem die Jungs die Mädels zu drangsalieren pflegten …

Über den Frühstückspost in meinem Insta-Feed, der die folgenden Ausführungen eröffnet, stolpere ich am Sonntagmorgen eher zufällig. Genauso hätten diese mit den visuell anspruchsvolleren Posts professioneller Food-Blogger à la @berlinfoodstories beginnen können (ihre sieben Tage ältere farbenprächtige Dokumentation der Pommes frites mit Kaviar und Schnittlauchmayo des Kreuzberger Lokals »Goldies« generierte ähnlich viele Likes) oder der Abbildung von aufwendig verzierten Halloween-Keksen einer US-amerikanischen Hobby-Bäckerin (mit deutlich weniger Likes). Beide wären gleichermaßen geeignet gewesen, um einige analytische Schlaglichter auf *eine* prominente Art und Weise der Kommunikation über Essensbilder auf Instagram zu werfen. Das soziale Netzwerk quillt über vor diversen Essensbildern unterschiedlichster Provenienz, Ästhetik und Reichweite, die zunächst nur eines gemeinsam zu haben scheinen: Sie inszenieren Speisen fotografisch und öffentlich. Angesichts der stilistischen und inhaltlichen Bandbreite gibt es auf die Frage, warum Menschen ihr Essen fotografieren und die Bilder im Anschluss mit einer mehr oder minder breiten Öffentlichkeit teilen, allerdings definitiv mehr als nur eine Antwort.

Essensbilderflut

#instafood, #omnomnom, #foodporn, #food, #foodie, #organic, #healthyeats, #goodeats, #vegetarian, #vegan, #glutenfree, #hungry, #homemade, #madefromscratch, #foodiesofinstagram, #eats, #instacool, #foodstagram, #instafood, #foodpic, #foodgasm, #delicious, #foodoft heday, #foodpics: So lauten nur einige der Hashtags, die spezialisierte Seiten mit aussagekräftigen Namen wie www.top-hashtags.com sozialen Netzwerkern zur Untermalung kulinarischer Posts zwecks optimaler Verbreitung und Follower-Generierung empfehlen. Angepriesen wird die ausgewogene Mischung zwischen altbewährteren (#foodporn) und originelleren Hashtags neueren Datums (#quarantinecooking), denn es gilt, sich von einer Flut von Bildern abzusetzen, die oft ähnliche Motive (wie das kanonische Avocado-Sandwich) in ähnlicher Ästhetik (grün auf braun, Avocado auf rustikalem Holzbrett) zeigen. Digitale Kameras und vor allem Smartphones bieten Voreinstellungen, mit dem sich Essen besonders gut ablichten lässt, oder spezielle Apps, mit denen sich Fotos im Anschluss bearbeiten lassen. Unzählige Blogs geben Tipps für gute Belichtung, passende Hintergründe und abwechslungsreiche Gestaltung. Das klingt dann etwa so (hier im Wortlaut von nicestthings.com): »Wenn das Café oder Restaurant so gar nichts (Hübsches) zu bieten hat, schaut doch mal in eurer Tasche. Vielleicht ist da ja eine Sonnenbrille drin? Zack, hat das Foto vom Espresso auf der Strandpromenade etwas mehr Kontext … Ansonsten hängt die beste Perspektive wie bei der normalen Fotografie auch vom Gericht ab. Man will ja die Schokoladenseite zeigen. Also wie immer, ihr kennt das: Burger oder Pancake-Stapel am besten von vorne, Pizza oder Tarte von oben fotografieren.« Unter dem Hashtag #foodporn finden sich aktuell (Anfang November 2020) 245 Millionen Posts; im Juni letzten Jahres waren es noch 190 Millionen. Unter den Hashtags mit Food-Bezug ist #foodporn damit der zweitbeliebteste, nach dem deutlich nüchterneren Hashtag #food mit aktuell rund 416 Millionen Beiträgen.

Einheitsbrei und Übersättigung: Kritik der Speisefotografie

Was vor zehn Jahren, als Instagram noch ganz neu war, zumindest noch ansatzweise für Irritation sorgte, ist zur alltäglichen Szene in kulinarischen Kontexten geworden: Mit Mobiltelefonen hantierende Menschen betreiben einen Riesenaufwand, um die auf Verzehr wartende Mahlzeit in das rechte Licht zu rücken. Das gilt eben nicht nur für spektakulär angerichtete Gerichte aus der Sterneküche, sondern auch fürs Mensaessen, die Mantaplatte, Burger in allen Variationen oder auch (nicht nur in Corona-Zeiten) Selbstgekochtes oder eben das heimische Frühstück. Viele Restaurants haben sich mit dem Trend arrangiert (immerhin kostenlose Werbung) oder gar begonnen, ihre Speisen Instagram-tauglich anzurichten (in Tel Aviv, darauf verweisen viele Glossen, soll es mit dem »Catit« sogar ein Restaurant mit Handyhalterung am Teller gegeben haben). Andere halten dagegen: Das Berliner Sternerestaurant »Nobelhart & Schmutzig« fordert in der Speisekarte zum Verzicht auf Fotografie auf: »*Please take memories not pictures.*« Debattiert (und nicht selten kritisiert) wurde und wird dieser Trend im Feuilleton, in Glossen und Interviews: »Im Restaurant sieht man oft, dass Gäste ihr Essen fotografieren. Später posten sie das Bild auf Facebook. Was soll das?«, fragt der *Spiegel* Eva Barlösius 2013 mit passiv-aggressivem Unterton. Der primäre Grund, so die Soziologin, sei mit dem Zelebrieren besonderer Anlässe und der entsprechenden Mahlzeiten vor allem das Ausstellen des kulturellen Kapitals: »Es geht nicht um den Alltag. In den sozialen Netzen werden Sie kaum auf Fastfood-Bilder stoßen. Mit diesen Fotos zeigt man: Ich kann mir das leisten. Aber auch, und das ist viel wichtiger: Ich habe kulturelle Kenntnisse und weiß ›gutes Essen‹ zu würdigen.[1] Sieben Jahre nach Veröffentlichung dieses Interviews kann man Barlösius in einem Punkt zustimmen, im anderen Punkt problemlos widersprechen: Ja, es geht (auch) um das Ausstellen des kulturellen Kapitals, aber nein, es muss kein besonderes Essen sein. Instagram und Alltag, wenn auch ein inszenierter, und Instagram und Burger gehören zusammen wie die von Roland Barthes kanonisierten Steak-frites. Wie der Prolog vom Schröder-Kim'schen Frühstückspost zeigt: Das (Pseudo-)Authentische der geteilten Intimität ist entscheidendes Merkmal erfolgreichen Pos(t)ens. Und: Das Essen darf dann auch durchaus profan sein. Daraus folgt: Tatsächlich finden sich sehr viele sehr ähnliche Bilder. Bestimmte Lebensmittel sind schlicht besonders beliebt (wie Burger und Pizza), andere eben noch dazu gesund (wie die bereits erwähnte Avocado) oder, das wussten schon unterschiedlichste Stilllebenmaler wie Polidoro da Caravaggio, Pieter Claesz und Edouard Manet, auf monochromen Hintergrund eben besonders dekorativ (Zitronen,

Trauben, Feigen, Nüsse, Meeresfrüchte). Die resultierende Redundanz ist ein Grund, aus dem manch einer den Fotografierreflex nicht nachvollziehen kann: Warum das x-te Avocado-Sandwich ablichten? Führt die Wiederholung nicht zwangsläufig zu einem Gefühl von Übersättigung?

In den meisten Kolumnen zum Phänomen #foodporn klingt vermutlich auch deshalb eine gewisse Skepsis mit. Julia Rothaas fragt unter dem Titel »Schmeckt uns das Essen nach dem Fotografieren wirklich besser?« im April 2019 in der *Süddeutschen Zeitung*, warum man sich nicht einfach mal auf das Essen selbst und die Gesellschaft vor Ort konzentrieren könne, anstatt permanent der Selbstinszenierung zu frönen? »Leider scheinen wir nur manchmal vergessen zu haben, um was es beim Essen vor allem geht: mit Menschen am Tisch zu sitzen, die man mag, und etwas zu essen, das einem guttut.«[2] Dass das exhibitionistische Moment sicherlich ein entscheidendes Motiv der Food-Fotografie darstellt (und dass wir vermutlich alle zu viel Zeit am Handy verbringen), soll nicht in Abrede gestellt werden. Ja, viele Instagramer nutzen Food-Fotografie, um kulinarische Kennerschaft zu demonstrieren, und sind dabei nicht zwangsläufig innovativ. Aber die Selbstdarstellung ist nur eines von vielen Motiven, wie in der Folge skizziert werden soll. Denn was nicht übersehen werden sollte: Nicht jedes Essensfoto landet automatisch auf Instagram, manche werden auch über Messenger-Dienste an einen kleineren Kreis Freunde oder eine Einzelperson verschickt. Und auch nicht jedes auf Instagram gepostete Foto enthält zwangsläufig Statussymbol-taugliche Luxusspeisen. Die Motivationen der Postenden und der Lesenden sind so verschieden wie die Motive und die Qualität der künstlerischen *mise-en-image*, die sich mal dezidiert in die Tradition der Stilllebenmalerei stellt und mal gänzlich ohne Rücksicht auf ästhetische Ansprüche agiert. Für einen ersten Eindruck genügt es, die jeweils aktuellsten, nicht die beliebtesten (!), Posts unter dem wohl bekanntesten Hashtag mit Food-Bezug #foodporn zu sichten. Es zeigt sich schnell: Auch im Bereich #foodporn gibt es die Rubriken Hochglanz, Amateur und alles Mögliche dazwischen. Food-Fotografie ist nicht gleich Food-Fotografie. Das Phänomen zumindest grob zu umreißen – ohne in den Chor der Kulturpessimisten einzustimmen, deren (wohlgemerkt oft humoristisch formulierte) Kritik an der Instagram-Performance es sich zu einfach macht –, kann durchaus lohnenswert sein. Vier Überschriften, deren Inhalte sich mitunter überlappen, dienen als grobes Gerüst für die Überlegungen zu verschiedenen Funktionen und Facetten der Speisefotografie:

- Du bist, was du isst: Körper und Persönlichkeit
- Ess-thetik: Das Auge isst mit
- Der Sauerteigeffekt: Virtuelle Kumpanei und kulinarisches Tagebuch
- Wie kommt das #porn zum #food?

Du bist, was du isst: Körper und Persönlichkeit

Der französische Gastrosoph Jean Anthelme Brillat-Savarin fragte im Jahr 1825 in seiner *Physiologie des Geschmacks* nach dem Wesen des Feinschmeckers: »Kennen wir nicht heutzutage Leute, welche an dem besonderen Geschmacke, das Bein zu unterscheiden wissen, auf welchem das Feldhuhn im Schlafen ruhte?« Bereits in den vorangestellten Aphorismen, »um seinem Buche zur Einleitung und der Wissenschaft zu ewiger Grundlage zu dienen«, heißt es: »Die Thiere fressen, der Mensch isst; der gebildete Mensch allein isst mit Bewusstsein. … Sage mir, was Du isst, und ich sage Dir, was Du bist.«[3] Der deutsche Philosoph Ludwig Feuerbach formulierte 1850 mit ähnlichen Worten einen weniger elitären als ethischen Gedanken: »Wollt ihr das Volk bessern, so gebt ihm … bessere Speisen. Der Mensch ist, was er ißt.«[4] Brillat-Savarin und Feuerbach wiesen auf den unmittelbaren Zusammenhang von Ernährungsgewohnheiten, körperlicher Verfassung und Persönlichkeit hin. Aus beiden Zitaten zusammen bastelte das kollektive Gedächtnis offenbar das heute sprichwörtliche »Du bist, was du isst«, das Ernährungsratgebern und Sendungen im Frühstücksfernsehen seither einen pfiffigen Titel geben soll. Die Gefahr bei übermäßigem Gebrauch einer idiomatischen Wendung ist, dass man sich über ihre Bedeutung keine Gedanken mehr macht. In dem Aphorismus »Du bist, was du isst« stecken nämlich mehrere wichtige Aspekte, wie der Philosoph Harald Lemke darzulegen weiß. In *Ethik des Essens. Einführung in die Gastrosophie* von 2007 zeigt er die verschiedenen Dimensionen des Zitats auf, die Feuerbach vor nunmehr 170 Jahren erläuterte.[5] Eine dieser Dimensionen, nämlich die naturphilosophische, passt gut zu den auf Instagram zu beobachtenden Dynamiken. Fitness und Gesundheit spielen in vielen Posts eine prominente Rolle. »Du bist, was du isst« ist hier durchaus wörtlich zu nehmen; wir sind aus dem gemacht, was wir uns einverleiben. Angepriesen werden etwa sogenannte Superfoods wie Chiasamen oder (die, wie erwähnt, obendrein noch dekorativen) Avocados, die für ultimative Gesundheit sorgen. Instagram ist auch ein Sammelbecken für Apologeten unterschiedlicher Ernährungsphilosophien, die zum Teil mit Feuerbach kompatibel sind. Wie die Low-Carb-Vertreter heute war Feuerbach beispielsweise der Meinung, man solle auf die Kartoffel verzichten – allerdings weniger aus den dezidiert körperlichen Gründen, so Lemke. Der Konsum der Kartoffel führt, Feuerbach zufolge, zu Trägheit und geistloser Untertänigkeit. Was – auf der anderen Seite – für viele heute die Avocado als Superfood ist, war für Feuerbach die Erbse. Er postulierte, dass sie das revolutionäre Potenzial des Menschen anrege.

Ergänzen lässt sich diese naturphilosophische Dimension durch eine zweite, soziologische, in dem das »Du bist, was du isst« nicht wörtlich, sondern metaphorisch zu verstehen ist – so also wie Brillat-Savarin den bewussten Genießer imaginiert, der vor Verzehr die Schlafgewohnheiten des Rebhuhns studiert. Gut 200 Jahre nach der Veröffentlichung der *Physiologie* folgen zahllose User und Userinnen sozialer Netzwerke, unter ihnen So-yeon Schröder-Kim, Brillat-Savarins vermeintlichem Imperativ – und gehen sogar ein Stück weiter: Sie sagen nicht nur, was sie essen, sondern zeigen ihre Mahlzeiten in allen Details – sie verraten damit nicht (nur) ihre kulinarischen Vorlieben, sondern nutzen die Fotos, um eine Vielzahl anderer Botschaften zu kommunizieren, mit denen sich die Follower ein Bild ihrer Person machen (sollen). Und damit etwa erfahren, dass der ehemalige »Hol mir mal 'ne Flasche Bier«-Kanzler, der sich gern mit einer Currywurst im Anschlag ablichten ließ, im Alter und mit der neuen Liebe zum »Ginseng-Gerd« geworden ist, immer noch bodenständig – aber gesünder. Dass Essen und Identität unmittelbar zusammenhängen, hat gut 100 Jahre nach Feuerbach auch Roland Barthes sehr anschaulich demonstriert. In seinen *Mythen des Alltags* von 1957 untersucht er die identitätsstiftende Wirkung von »Wein und Milch« und »Beefsteak und Pommes frites« für die französische Selbstbeschreibung.[6] Er demonstriert, wie beispielsweise der französische Klassiker Steak-frites der gemeinsame Nenner für *alle* Franzosen bleibt, der nichtsdestotrotz schichtspezifisch durchkonjugiert werden kann (üppige Portionen im Bistro, raffinierte Neuinterpretation in der Sterneküche) und zusätzlich den individuellen Charakter seiner Konsumierenden unterstreicht (das Blut des Tartars kann – frei nach Barthes – dem blassen Büromenschen zu etwas Lebhaftigkeit verhelfen). In *La distinction* zeigte Pierre Bourdieu 1979, wie man anhand musikalischer, künstlerischer, vestimentärer und kulinarischer Geschmäcker und Vorlieben relativ genau ablesen kann, aus welchem Milieu jemand kommt.[7]

Wie auch Barlösius in Rückgriff auf Bourdieu-Termini zutreffend feststellt: Essensbilder im Netz sind genau wie Fotos von Einrichtungsgegenständen, Lieblingsklamotten, Tier- und Menschenbabys auch Requisiten, mit denen Influencer und (öffentliche) Privatpersonen ihrer Social-Media-Persönlichkeit Ausdruck verleihen. Dabei können die fotografierten Speisen mit Lebensstilen, Philosophien und Subkulturen assoziiert werden. Die Nutzer geben durch Hashtags Hinweise auf die jeweils richtige Deutungsweise; die Follower honorieren die Inszenierung durch Likes oder Kommentare. Instagram wird zur Bühne für Speisen und Konsumenten, die mithilfe verschiedener Lebensmittel in alle möglichen Rollen schlüpfen können: Gesund mit Salat, hip mit Streetfood, wild und kultiviert zugleich, wenn das Beefsteak *bleu* bis *saignant* ist. Die Einblicke in das Privatleben sind natürlich in vielen Fällen durchgestylt. Je unperfekter die Performance (man denke an Erving Goffmans »expressions given off«), desto authentischer wirkt sie. Es ist davon auszugehen, dass Speiseposts bei den Followern auch deshalb so beliebt sind, weil sie eben deutlich mehr als Möbel und noch mehr als Kleider eine Aura von Intimität transportieren. Das bringt uns zurück zur körperlichen Dimension. Schließlich sehen wir auf den Bildern das, was sich das digitale Gegenüber in wenigen Momenten einverleiben wird. Diese Körperlichkeit lässt die digitale Distanz geringer erscheinen; erst recht, wenn es sich um vertraute Geschmäcker handelt, die wir nachempfinden können. Dass gegessen wird, ist also schon entscheidend, was gegessen wird, dann umso interessanter. Wenn der Kaffee durch koreanischen Ginseng-Tee ersetzt und das im Begleittext explizit thematisiert wird, wird einerseits demonstriert, dass das Paar einen ebenso gesunden wie geschmackvollen Lebensstil pflegt (sustainable, green, healthy!), und zweitens auf die kulturelle Pluralität verwiesen, in der Körnerbrot mit Ginseng-Tee und Messer und Gabel mit Stäbchen eine Liaison eingehen. Bourdieus Studie ist über 40 Jahre alt; die zu interpretierenden Zeichen haben sich entsprechend geändert. Kulinarische Codes, das belegt auch Instagram, sind ständig im Wandel. Lebensmittel, die lange mit dem Etikett des Proletarisch-Soliden behaftet waren, erfahren plötzlich eine Nobilitierung, man denke an den Burger (der wie Barthes Steak-frites von der McDonald's-ein-Euro-Variante bis zum Kobe-Rind durchdekliniert wird) oder auch an den neuen Hype um Bier, das mit unzähligen Craft-Beer-Varianten ein im wörtlichen wie übertragenen Sinne schickes Etikett verpasst bekommt. Darüber hinaus ändern sich die Trends schnell: Jüngst scheiterte Annegret Kramp-Karrenbauer, die Trendsetter Berlins treffsicher zu diffamieren, als sie sich in einer Büttenrede über das prätentiöse Gebaren der vermeintlichen »Latte-macchiato-Fraktion« echauffierte. Nicht nur Hipster diverser Provenienz mokierten sich über die misslungene Verunglimpfung, die zeige, dass die Politikerin nicht einmal über ein Quäntchen Insiderwissen verfüge: Der Latte macchiato ist längst passé; der Filterkaffee erlebt eine Renaissance! Wer die Instagram-Hausaufgaben gemacht hat, weiß das.

Ess-thetik und Genuss: Das Auge isst mit

17. Jahrhundert: Eine Aristokratenfamilie sitzt vor der üppig gedeckten Tafel. Bevor geschlemmt werden kann, muss sie sich noch ein wenig gedulden. Ein Maler fertigt (in Öl!) ein Stillleben an; das riesige Bild wird in der Stadt herumgezeigt. Das Publikum ist begeistert; Daumen schnellen in die Höhe. Erst jetzt darf zum Besteck gegriffen werden. Zu sehen ist diese Parodie auf das obligatorische Foto vor dem Mahl in einem IKEA-Werbeclip von 2016.[8] Die Message wird zum Schluss eingeblendet: Zu sehen ist jetzt eine modern eingerichtete IKEA-Küche mit einem eifrig knipsenden Familienvater samt ungeduldiger Familie und dampfendem Braten: »It's a meal. Not a competition.« Die Parodie, die sich primär den zuvor eruierten Statusfragen widmet, eignet sich hervorragend als Überleitung zu den Fragen der Ästhetik. Denn: In der Tat lassen sich auch in der aktuellen Food-Fotografie Parallelen zur Stilllebenmalerei finden. Das betrifft sowohl die Mittel der Inszenierung als auch die Gründe, überhaupt zu inszenieren. Hier findet sich nämlich in der leicht staubigen Wendung »Das Auge isst mit« ein wesentlicher und absolut naheliegender Aspekt, den die feuilletonistischen Verrisse gern ignorieren. Auf Bildern von Essen werden Kochkunst oder Anrichtungsgeschick, im besten Falle beides (und ja: im schlimmsten Falle keins von beiden) dokumentiert. Food-Fotografen sind nicht zwangsläufig alle Gourmets und Ästheten, aber die meisten von ihnen sind vermutlich keine Kostverächter. Wenn sie also ihr Essen fotografisch abbilden, ist das nicht nur Selbstdarstellung, sondern eben auch Essensdarstellung und damit Huldigung favorisierter Lebensmittel, denen ein möglichst ästhetisches Denkmal gesetzt werden soll. Die Fotografen orientieren sich dabei häufig bewusst oder unbewusst an den Traditionen und Inszenierungsstrategien unterschiedlicher Stilllebensstile (opulent eingedeckte Tische, einzelne farbintensive Lebensmittel auf dunklem Untergrund, rustikale Landhaussettings). Aufschlussreich ist in diesem Kontext die Lektüre der Begleittexte des von Heike Eipeldauer 2010 herausgegebenen Ausstellungskatalogs *Augenschmaus. Vom Essen*

Links: Berlin Food Stories, Instagram-Post vom 29.08.2020,
https://www.instagram.com/p/CEeaTHDqM0x/.

Oben: Juan Sánchez Cotán, *Stillleben mit Quitte, Kohl, Melone und Gurke* (1602).
Quelle: https://de.wikipedia.org/wiki/Juan_S%C3%A1nchez_Cot%C3%A1n#/media/Datei:Fra_Juan_S%C3%A1nchez_Cot%C3%A1n_001.jpg

im Stillleben.[9] In drei sehr lesenswerten Essays räumen Kenneth Bendiner, Heike Eipeldauer und Robert Pfaller mit Vorurteilen um das Stilllebengenre auf und betonen seine Vorzüge: Es verrät (über die dargestellten Lebensmittel und Moden) nicht nur viel über die sozialen Bedingungen der jeweiligen Entstehungszeiten, sondern ist auch als ganz bewusster Kommentar auf den elitären Kunstbetrieb eingesetzt worden: Da das Stillleben (vor allem im Vergleich zur Historienmalerei) als minderwertiges Genre galt, neigten Kunsthistoriker zwecks Nobilitierung dazu, das Vanitas-Element überzubetonen. Dabei hat das Stillleben auch ohne Vergänglichkeitsmahnfunktion ziemlich viel zu bieten: Es zelebriert die Schönheit der Natur (wie etwa die Noppenhaut und das Grün der Gewürzgurke), experimentiert mit Farben und Texturen, und feiert dabei gleichzeitig das Alltägliche und Profane. Und vor allem den Genuss. Es macht aus Natur Kultur, aus Alltag Kunst.

Etwas vom provokativen Potenzial, das in der Ästhetisierung oder gar Sakralisierung des Profanen liegt, findet sich auch in der Food-Fotografie; das ist allein schon an den erbosten Reaktionen abzulesen. Das Genussmoment lässt sich natürlich nicht an jedem Food-Post ablesen; vor allem nicht an denjenigen, die rund um Fitness und gesunde Ernährung kreisen. Aber: Die Mehrzahl der Food-Bilder sind durchaus Zeugnisse sinnlichen Vergnügens, das gleichermaßen im Zubereiten, im Betrachten und im Verzehr der Speisen liegt. Dass das Auge mitisst, ist hier mehr als nur ein Allgemeinplatz. Betrachten und Ablichten werden zum Bestandteil der Mahlzeit und des Rituals. Im Idealfall geht das bewusste Betrachten dem bewussten Genuss voraus (dann wurde das Bild nicht um des Bildes, sondern um des Essens willen gemacht). In einer Studie des *Journal of Consumer Marketing* aus dem Jahr 2016 heißt es immerhin, dass das Fotografieren des Essens zu einem intensiveren Geschmackserlebnis führt.[10] Das Auge isst dann im wahrsten Sinne des Wortes mit; das Erlebnis ist ein multisensorisches.

Der Sauerteig-Effekt: Virtuelle Kumpanei und kulinarisches Tagebuch

Ende März, in der Hochphase des ersten Lockdowns, war es nicht nur schwierig, an Pasta und Konserven zu kommen, sondern auch Hefe und Mehl waren ständig ausverkauft. Über Google Trends lässt sich nachvollziehen, dass das Interesse für Brot, speziell aber für Sauerteig, vor allem zwischen dem 22. und 28. März spektakulär hoch war – und das nicht nur in Deutschland. Instagram und WhatsApp wurden zeitgleich zur Vitrine für Sauerteigbrotabbildungen in allen Variationen. Erklärungen für die plötzliche Popularität gibt es viele: Brot backen beruhige (»Teig kneten hat etwas Meditatives«); Hausgemachtes, das nach der »guten alten Zeit« schmeckt, biete Trost und Halt in nervösen Zeiten (was auch den allgemeinen DIY-Trend und die Vorliebe für alles, wo Manufaktur draufsteht, erklärt), und nicht zuletzt beschäftige es die Kinder. Sauerteig ist besonders pflegeintensiv; dies illustrieren verbenreiche Überschriften auf spezialisierten Seiten wie »Sauerteig ansetzen, füttern, pflegen« – kein Wunder, dass in Artikeln über den Trend immer wieder (gern auch ohne den Verweis auf die Urheberin) das Bonmot der Twitterin Louise O'Connor aufgegriffen wird, die befand, dass »[a] sourdough starter is a tamagotchi for people in their 30s«.[11] Sauerteig gibt seinen Pflegern nicht nur das Gefühl, gebraucht zu werden, sondern – und hier liegt das wesentliche Instagram-Moment – ein Gefühl von Gemeinschaft. Das fängt im realen Leben an, wenn sich Menschen über Sauerteigbörsen (siehe etwa www.sauerteigboerse.de) verabreden, um Sauerteigansätze auszutauschen, und geht dann in der virtuellen Welt durch das Austauschen von Bildern und ausführlichen Berichten über die Fortschritte des Zöglings weiter. Instagram verhindert Geselligkeit also einerseits (siehe die Kolumne von Julia Rothaas), aber nicht nur, die Plattform stellt andererseits neue Gemeinschaften und kommunikative Räume her. Gerade in Zeiten der (Corona-)Krise finden hier Menschen über das Essen zueinander, sodass man etymologisch passend von virtueller Kumpanei – der *cum pane* ist der, mit dem man das

Oben: Blutiges Rindfleisch
Unten: Entblößte Languste (Fleisch und Languste: © Mathieu Mellet)

Brot teilt – sprechen kann. Dieses verbindende Element gilt natürlich auch für das Posten anderer Speisen – das Tischgespräch wird in die Kommentarspalte verlagert. Kommunikation mit anderen Nutzern ist also auf Instagram essenziell. Die digitalen kulinarischen Profile erfüllen aber für die Nutzer noch eine weitere Funktion: Die Dokumentation von Mahlzeiten kann das Tagebuchschreiben ein Stück weit ersetzen. Wie wir spätestens seit Marcel Prousts Madeleine-Szene und ihren diversen Zitaten (man denke an den Restaurantkritiker in Pixars *Ratatouille*) wissen, wecken Geschmäcker Erinnerungen. Bilder von Essen erinnern an die Geschmäcker. Und das heißt: Mit dem Scrollen durch unser eigenes Profil können wir Anlässe und Stimmungen rekapitulieren. Nicht nur das sinnliche Vergnügen wird so ein Stück weit konserviert.

Wie kommt das #porn zum #food?

Der zweitbeliebteste Hashtag #foodporn eignet sich hervorragend, um einige der besprochenen Facetten des Phänomens noch mal aufzugreifen und um andere zu ergänzen. Was haben diese Essensbilder selbst und die Praxis des Postens mit Pornografie zu tun? Der Zusatz »porn« impliziert Parallelen in Verbreitung, Ästhetik und Rezeption von Pornografie und Speise-Inszenierungen. (Dass einige den Terminus ablehnen, weil durch diese Analogie die Pornografie verharmlost werde, sei der Vollständigkeit halber erwähnt.) Die erste Parallele ist offensichtlich: Pornografie und Food-Pornografie verbreiten sich über das Internet in Windeseile; mit beiden Phänomenen wird man als User ständig konfrontiert. Die Bezeichnung ist zwar in den wenigsten Fällen despektierlich gemeint; einige Ausnahmen sind aber denkbar, etwa wenn Feuilletonisten die unverständliche Fetischisierung der Speisen, die geringe Qualität der Bilder und die digitale Nabelschau ganz allgemein als vulgär und primitiv empfinden. Fest aber steht: Wie die Pornografie auch kann der Foodporn eine Ersatzfunktion erfüllen. Weder der Kochshow-Boom noch der Foodporn-Trend sagen viel über das tatsächliche Essverhalten der

Konsumenten aus. Sicherlich zieht sich manch ein Zuschauer von Sendungen wie *The Taste* zu den Bildern exquisiter Speisen eher geschmacksneutrales Mikrowellenessen rein. Die perfekten Bilder liefern Inspiration für mentale Bilder, mit denen die Betrachtenden kulinarischen Eskapismus betreiben können. Wie Pornografie wird auch #foodporn in erster Linie visuell konsumiert; es sind lediglich Abbildungen (und damit Einbildungen), die den Appetit der Betrachter wecken. Roland Barthes schreibt in seinen *Mythologies* unter dem Stichpunkt »Ornamentale Küche« über die Rezepte und begleitenden Bilder der Zeitschrift *Elle*:

> »In dieser Küche ist die vorherrschende substantielle Kategorie die Glasur: Man ist sichtlich bemüht, die Oberflächen zu glasieren, aufzubessern, die Speise unter dem glatten Sediment der Saucen, Crèmes, Fondants und Gelees zu vergraben. Das hängt natürlich mit dem eigentlichen Zweck der Glasur zusammen, die zur Ordnung des Sichtbaren gehört. Die Küche von *Elle* ist nur fürs Auge bestimmt; der Gesichtssinn ist ein edler Sinn, und tatsächlich äußert sich in dieser ständigen Verwendung der Glasur ein Distinktionsanspruch. *Elle* ist eine anspruchsvolle Zeitschrift, wenigstens der Legende nach; ihre Rolle besteht darin, dem Massenpublikum der kleinen Leute, das ihr die Treue hält (wie uns die Marktforschung einredet), den Traum von echtem Chick vorzuführen; daher eine Küche der Verkleidung und des Alibis, die sich fortwährend bemüht, die ursprüngliche stoffliche Beschaffenheit der Nahrungsmittel – das Brutale des Fleisches oder das Schroffe der Krustentiere – abzuschwächen oder gar zu verstecken. Bäuerliche Gerichte werden nur ausnahmsweise zugelassen (der gute alte Familieneintopf), als ländliche Phantasie blasierter Städter.«[12]

Das Gelee mag momentan nicht ganz so *in* sein, die »Küche der Verkleidung« erlebt in sogenannten Rainbow-Cakes aber eine Renaissance. Diese (von innen) regenbogenfarbenen Kuchen sind wie auch Cupcakes und allerlei anderer Süßkram im Einhorndesign absolut repräsentativ für die aktuelle ornamentale Küche, in der die Flucht aus dem Alltag über pastellige Farben, niedliche Tierchen und Unmengen von Zucker ermöglicht wird. Das schmeckt nach wenig, aber sieht nach viel aus. Ornamente dienen also gleichermaßen der Distinktion und dem Regress in eine Zauberwelt; dem echten Leben wird der Stachel gezogen.

In den meisten Fällen handelt es sich bei dem Gebrauch des Hashtags #foodporn aber um eine selbst gewählte Zuschreibung. Der Gebrauch des Hashtags wird sicherlich nicht immer en détail reflektiert, was aber jeder – wenn auch nicht bewusst – weiß: Sex sells. Auch in den sozialen Medien. Und es gibt definitiv Posts, zu denen diese Etikettierung besonders gut passt. In diesen wird zum Beispiel – oft in Verbindung mit #guiltypleasure – die Assoziation zum Sündigen geweckt: Wenn User nach der verbotenen, weil kalorienreichen Frucht namens Junkfood lechzen und sehr süße und/oder sehr fettige Speisen in Szene setzen, ist das eben – in den Worten der Rapper von *Deichkind* »leider geil«. Der sinnliche Genuss als gemeinsames Moment sorgt nicht umsonst für einen regen Metaphernaustausch zwischen den Bereichen Essen und Sexualität. Der Hashtag passt zu fotografischen Inszenierungsstrategien, die sich vor allem den Texturen widmen: Close-ups von knuspriger Gemüsehaut und flüssigem Eigelb kitzeln die Geschmacksnerven und haben in ihrem Voyeurismus ein dezidiert unanständiges Moment (so nah kommt der Essende dem Objekt seiner Begierde normalerweise nicht). Das Aufschneiden eines blutigen Rinderfilets, das die roséfarbenen Filetstücke entblößt, ist ein feierlicher Akt; Meeresfrüchte gelten als Aphrodisiaka und wecken aus optischen, taktilen und olfaktorischen Gründen Assoziationen mit Sexualität. Die Erotik der Speisen wird in den Mittelpunkt gerückt.

Was Spötter als anstrengende Macke narzisstischer Social-Media-Opfer empfinden, kann auch ganz anders eingeordnet werden. Ich plädiere für eine kulturoptimistischere Lesart: Dass Menschen genießen und körperliche Genüsse in Bilder und Worte übersetzen, um diese mit anderen zu teilen, ist doch eine erquickliche Angelegenheit. Denn: Das Auge isst mit und die digitale Community auch; und alle haben was davon.

Anmerkungen

1 *Spiegel*: »Warum fotografieren Menschen ihr Essen, Frau Barlösius?«, in: *Spiegel* 21 (2013).

2 Julia Rothaas: »Schmeckt uns das Essen nach dem Fotografieren wirklich besser?«, in: *Süddeutsche Zeitung* vom 18.05.2019.

3 Jean Anthelme Brillat-Savarin: *Physiologie des guten Geschmacks oder Betrachtungen über das höhere Tafelvergnügen*. Frankfurt am Main 1864, S. 25.

4 Ludwig Feuerbach: »Das Geheimnis des Opfers oder Der Mensch ist, was er ißt«, in: *Gesammelte Werke*, hrsg. von Werner Schuffenhauer, Berlin 1990, Bd. 11, S. 27.

5 Vgl.: Harald Lemke: *Ethik des Essens. Einführung in die Gastrosophie*. Berlin 2007.

6 Roland Barthes: *Mythen des Alltags*. Berlin 2016.

7 Pierre Bourdieu: *Die feinen Unterschiede. Kritik der gesellschaftlichen Urteilskraft*. Frankfurt am Main 1987.

8 IKEA-Werbespot: *Let's Relax*. 31.07.2016, https://www.youtube.com/watch?v=2BXRGzjo1_Q.

9 Heike Eipeldauer, Ingried Brugger (Hrsg.): *Augenschmaus. Vom Essen im Stillleben*. München 2010.

10 Vgl. Sean Coary, Morgan Poor: »How consumer-generated images shape important consumption outcomes in the food domain«, in: *Journal of Consumer Marketing* 33/1 (2016), S. 1–8.

11 Jack Cummings: »Every 20-Something Is Now Obsessed with Making Bread. Sourdough bro season is here«, in *vice.com* vom 03.04.2020, https://www.vice.com/en/article/pke4n8/baking-sourdough-bread-millennial-trend

12 Roland Barthes: *Mythen des Alltags*. Berlin 2016, S. 166.

Jürgen Dollase

Einfache Spitzenküche

Eine notwendige Versöhnung zwischen Massengeschmack und elitärer Raffinesse

Einleitung: Die vertrackte Welt der kulinarischen Werte und Kriterien

Wer sich in die Welt der kulinarischen Werte und Kriterien begibt, trifft auf vermintes Gelände. Würde jemand darüber nachdenken, dass 2 + 3 gleich 5 ist? Wohl kaum. Im kulinarischen Bereich muss man analog mit Fragen rechnen wie: Was bedeutet eigentlich »2«? Was bedeutet »3«? Wieso soll 2 + 3 gleich 5 sein? Und warum macht überhaupt jemand diese Rechnung auf? Das Beharren auf Sätzen wie »Das ist Geschmacksache« im Sinne von »Was ich esse und wie ich das finde, geht keinen etwas an« hat zu einer Subjektivierung des Verhaltens geführt, wie sie in anderen Bereichen der Gesellschaft kaum anzutreffen ist. Das ist insbesondere angesichts der vielen Auswirkungen dieses Verhaltens auf Gesundheit, Herstellung von Nahrung, Ökologie, Tierwohl, Waren und Restaurantangebot oder auch das öffentliche Leben in unseren Städten verwunderlich. Und – so schädlich das Essverhalten als letzte legale Sucht in diesen Bereichen auch sein mag – es drohen bisher so gut wie keine Sanktionen, weil die individuellen kulinarischen Werte in kein regulatives Korsett gezwängt werden und auch keinerlei Konsens in Sicht ist, der das ändern könnte. Selbst von den Bildungsbürgern darf man da nicht unbedingt Änderungen erwarten. Sie mögen häufig auf den ersten Blick ein scheinbar anspruchsvolleres Programm fahren und detailliertere Werte und Kriterien haben: Im Grunde sind aber auch sie kulinarisch gesehen oft nur eine Farbe auf der Palette des unreflektierten Massengeschmacks – gerne in Abgrenzung zu den Gourmets, deren Vorstellung von Raffinesse von ihnen gerne irgendwo zwischen elitärem Schickimicki-Verhalten und Perversion verortet wird.

Die Entstehung kulinarischer Werte (also Vorlieben, Abneigungen und Qualitätsvorstellungen) liegt zwar nicht unbedingt im Dunkeln, ist aber oft multifaktoriell. Ihre mangelnde Aufarbeitung wirkt nach wie vor eher schwammig. Wenn man sagt, dass kulinarisches Verhalten im weitesten Sinne von der individuellen kulinarischen Sozialisation bedingt sei, ist das ein Gemeinplatz ohne Inhalt. Interessant würde es vielleicht, wenn sich die unterschiedlichen Einflussfaktoren gewichten ließen und ein bestimmtes kulinarisches Wahlverhalten kausal zugeordnet werden könnte. Wo kommt etwa der Wert her, der Currywurst mit Pommes frites und Mayonnaise zu einem echten Pfeiler des Massengeschmacks macht? Es mag einfach sein, die Gründe für das Auftreten fünfjähriger Veganerinnen auszumachen. Aber warum bleiben zum Beispiel Intellektuelle, die ansonsten hinter jedem Kommafehler herhecheln, kulinarisch oft so wenig differenzierend? Oder wie groß ist der Einfluss industrieller Fertigprodukte auf die Entwicklung kulinarischer Wertigkeiten? Sind die Wertigkeiten des Massengeschmacks teilweise manipuliert und können sie überhaupt manipuliert werden? Wie stark prägt einen die Küche der Kindheit im Verlauf des Lebens – wenn man davon ausgehen kann, dass etwa Gourmets, die kreative Restaurants besuchen, dort oft rein gar nichts wiederfinden, was sich auf die Küche von Mutter und Großmutter zurückführen lässt?

Wie nahe dem Menschen seine kulinarischen Werte sind, mag man daran erkennen, dass Kritik an Essverhalten ein massives Aggressionspotenzial besitzt. Man ahnt, dass der ein oder andere feiner schmeckende Mensch an Tischen mit Leuten, die gerade Fast Food mit den Fingern essen, irgendwo in der Stadt vorbeigeht und sich vielleicht denkt: »Mein Gott, was essen die für einen Schrott!« Der feiner Schmeckende scheint da über Kriterien zu verfügen, die das Lieblingsessen von Millionen von Menschen als höchst minderwertig einstufen. Würde er seine Gedanken offen vortragen, müsste er mit heftigen Reaktionen rechnen. Der »Clash of Culinary Cultures« (um einmal den Buchtitel *The Clash of Civilizations* von Samuel P. Huntington aus dem Jahre 1996 abzuwandeln) gerät schnell sehr ausgeprägt. Aber woher hat unser fein schmeckender Mensch diese Kriterien, und wie kommt er dazu, sie in dieser Form anzuwenden? Gibt es irgendwo eine Grundlage, auf der sich solche Kriterien solide entwickeln können, welche Evidenz haben sie und sind sie überhaupt geeignet, eine auch nur einigermaßen tragende qualitative Orientierung zu geben?

Denn – vice versa – unser feiner schmeckender Mensch muss mit viel Gegenwind rechnen. Da gibt es nicht nur den erwähnten Rückzug auf die »Geschmacksache«, sondern auch eine kräftige Gegenströmung. Die Leistungen kreativer Weltstars wie etwa René Redzepi vom »Noma« in Kopenhagen sind oft kaum vermittelbar, weil Gerichte wie ein Fischkopf oder ein paar Blättchen vom Strand überhaupt nicht als satisfaktionsfähiges, kulinarisches Objekt angesehen werden. »Das ist kein Essen«, heißt es sehr schnell, und das selbst dann, wenn es geschmacklich vielleicht durchaus in Reichweite des Massengeschmacks wäre, aber zum Beispiel wegen einer extremen Kleinteiligkeit sofort zu einer Spielerei erklärt wird, von der man auf keinen Fall satt werden könne. Solche Anmerkungen kommen durchaus nicht nur »von unten«. Als einmal ein bekannter deutscher Intellektueller mit Hang zur Selbstdarstellung in einem bekannten Berliner Gourmetrestaurant der kreativen Art zu Gast war, gab es den »Clash of Culinary Cultures«. Ihm war alles (sinngemäß) zu klein und zu verfummelt und zum Stillen des Hungers ungeeignet. Das wiederum regte ihn zu größeren verbalen Pöbeleien an und führte dazu, dass er zu Hause erst einmal zum Kühlschrank ging, um sich ein Butterbrot mit Käse zu machen. Solche Diskrepanzen gibt es allerdings nicht nur zwischen dem Massengeschmack und entwickelter, aber anscheinend von der Mehrzahl der Esser kaum nachvollziehbarer Finesse in der Spitzenküche, sondern auch zwischen der einen und der anderen Finesse, also zwischen Vertretern und Anhängern großer, klassischer Werte der Gourmetküche (sagen wir: eine Küche, wie sie der berühmte Harald Wohlfahrt in der »Schwarzwaldstube« in Baiersbronn vertreten hat) und solchen, die nicht nur optisch, sondern auch geschmacklich eine neue Ästhetik vertreten (wie sie etwa bei den Drei-Sterne-Köchen Marco Müller vom »Rutz« in Berlin oder Quique Dacosta im spanischen Dénia zu finden ist).

Und dennoch scheint die kontroverse Welt der kulinarischen Werte und Kriterien über gemeinsame Nenner zu verfügen, also über etwas, das selbst die Extreme vereinen kann. Es scheint eine kulinarische Schnittmenge zu geben, die bei komplett unterschiedlich sozialisierten Menschen gleichermaßen positive Reaktionen auslöst. Ob es Restaurants gibt, die entsprechende Gerichte tatsächlich im Programm haben, ist eine andere Frage – genauso wie die Frage, wie in einem solchen Falle die Qualität von den unterschiedlichen Essern tatsächlich im Detail erlebt wird und wie sie zwischen ihnen kommuniziert werden kann. Ist es also möglich, dass die raffinierteste Raffinesse unter Umständen und im Prinzip von allen Beteiligten eines bestimmten »Kulturkreises« erlebt und gewürdigt werden kann? Auch wenn diese Raffinesse für viele Leute mit Gerichten zu tun hat, die als elitär gelten? Und wenn dies so ist, wäre es nicht wünschenswert, mehr davon zu haben, eine stärkere kulturelle Identität rund um das Essen zu entwickeln? Weniger Sushi und »Pizzapasta«, mehr Regionales in einer mehrheitsfähigen, viele Esser erfreuenden Form?

Es gibt eine Reihe hochinteressanter Details, die zeigen, wie komplex es zwischen den Polen zugeht.

Küche 1: Einfache Küche? Populäre Küche? Alltagsküche? Eine notwendige Klärung mit einem überraschenden Ergebnis

Was ist »einfache« Küche?

Schon der Begriff »einfach« ist nicht so leicht zu füllen, wie es vielleicht den Anschein hat. Es gibt zum Beispiel eine technische Variante, welche die einfache Art der Zubereitung betrifft (zum Beispiel ein Spiegelei). Es gibt eine auf die Produkte bezogene Variante (zum Beispiel Salzkartoffeln mit Bratwurst und Apfelkompott aus der Dose) oder auch eine auf die gastronomische Gattung bezogene Variante, die im Gegensatz zu aufwendigen und mit Konzentration auf viele Details hergestellten Gerichten alles meint, was in »einfacheren« Gastronomien, wie etwa Brauhäusern, angeboten wird. So klar solche Zuschreibungen auf den ersten Blick wirken mögen, so unpräzise sind sie bisweilen. Eine einfache Zubereitung ist auch mit luxuriösen Produkten denkbar, die man üblicherweise nicht der einfachen Küche zurechnet, wie zum Beispiel eine drei Zentimeter dicke Scheibe Stopfleber/Foie gras, die man einige Sekunden einseitig anbrät, um damit neben dem Aroma des unbehandelten Produktes auch noch die interessanten Röstnoten zu haben. Die ganz normale, traditionelle bürgerliche Küche als »einfach« in der Herstellung zu bezeichnen, ist im Vergleich zu vielen Zubereitungen der Gourmetküche ebenfalls nicht zwingend nachvollziehbar. Klassiker der bürgerlichen Küche, wie etwa Rinderrouladen oder Schweinebraten, brauchen für eine gute Qualität durchaus Zeit und Know-how. Nicht umsonst wirft man manchmal Gourmetköchen vor, sie könnten nicht »richtig« kochen. Und tatsächlich gibt es unter ihnen Köche, die viele »einfache« Gerichte bei Weitem nicht so gut beherrschen wie ihre eigene, kreative Küche. Sehr viel einfacher, als es die vielfältige Optik manchmal verrät, sind dagegen viele Assemblagen, also etwa Salate aller Art oder auch viele der Gerichte, die in den populären Rezeptbüchern mit ostmediterranen/vorderasiatischen Küchen oder auch vegetarischen/veganen Küchen zu finden sind.

Was ist »populäre« Küche?

Den Begriff »populär« im Zusammenhang mit Küche sollte man in erster Linie quantitativ verstehen und füllen. Anders als etwa beim Begriff »Popmusik« geht es bei populärer Küche ausschließlich um eine Art messbarer Popularität und nicht – wie dort – auch um eine Gattungsbezeichnung. Es gibt Popmusik, die extrem ist, nur ein kleines, spezialisiertes Publikum erreicht und keineswegs massentauglich ist. So etwas ist rund um »populäre« Küche nicht zu beobachten. Stattdessen gibt es eine massenhafte Vorliebe für Fast Food der verschiedensten Art, für die bürgerliche italienische Küche, für diverse Formen der asiatischen Küche, der südamerikanischen Küche und seit einigen Jahren zunehmend auch für allerlei Vorderasiatisches. Versetzt man sich in eine Zeit zurück, in der es außer der bürgerlichen Küche kaum etwas anderes gab und die diversen Küchen anderer Länder eher als extrem galten, muss man den Eindruck gewinnen, dass heute prinzipiell jede Art von Küche populär werden kann. Nur warum und unter welchen Voraussetzungen?

So klar es möglich zu sein scheint, den Begriff »populäre Küche« mit Beispielen zu füllen, so schwierig ist das Vorhaben, ihn im engeren Sinne kulinarisch zu fassen und kulinarische Popularität an spezifischen geschmacklichen Parametern festzumachen. Ein Weg ist die Feststellung, dass populäre Küche oft etwas mit einem hohen Anteil an »Umami« zu tun hat, dem fünften Grundgeschmack (neben süß, sauer, bitter, salzig), umgangssprachlich besser als Glutamat bekannt. Dieses Glutamat gibt es nicht nur in künstlich zugesetzter Form (wo es dann schon vor Jahren als Ursache des berüchtigten Chinarestaurantsyndroms bekannt wurde), sondern auch besonders ausgeprägt in einer Reihe von natürlichen Produkten wie etwa Parmesan und anderer Käse, Tomaten, Pilze, Nüsse, diverse Algen, Sojasauce, viele Fleischsorten oder Thunfisch. Und die finden sich eben ganz auffallend häufig in populären Gerichten. Dass viele Angehörige der »Italo-Fraktion« auch die oft stark gewürzte asiatische Küche gut finden, wird da verständlich, weil beide viel Umami enthalten.

Über diese geschmackliche Schiene im engeren Sinn schließt sich der Kreis zu Fast Food und vielen industriellen Lebensmitteln und Gerichten. Umami erzeugende Geschmacksverstärkung findet sich in fast allen Produkten dieser beiden, sehr »populären« Bereiche und in vielen der genannten Küchen. Über diesen Zusammenhang erschließt sich recht schnell, warum bestimmte Geschmacksbilder nicht populär werden (können). Die Gewöhnung an Umami-gesättigte Geschmacksbilder führt dazu, dass das Fehlen von Umami als Manko empfunden wird. Es schmeckt einfach nicht intensiv genug und hat so keine Chance, massenkompatibel zu werden. In diesem Zusammenhang fällt auf, dass rein vegetarische oder vegane Gerichte für viele Esser dieses Manko haben und – dass die Industrie über vegane und entsprechend gewürzte »Bratwürste, Hamburger oder Streichwurst« versucht, den Kunden das populäre Umami-Gefühl auch dann zu verschaffen, wenn die üblichen Umami-Bestandteile fehlen.

Was ist »Alltagsküche«?

Der Begriff »Alltagsküche« – üblicherweise gefüllt mit einem relativ preisgünstigen Mix aus bürgerlicher Küche, italienischer Küche und ähnlichen beliebten Formaten – ist da, wo sie gegessen und geliebt wird, nicht unbedingt sehr gebräuchlich. Er macht erst Sinn, wenn man das Gegenteil im Auge hat, also eine Küche, die nicht alltäglich ist, sondern etwas mit Anlässen zu tun hat, die über die alltägliche Nahrungsaufnahme hinausgehen. Insofern ist es nur logisch, dass die Zeitschrift *Feinschmecker* in Abgrenzung der Feinschmecker-Küchen auch einen Führer für die besten Restaurants mit »Alltagsküche« herausgibt. So, wie er dort verwendet wird, steht er für zwei Bedeutungszusammenhänge, die sich in gewisser Weise widersprechen. Eine Küche als »Alltagsküche« zu qualifizieren, ist natürlich eine Abwertung, die dieser Küche nicht zugesteht, für anderes als die alltägliche Verwendung geeignet zu sein. Man kann sich vorstellen, dass das ein oder andere betroffene Restaurant mit der Aufnahme in den genannten Führer nicht unbedingt glücklich sein wird. Zudem werden die Vorlieben jener Art von Gästen, die diese »Alltagsküche« heiß und innig lieben (aber nicht unbedingt das Gegenteil, also die Gourmetküche), eigentlich negativ bewertet. Da hilft auch nicht, dass der Begriff andererseits durchaus ein wenig positiv gedacht ist, und zwar in Hinblick auf die feinschmeckerische Klientel, der man Empfehlungen gibt, wo sozusagen der fein schmeckende Mensch hingehen kann, wenn er es nicht ganz so aufwendig und festlich haben will.

Der Begriff kann überdies eine weitere Füllung haben, nämlich eine Küche bezeichnen, die vom Aufwand her gesehen alltagstauglich ist. Es ginge um Gerichte, die typischerweise den begrenzten Zeitaufwand der abends von der Arbeit zurückkehrenden Berufstätigen im Sinn haben. Weil dann vor allem der Zeitaufwand eine Rolle spielt, ist der Begriff kulinarisch diffus: Er kann im Prinzip jede Art von Küche meinen, Hauptsache, sie macht nicht viel Arbeit. Das wiederum ließe sich auch auf die minimalistische Küche eines hervorragenden Kochs beziehen, der in wenigen Sekunden mit Spitzenprodukten Beeindruckendes schafft.

Einfachheit kann auch große Finesse sein

»Einfachheit« wird zunehmend auch von Gourmets als positiver Wert gesehen. Die Entwicklung der Spitzenküche von großer Üppigkeit in der Vor-Nouvelle-Cuisine-Zeit über eine zeitweilige Reduzierung in der Nouvelle-Cuisine-Zeit bis hin zu einer weitverbreiteten, dekorativen Kleinteiligkeit in den letzten rund 20 Jahren hat zu einer Gegenbewegung geführt, die es in unterschiedlichen Ausprägungen und Richtungen gibt. So gibt es viele Gourmets, die jederzeit für ein auf der Almhütte im Steinofen frisch gebackenes Bauernbrot nach Rezeptur der Urgroßmutter des Bauern, belegt mit Spänen von kalter, ungesalzener Almbutter und Salz aus einer mittelalterlichen Saline im Dorf nebenan viel Geld bezahlen würden, obwohl es sich im Prinzip nur um ein Butterbrot mit Salz handelt. Man schwört auf Trüffel zu einfachem Rührei oder auch auf ein über Holzfeuer gebratenes Stück Fleisch. Einfachheit wird in solchen Zusammenhängen natürlich mit Kostbarem (wie den Trüffeln), oder aber Rarem realisiert, das zwar nicht aufwendig bearbeitet ist, aber dennoch Exklusivität erzeugt.

Es gibt auch noch andere, ähnliche Zusammenhänge. Der leider im Jahr 2018 verstorbene französische Starkoch Joël Robuchon hat einen weltweiten und bis heute nachhallenden Erfolg mit seinem Kartoffelpüree erzielt, das im Prinzip ein Püree ist, in dem ein Maximum an Butter untergebracht wird. Das geschieht natürlich mit besten Produkten und einer aufwendigen Herstellung, bleibt aber eine Delikatesse, die auf der Basis des »einfachen« Produktes Kartoffel realisiert wird. Ein solches Rezept folgt zwei Maximen: Einmal beweist es, dass man Köche dann überragend nennen kann, wenn sie in der Lage sind, buchstäblich aus jedem ordentlichen Produkt Hervorragendes zu machen. Zum anderen geht es um eine Linie der Spitzenküche, die typischerweise »einfach und genial« als Ziel hat – oft minimalistisch und dann vor allem mit luxuriösen oder seltenen Produkten wie besonders großen und damit teuren Steinbuttexemplaren von manchmal über zehn Kilo Gewicht oder vielleicht dem stark fettmarmorierten japanischen Kobe-Beef, das ein ebenso seltenes wie teures Produkt ist. Manchmal geht es aber um Zusammenstellungen, die so effektiv in ihrer kulinarischen Wirkung sind, dass sie auch mit relativ einfachen Qualitäten »funktionieren«. Der in Aschau kochende Spitzenkoch Heinz Winkler hat vor vielen Jahren einmal ein Rezept mit der Kombination von Spargel, Garnelen, Orangenbutter (einer mit Butter gebundenen Reduktion von Orangensaft und Fond) und Estragon veröffentlicht. Sie ist mit exzellenten, am besten dezent gedämpften Spargelspitzen, mit exzellenten Garnelen, bester ungesalzener Butter für die Orangenreduktion (von besten Sorten natürlich) eine schiere Delikatesse, die zeitlos gut erscheint. Sie funktioniert wegen der Art der Akkordbildung auch mit einfachen Spargelabschnitten und etwas größeren Tiefkühl-Garnelen, also Produkten, denen man durchaus »Einfachheit« bescheinigen könnte. Und ja, für das Ganze könnte man die Bestandteile auch beim Discounter kaufen. In einem solchen Falle wäre dann nicht die Einfachheit als solche die Finesse, sondern Finesse auf der Basis von einfachen Produkten.

Eine dritte Form der Einfachheit als Finesse findet sich in der Nova-Regio-Küche, jener Küche, die eine neue Sehweise auf regionale Produkte und Traditionen mit einem avantgardistischen Verständnis kombiniert. Ihre Einfachheit und Finesse wirkt de facto immer noch (Redzepi begann das »Noma« im Jahre 2003) für viele Esser als eine Behauptung, als etwas, das sich offensichtlich nicht nur auf dem Teller, sondern auch in einer Art komplexen Imagination abspielt. Man findet hier etwa ein paar Blätter oder Wildfrüchte, die nur von einem reduzierten Saft begleitet werden und auf viele Erstesser wie eine schiere Provokation wirken, weil die verwendeten Produkte und die Rezeptur mangels Kenntnis nicht satisfaktionsfähig wirken. Wenn ein Koch laut krachend einige Schwarzkohlblätter in einer Pfanne schwarz anbrennt, um sie dann mit einer Art Mayonnaise zu servieren, kann das andererseits die Freunde dieser Küche bei aller Einfachheit in Verzückung bringen, weil sich ungeahnte Geschmackserlebnisse ergeben. »Einfachheit« als Finesse ist in solchen Fällen auch bei genauerer Betrachtung erst einmal eine Behauptung, eine nicht evidente Qualität, und das durchaus im Gegensatz zu Winklers Spargel und Co.

Küche 2: Was ist Spitzenküche?

Insiderverständnis versus populäres Verständnis

»Spitzenküche« ist allen im engeren Sinne Beteiligten vollkommen klar. Es geht um Bewertungen in den diversen Restaurantführern, um diverse andere Bewertungen und diverse Rankings. Wer einen Michelin-Stern oder ähnliche Bewertungen hat, gehört dazu. Die Definition ist also eine operationale, bei der der eigentliche kulinarische Inhalt ein wenig verschwimmt. Mittlerweile bekommen ganz unterschiedliche Küchen diese Zuschreibung, darunter Küchen, deren Qualitäten weitgehend unumstritten sind, aber auch andere – vorzugsweise im kreativen, avantgardenahen Sektor –, deren Zugehörigkeit zur Spitzenküche kulinarischen Normalbürgern (wie man die große Menge ähnlich essender Menschen vielleicht einmal nennen darf) oft unverständlich bleibt (wie etwa das »Ernst« und das »Nobelhart & Schmutzig« in Berlin oder das »Sosein« in Heroldsberg bei Nürnberg). Ganz allgemein gilt, dass der gesamte kulinarische Bereich unter unklaren Begriffen leidet, weil es bis auf den heutigen Tag keine Instanzen, wie etwa eine »Deutsche Hochschule für Kochkunst« oder systematisch wissenschaftlich erarbeitete Strukturierungen aller Art mit einer entsprechenden Begrifflichkeit, gibt (ein »Strukturmodell« einer zukünftigen »Deutschen Hochschule für Kochkunst« habe ich im Heft 159 der *Kunstzeitung* im November 2009 veröffentlicht). Insofern haben sich auch im professionellen Bereich Begriffe wie »Spitzenküche« eher »irgendwie« gebildet und eingebürgert.

Im populären Sprachgebrauch wird es völlig diffus. Am ehesten scheint heute ein Begriff wie »Sterneküche« mit Bedeutung gefüllt werden zu können, weil auch viele Normalbürger schon etwas von Michelin-Sternen gehört haben. Für eine gewisse Verwirrung sorgt allerdings bisweilen, dass es bei Hoteleinstufungen (seitens des Hotel- und Gaststättenverbandes DEHOGA) maximal fünf Sterne gibt, bei Restaurants aber nur drei (verliehen vom *Guide Michelin*). Inhaltlich wird die Spitzenküche (ein Begriff, der in weiten Bevölkerungskreisen nie auftaucht) gerne mit Luxus verknüpft. Die »Gourmettempel« geistern immer wieder als Klischee durch viele Medien und Gespräche – verknüpft mit einer kostspieligen Ausstattung, den Preisen für das Essen und den Verhaltensweisen der Servicekräfte vom Wagenmeister bis zu gestelzt sprechenden Kellnern (»Hat Ihnen die Vorspeise schon einmal gemundet?«).

Gerne geht es auch um angeblich nur dort anzutreffende »Schickimicki« (was indes schwer zu halten ist, diese Klientel und ruhige, konzentrierte Gourmetrestaurants schließen sich weitgehend aus) und erst relativ spät um kulinarische Dinge im weiteren Sinne, wie etwa die berüchtigt kleinen Portionen, oder in einem engeren Sinne die Verwendung von Produkten wie Hahnenkämme, Frösche, Foie gras, Schnepfen, Wachteln, Tierbabys oder diverse Innereien, die in der Folge als exzentrisch bis dekadent, manchmal auch als pervers überzeichnet werden.

Viele Gespräche mit Normalbürgern sind in diesem Zusammenhang allerdings von deutlicher Unkenntnis geprägt. Man hat von der Spitzenküche gehört, weiß ein wenig, was ein Gourmet ist, kennt aber die entsprechenden Etablissements oft nicht aus eigener Erfahrung. Insofern ist das populäre Verständnis von dem, was Spitzenküche ist, hochgradig diffus und häufig unzutreffend. Es muss allerdings einschränkend gesagt werden, dass diese Beobachtungen vor allem für Deutschland gelten. In Frankreich etwa, wo die Spitzenküche ein weitaus öffentlicheres Thema ist, sieht das Bild deutlich anders aus.

Auf der Suche nach konkreten kulinarischen Merkmalen, die für die »Spitzenküche« charakteristisch sind, kann man durchaus fündig werden. Eine erstaunliche Trennschärfe bekommt der Begriff, wenn man versucht, die Spitzenküche von der Nicht-Spitzenküche abzugrenzen. Spitzenküche wäre dann der Ort, an dem versucht wird, ein Maximum an kulinarischer Qualität zu realisieren. Was man unter »Qualität« versteht oder ob es sich bei den Bemühungen wirklich um ein Maximum handelt, spielt erst einmal keine Rolle. Aber es wird schnell klar, dass quasi alle anderen Küchen- und Gastronomieformen mehr oder weniger Kompromisse eingehen oder eingehen müssen – egal, ob sie dies tun, um ein spezielles Publikum zu erreichen oder um die Kosten für den Wareneinsatz (ein gastronomischer Fachbegriff) gering zu halten, egal, ob sie nicht wirklich auf hohem Niveau kochen können oder es nicht wollen.

Was aktuell als Spitzenküche gilt, ist teilweise weit außerhalb des Vorstellungsvermögens breiterer Bevölkerungsschichten, weil sich mittlerweile eine riesige Spannbreite zwischen optimierter klassischer Küche (beispielsweise Torsten Michel in der »Schwarzwaldstube« in Baiersbronn) und einer kunstnahen Avantgarde (etwa Marco Müller im »Rutz« in Berlin, beide haben drei Michelin-Sterne) ergeben hat. In der Regel weiß man, wo in der Nähe ein gutes Restaurant ist, und war vielleicht einmal in einem Sternerestaurant, das dann aber – wie der größere Teil der Restaurants mit Michelin-Sternen – eine Küche angeboten hat, die auch für Nicht-Gourmets einigermaßen nachvollziehbar war. Diejenigen Restaurants, die im weiteren Sinne auf der Basis der klassisch-französischen Küche arbeiten, werden eher gekannt und akzeptiert als jene mit Avantgardeküche. Es ist ein wenig so wie mit der Kunst, wo Gegenständliches dem Abstrakten oder Konzeptionellen gegenübersteht. Die kulinarische Klassik wäre dann der mehr oder weniger gegenständlichen Kunst vergleichbar, die Avantgarde wäre eher wie außerhalb des eigenen Verständnishorizonts liegende Teile der modernen (konzeptionellen) Kunst.

Küche 3: Kulinarische Qualitätsbestimmung zwischen individuellen Vorlieben, Handwerksregeln und Kriterien der Haute-Cuisine-Community

Individuelle Vorlieben als Maßstab

Aus dem Beharren auf der kulinarischen Wahlfreiheit, die sich in dem ominösen Satz »Das ist Geschmacksache« manifestiert, ergibt sich, dass letztlich die eigenen Vorlieben zum Maßstab der Bewertung von kulinarischen Qualitäten gemacht werden. Woher sie stammen, ob sie das Ergebnis einer umfangreichen kulinarischen Sozialisation sind oder nicht, ist belanglos. Die Schnittstelle ist der eigene Kopf. Leider werden diese Maßstäbe in der Regel nicht auf den eigenen Konsum beschränkt, sondern auch zur Beurteilung aller anderen kulinarischen Phänomene herangezogen. Es gab einmal Generationen, die sich bei der Beurteilung von ihnen unbekannten Phänomenen mit den Worten zurückhielten: »Davon verstehe ich nichts.« Diese Zeiten sind vorbei. In einer umfassenden Sicht ist die Verwendung individueller Vorlieben als Maßstäbe für die Beurteilung kulinarischer Qualitäten sogar nur ein Teil des Problems. Entscheidend sind die Auswirkungen des kulinarischen Wahlverhaltens (also in erster Linie des Konsums). Wer zum Beispiel sein Lieblings-Fast-Food oder industrielle Fertiggerichte bevorzugt, konsumiert keine hochwertigen oder ungewöhnlichen Produkte, die in einem spezialisierten Einzelhandel verkauft werden, und trägt zu dessen Schwächung oder vollständigem Verschwinden bei (wie das häufig der Fall ist). Der Freund des Schlechten ist der Feind des Guten. Handeln und Nicht-Handeln haben in vielen Fällen gleich wichtige Folgen. Für alles, was mit einer – nennen wir es vorsichtig: intersubjektiv gültigen Qualität – zu tun hat, ist das Beharren auf ungesteuert, unreflektiert und unzusammenhängend zustande gekommenen individuellen Vorlieben eine Katastrophe.

Plebiszitäre Qualitätsbestimmung

Nicht weit entfernt von der subjektiven Qualitätsbestimmung findet sich das, was man am besten plebiszitäre Qualitätsbestimmung nennt. Sie führt dazu, dass kulinarisch Erfolgreiches aller Art vor allem deshalb als gut gilt, weil es von vielen Leuten konsumiert wird. Hier gibt es im Wesentlichen zwei Schienen, die eine rund um die traditionelle Küche, die andere rund um eine kommerziell/industriell gesteuerte Küche. Gerade in Gegenden, wo die Regionalküche eine große Tradition und Verbreitung hat (Bayern, Baden-Württemberg, die rheinischen Metropolen Köln und Düsseldorf oder die Küste), nimmt die Traditionsküche nach wie vor eine gewichtige Position bei der Entwicklung qualitativer Vorstellungen ein. Die kulinarische Sozialisation erfolgt auch heute noch über traditionelles Essen, über Feste in Wirtshäusern der traditionellen Art oder über das Essen in Brauhäusern. Diesen Traditionen passen sich viele »Zugereiste« an, sie wirken gemeinschaftsfördernd und definieren zu einem beträchtlichen Teil das gesellschaftliche Zusammenleben. Die in diesem Zusammenhang bewusst oder unbewusst entstehenden Kriterien werden auch auf andere Formen des Essens angewandt. Wer Schweinshaxe mit Knödeln und Sauerkraut liebt, den halben Meter Bratwurst, Rheinischen Sauerbraten oder das panierte Schnitzel »Wiener Art«, wächst mit Qualitäten auf, die sich über viele Jahre zwischen Traditionen und Publikum stabilisiert haben. Für die Köche geht es um die Erfüllung der traditionellen Qualitäten und weder um Abweichungen noch um Innovationen. Man findet hier sehr stark gewürzte Geschmacksbilder, die eher im Großen und Ganzen rezipiert werden und selten im Detail. Die Entscheidungen über Gut oder Schlecht fallen schnell und nach einem eher globalen Abgleich mit den gespeicherten Wunschqualitäten. Leicht Besseres und leicht Schlechteres wird toleriert, mehr aber nicht. Die Kriterien für diese Qualitätsbestimmung sind in der Regel schwammig bis nicht vorhanden. Sie werden von Konformität gedeckt, das Essen ist das Essen einer – wenn auch oft informellen – Gemeinschaft, nicht etwas, das in einem explizit individuellen Prozess als Leistung eines individuellen Kochs entstanden ist.

Die Entindividualisierung des kulinarischen Wahlverhaltens und damit eine zu einem großen Teil vor allem kommerziell »fremdgesteuerte« Entwicklung wird besonders bei Fast Food und industriell hergestelltem Essen deutlich. Hier wird mittlerweile ein großer Teil des kulinarischen Materials des Planeten zu einer Art Pool, aus dem man unter strikter Berücksichtigung schon existierender kulinarischer Präferenzen nach immer wieder neuen Möglichkeiten sucht, diese Vorlieben mit neuen Produkten zu verknüpfen. Man braucht im Prinzip Produkte, bei denen sich eine plebiszitäre Qualitätsbestimmung per intensivem Konsum einstellt. Die dazu notwendigen Studien, Tests und Maßnahmen legen im Zusammenhang mit einer strikten Orientierung am wirtschaftlichen Erfolg die Vermutung nahe, dass nicht nur eine maximale Bedienung von Vorlieben der Kundschaft das Ziel ist, sondern auch eine möglichst effektive Steuerung des Konsumverhaltens. Insofern sind die sich ergebenden Qualitätsmaßstäbe immer auch zu einem beträchtlichen Teil gesteuerte – vulgo: manipulierte. Erfolg stellt sich ein, wenn es aus dem Wald so herausschallt, wie man hineingerufen hat. Wenn »Bio« eine kommerziell interessante Macht wird, muss man den Begriff millionenfach wiederholen, bis der Griff zum Bioprodukt normal wird. Wenn möglichst viel Umami die Tiefenschichten der menschlichen Präferenzen erreicht, muss man damit arbeiten – notfalls für das verpönte Glutamat irgendeine andere, den Geschmack verstärkende Kombination, etwa aus verschiedenen Hefen, finden. Die plebiszitäre Qualitätsbestimmung per Konsum lässt den Konsumenten als Opfer von Manipulationen erscheinen, das kaum eine Möglichkeit hat, sich von diesen Abhängigkeiten zu befreien.

Die sich in diesem Bereich ergebenden Kriterien für eine gute Qualität werden üblicherweise so eingestellt, dass sie vor dem Kunden Bestand haben und vor dem Auge der Professionals anderer kulinarischer Sparten so weit bestehen, dass sich keine grundsätzlichen Schwierigkeiten ergeben. Notfalls werden auch eigene Experten entwickelt, die der Kritik von außen eine industriekonforme Meinung entgegenstellen, die mit viel Werbung so dominant wird, dass die »normale« Kritik weitgehend abgewehrt werden kann. Auch bisweilen heftige Kritik an Maggi-Ravioli, an vielen Fast-Food-Gerichten, an Dosennahrung aller Art oder den Tiefkühlpizzas führt selten dazu, dass sich wesentliche Änderungen im Konsum ergeben. Wenn es Änderungen gibt, dann nur, wenn ein Produkt als gesundheitlich bedenklich im engeren Sinne gesehen wird. Weitergehende qualitative Maßstäbe, wie sie im Kochhandwerk oder in der Gourmetküche existieren, werden bisweilen zwar zitiert (mit dem Wort »Gourmet« oder »Feinschmecker« wird heutzutage sogar bei Discountern regelmäßig gespielt), im Grunde aber weitestgehend missachtet. Dass bei diesem Vorgang versucht wird, Begriffe wie »Gourmet« mit Produkten zu besetzen, die diese Qualität gar nicht besitzen, zeigt nur die genannte Macht der Nahrungsmittelindustrie und die Ohnmacht derjenigen Kräfte, für die historisch-gesellschaftlich klar entwickelte Qualitätsmaßstäbe das Nonplusultra einer gut entwickelten Zivilisation sind.

Handwerksregeln

Für den Bereich von Küche und Kochkunst gibt es seit Jahrhunderten eine klare qualitative Orientierung, die im Wesentlichen mit Handwerksregeln zu tun hat. Wenn man die diversen Lehrbücher für Köche betrachtet, zeigt sich eine ganz klare, im Prinzip nie hinterfragte Weitergabe von Qualitätsmaßstäben für Produkte und ihre Weiterverarbeitung. In vielen Fällen sind diese Maßstäbe sogar in Zahlen gefasst, etwa wenn es um Garzeiten und Kerntemperaturen von Fleisch oder Fisch geht. So gesehen kann man lernen, was Qualität ist, von einer Befragung der Kundschaft und ihrer Meinung ist dabei weit und breit nichts zu sehen. Es geht eher darum, wie man die gelernten Qualitäten richtig und erfolgreich »an den Mann« (also das Publikum) bringt, keineswegs aber um eine ständige Anpassung und/oder Veränderung an von außen – etwa durch kreative Köche – herangetragene Kriterien. Dieses Festhalten an einem bestimmten Kanon von Qualitätsmerkmalen hat heute noch weitgehend Gültigkeit, wobei mittlerweile eine gewisse Rückständigkeit beklagt wird. In den letzten 15 bis 20 Jahren haben sich weltweit so viele Entwicklungen in der Kochtechnik wie in der gesamten Ästhetik der Kochkunst ergeben, dass viele Lehrbücher nicht mehr wirklich up do date sind und dringend einer Modernisierung bedürfen. Viele Regeln gelten allerdings immer noch und werden sich kaum ändern. Die Kerntemperatur für ein gut gebratenes Lammrack wird nicht dadurch ad absurdum geführt, dass die kreative Küche absichtlich mit durchgebratenem oder untergartem Fleisch arbeitet. Insgesamt sind die Handwerksregeln geachtet und wirksam. Sie haben ihre Auswirkungen nicht nur auf viele Köche, sondern auch auf viele Kochbücher und sind insofern der Kern der kulinarischen Qualitätsbestimmung. Dass sie zum Beispiel von der Nahrungsmittelindustrie regelmäßig missachtet werden (bei welcher der Gesetzgeber etwa wegen der Haltbarkeit vor allem an hygienisch korrekte Regeln denkt), wird von keiner Instanz sanktioniert. Gerade im kulinarischen Bereich bedeutet Freiheit auch Freiheit, Schlechtes zu produzieren. Im Gegenzug zur Missachtung der Handwerksregeln bei vielen industriellen Produkten ergibt sich bei vielen Essern aber immer wieder einmal ein positiver Imageschub, bei dem die handwerkliche Arbeit und ihre Qualitätskriterien eine durch und durch positive, manchmal fast fetischisierte Rolle spielen.

Kriterien und Werte der Haute-Cuisine-Community (Spitzenköche, Restaurantführer, Journalisten, Gourmets)

Die »spitzeste aller Spitzenküchen«, also das, was die besten Köche der Welt in ihren Restaurants anbieten, ist jedoch – was die Qualitätskriterien angeht – weder in der Hand des kulinarischen Normalbürgers noch ausschließlich in der Hand derjenigen, die die traditionellen Handwerksregeln hochhalten. Die klassisch-französische Haute Cuisine war und ist bis zu ihren aktuell noch existierenden Ausläufern (zum Beispiel die »Auberge de l'Ill« der Familie Haeberlin in Illhäusern im Elsass) noch stark von den genannten Handwerksregeln geprägt – wenn auch nicht vollständig bestimmt, weil sich an der Spitze auch eine handwerkliche Avantgarde gebildet hat, die die traditionellen Handwerksregeln weiterentwickelt. Die moderne, weniger traditionell orientierte Spitzenküche dagegen hat seit den 1970er-Jahren zunehmend eigene Bezugspunkte entwickelt, die sich teilweise erheblich von traditionellen Werten unterscheiden. Anders als bei den Handwerksregeln kann man hier nicht mehr von einer über Jahrhunderte ablaufenden Entwicklung reden, die von mehr oder weniger unumstrittenen Kriterien für Qualität bestimmt ist, sondern muss als Ursprung der oft sehr variablen Kriterien eine Art »Haute-Cuisine-Community« sehen. Sie besteht nur noch zum Teil aus Köchen, und dabei eher aus den Spitzenköchen. Hinzugekommen sind die Restaurantführer (vor allem der *Guide Michelin*), aber auch wichtige Kritiker, allgemein Journalisten und nicht zuletzt die Gourmets. In den letzten Jahren auch zunehmend eine Internet-Community, die in den sozialen Netzwerken einen regen, geradezu tagesaktuellen Austausch über die aktuellen Entwicklungen pflegt.

Was in dieser Community Wert hat und allerhöchste Beachtung fand und findet, war lange Jahre lang ein Privileg des *Guide Michelin* und seiner Auszeichnungen mit »Sternen«. Seit der ersten Vergabe von Michelin-Sternen im Jahre 1926 (drei Sterne wurden erstmals 1931 verliehen) konnte man zunehmend von einer Art »Michelin-Küche« reden. Die im Führer genannten Kriterien sind zwar – zumindest offiziell – bis auf den heutigen Tag nicht besonders präzise (für einen Stern: »Ein sehr gutes Restaurant in seiner Kategorie«), haben aber trotzdem für eine Art Normierung der Küche im Sinne von eher angenommenen Kriterien geführt. Man sieht, was die Besten machen, und kondensiert daraus eine Art von Regeln. Über einen langen Zeitraum haben diese Kriterien nicht nur für eine qualitative Strukturierung von Küchenleistungen gesorgt, sondern von der Spitze ausstrahlend auch für eine teilweise Durchdringung der Handwerksregeln und damit für die Qualität vieler Restaurants unterhalb des Sterneniveaus. Von einer »Haute-Cuisine-Community« konnte man viele Jahre allerdings noch nicht reden. Ein wichtiger Ursprung dieser Community lag in der Entstehung des *Gault Millau*-Restaurantführers von Henri Gault und Christian Millau (erste Ausgabe 1969), der zu einer Stimme der Nicht-Köche wurde, der Gourmets und Interessierten aus allen möglichen Gesellschaftsschichten, darunter erstmals auch einer Schicht, die im weiteren Sinne etwas mit Kultur oder der intellektuellen Begleitung und Durchdringung kultureller Phänomene zu tun hatte. Im *Gault Millau* gab es viel Text, im *Guide Michelin* fast keinen. Und viel Text bedeutete auch, dass es um Meinungen, Trends, Begrifflichkeiten und eben auch um Kriterien ging, die zwar im Führer selber nicht unbedingt wesentlich präziser als im *Guide Michelin* gefasst wurden, sich aber »zwischen den Zeilen« ergaben. Seitdem hat sich der rege Austausch über das, was die Raffinesse der Spitzenküche ausmacht und was man überhaupt zur Spitzenküche zählen kann, erheblich ausgeweitet.

Diese Entwicklung vom *Guide Michelin* über *Gault Millau* bis zu einer weltweiten Haute-Cuisine-Community bedeutet gleichzeitig auch den endgültigen Verlust einer einzelnen, allgemein anerkannten Instanz, die die Regeln bestimmt und für ihre Verbreitung sorgt. Das ständige Hin und Her der Meinungen hat zu einer Situation geführt, in der zumindest den meisten Beteiligten der Haute-Cuisine-Community klar ist, was man unter Spitzenküche versteht, detaillierte Parameter für eine solche Bestimmung aber kaum gegeben werden können. Die große Dynamik der Community begleitet kreative Entwicklungen im Prinzip mit viel Offenheit. Aber im gleichen Maß, in dem sie sich in ihrer Rolle und Funktion stabilisiert hat, hat sie gleichzeitig an Relevanz für den Rest der Gesellschaft verloren.

Diese Entwicklung erinnert an die Kunstszene, die sich schon weit früher als die Kochkunst in elitären Zirkeln vom Rest der Gesellschaft abgesondert hat und sich dann sogar oft darin gefiel, mit der breiteren Masse nichts mehr zu tun zu haben. Dass sie im Laufe der Zeit dann sogar wie selbstverständlich das entscheidende Wissen um Qualität allein für sich beanspruchte und alsbald und bis heute massive öffentliche Förderung ohne viel Relevanz bei größeren Gesellschaftsschichten erreichte, ist in der Haute-Cuisine-Community bisher allerdings noch nicht in Reichweite. Ihre Maßstäbe setzenden Favoriten, die besten Kreativköche der Welt (plus einige großartige Handwerker und Produzenten), produzieren Essen, dessen Qualität für den Normalbürger eher selten evident ist, aber – wie noch zu zeigen sein wird – dennoch ein »verständliches« Potenzial besitzt.

Der entscheidende Unterschied zwischen Essen, das die Haute-Cuisine-Community bevorzugt, und dem, was dem begrenzt sensiblen Normalbürger gefällt, ist die grundsätzliche Orientierung und Erwartung dem Essen gegenüber. Die bürgerliche Küche muss Erfüllung von Erwartungen sein. Die kreative Küche will in vielen Fällen exakt diese Erwartungen nicht erfüllen, sondern irritieren oder mindestens ungewohnte Reize setzen. Außerdem geht es bei den Kriterien für Raffinesse oft erst einmal darum, überhaupt in der Lage zu sein, Teilnehmer an einer solchen Einschätzung/Bewertung sein zu können. Um die Qualität eines Emblemproduktes der klassischen Spitzenküche, der Foie gras, differenziert erleben und einschätzen zu können, muss man eine ganze Reihe von Restaurantbesuchen absolviert haben. Um die Qualität von berühmten Köchen der Nova-Regio-Küche einschätzen zu können, muss man im Prinzip sogar eine internationale Reisetätigkeit entfaltet haben, gerne ergänzt durch intensive Studien von entsprechenden Büchern/Kochbüchern.

Die Raffinesse hat nicht nur eine im engeren Sinne kulinarische Dimension erreicht, sondern auch eine ästhetische. Gemeint ist dabei nur zum Teil die sichtbare Oberfläche, die in Zeiten des internationalen Austausches der Bilder vom Essen (vorzugsweise über Instagram-Postings) eine große Bedeutung bekommen hat. Heute signalisieren bestimmte Bilder eine bestimmte Stilistik, und es gibt Bilder, die den Spezialisten aus der Haute-Cuisine-Community sofort anzeigen, ob es sich dabei um Nennenswertes handelt. In Kenntnis solcher Zusammenhänge wird die Gestaltung der kulinarischen Kreation zu einem wesentlichen Teil der Kommunikation. Vom Normalbürger ist diese Gestaltung üblicherweise nicht zu entschlüsseln. Er kann nur identifizieren, was er sieht, nicht aber, was gemeint ist. Viele Arbeiten von Ferran Adrià etwa zeigen Formen, die Nahrungsmittel annehmen können, wenn man sie mit diversen Techniken behandelt. Wenn dann Erbsen das Grundmaterial sind und nach der Behandlung abstrakte Formen entstehen, ist das entstehende

»Zeichen« kaum ohne größere Vorkenntnis zu entschlüsseln. Ähnliches wie für die Bilder gilt auch für die Bezeichnungen von Gerichten. Unter »Herbstwald« oder »Strandspaziergang« wird sich der übliche Konsument, der strikt an Sachbezeichnungen gewöhnt ist (»Schnitzel ›Wiener Art‹ mit Gurken-Kartoffelsalat«) kaum etwas vorstellen können.

Ganz allgemein gibt es in bestimmten Teilen der Spitzenküche heute wesentlich umfangreichere Codierungen als früher. Sie alle sagen allerdings kaum etwas über die Raffinesse des Essens aus, sondern eher über einen Kontext, in dem sich das Essen abspielt. Diese Veränderung ist gegenüber früheren Zeiten und dem, was von ihnen heute übrig geblieben ist, groß. Der klassische Spitzenkoch war/ist der weiß bekleidete, der bis auf den heutigen Tag (vor allem in Frankreich) bei offiziellen Anlässen zu seiner typischen Kochjacke und Kochmütze greift. Viele Köche haben für offizielle Termine auch außerhalb ihres Hauses immer eine weiße Jacke mit Namensaufdruck und gegebenenfalls auch denen der Sponsoren im Kofferraum. Das Bild vom Koch war klar, und es signalisierte Kompetenz – egal, ob es sich um einen Spitzenkoch oder um einen aus dem nächsten Etablissement mit bürgerlicher Küche handelte. Wenn heute Hipster im Bild erscheinen, wo das Weiß als Grundfarbe der Berufskleidung quasi nicht mehr vorkommt und der Bart nebst Tätowierungen zur Grundausstattung zu gehören scheint, liegt das nicht zuletzt an einer Ästhetisierung der ganzen Koch-kreativ-Szenerie, die eine Art von überkulinarischer Raffinesse andeutet: Hier geht es um einen bestimmten Lifestyle, um eine Art, die Welt zu sehen, natürlich um modernisierte Regionalküche und oft auch um eine Art unprätentiöses Selbstbild. Nie war der Koch so sehr »einer von uns« als heute in einer bestimmten, oft großstädtischen Szenerie und Haute-Cuisine-Community. Insofern gibt es heute in der Spitzenküche so etwas wie »das richtige Essen«, das seine Optik, seine Philosophie und seine Szene hat. Das wiederum erinnert ein wenig an die kulinarisch oft kaum sichtbare Zuschreibung »Bio« inklusive der entsprechenden Szenerie.

Küche 4: Geht es besser? Die Ursprünge von Optimierungen und Interpretationen

Marktmacht, Meinungsmacht und die Schwächung professioneller Regeln

Für die aktuelle Benennung von Qualitäten (um es einmal möglichst offen zu formulieren) ist erst einmal kennzeichnend, dass die klassischen professionellen Regeln vielfach unter Druck geraten. Es gibt eine ganze Reihe von Beteiligten, denen daran gelegen ist, die professionellen Kriterien ganz oder teilweise außer Kraft zu setzen beziehungsweise sie in ihrem Sinne anders zu interpretieren. Dazu gehören nicht nur die genannten Discounter mit ihrem »Gourmet«-Gerede, die mit bundesweiter Außenwerbung und TV-Spots seelenruhig kulinarisches Mittelmaß – wenn es sich überhaupt darum handelt – als allerbeste Gourmetqualität verkaufen. Dazu gehören auch die unsäglichen Tests in TV-Programmen (wie etwa Nelson Müllers ZDF-Vergleichstests zwischen einzelnen Discountern), bei denen formal »nur« Discounter-Produkte gegeneinander antreten, tatsächlich aber eine »beste Qualität«, also ein Siegerprodukt ermittelt wird, an dem fortan das Sieger- und Qualitätsimage klebt. Naiver geht es kaum, und zerstörerischer in Hinblick auf die tatsächlich überragenden Qualitäten auch nicht. Dazu gehören überdies die vielen Vergleichstests in Zeitungen und Zeitschriften, bei denen üblicherweise ein »Experte« scheinbar alle möglichen, am Markt zu findenden Produkte bewertet. Hier fehlen regelmäßig diverse hervorragende Spitzenprodukte, die »Experten« sind vielleicht Professionals, die mehr oder weniger mit dem Produkt zu tun haben, aber so gut wie nie übergeordnete, weitgehend anerkannte Spezialisten sind. Auch bei diesen Tests gibt es natürlich Sieger und die entsprechenden Folgen in der Werbung für das Produkt. Noch heute geistert in den Köpfen ein uralter Champagner-Test umher, bei dem einmal der Aldi-Champagner Veuve Monsigny als eine recht ordentliche Qualität bezeichnet wurde, vor allem auch wegen des angeblichen Preis-Leistungs-Verhältnisses. So etwas vergisst der Aldi-Kunde nie. Was braucht er einen guten Champagner, der statt 12,99 Euro das Mehrfache kostet? Das »gute« Preis-Leistungs-Verhältnis entpuppt sich ohnehin immer als eine Art scheinbar erträglicher Relativierung von Qualität mit der Tendenz nach unten: auch zu Produkten, deren Qualität ohnehin schon ein Kompromiss ist, gibt es immer wieder Produkte, die noch einen weiteren Kompromiss eingehen. Sie sind dann eben »fast so gut« wie die ursprünglichen Kompromissprodukte.

Professionelle Qualitätskriterien werden da geschwächt, wo es scheinbar besonders objektiv zugeht, also etwa bei der Stiftung Warentest. Hier kommt die Schwächung subtil daher. Während ein Profi (sagen wir: ein Spitzenkoch) ein Olivenöl probiert und erst einmal ausschließlich nach dem Geschmack urteilt, werden dort für das Endergebnis eine ganze Reihe von »technischen« Merkmalen herangezogen, die sich eigentlich nicht direkt auswirken (wie etwa irgendwelche chemischen Rückstände) und weder geschmacklich noch gesundheitlich relevant sind, das entsprechende Produkt dann in dem Bewertungssystem durchaus aber nach oben drücken können. Das Denken in solchen Gefährdungspotenzialen schwächt natürlich die Macht der eigentlichen gustatorischen Produktqualitäten.

Professionelle Qualitätskriterien werden auch von den Profis selber geschwächt, etwa in den unzähligen TV-Kochshows. Obwohl die Arbeit der Profis dort mit der in ihren Restaurants wenig zu tun hat, wird immer wieder der Eindruck erweckt, es handle sich um Profis von großer Qualität, die auch im TV entsprechend arbeiten. Alfons Schuhbeck etwa, der für sich Gewürze als einen weiteren Markt entdeckt hat, hat sich als »Gewürzpapst« inszeniert, obwohl es längst einen solchen gab (Ingo Holland vom Alten Gewürzamt in Klingenberg etwa, vorher schon Olivier Roellinger in Cancale in der Bretagne) und obwohl allen Profis klar ist, dass Schuhbecks Gewürze keineswegs maximale Qualitäten haben.

All diese Manipulationen an der Füllung einer stimmigen Begrifflichkeit von Qualität haben eine große Marktmacht, die schon seit langer Zeit im öffentlichen Bewusstsein das definiert, was gute Qualität ist. Und weil verschiedene Experten, die über das Wissen um die tatsächlichen qualitativen Hierarchien verfügen (also um historisch gewachsene, gesellschaftlich rückgekoppelte und professionell anerkannte Qualitäten), bei Weitem nicht eine entsprechende Markt- und Meinungsmacht haben, gibt es heute mehr denn je Probleme, gute Qualität überhaupt als solche zu kommunizieren und im öffentlichen Bewusstsein zu verankern.

Was sind Optimierungen?

Vor diesem Hintergrund muss man darüber nachdenken, wie man mit einem Begriff wie »optimierte Qualitäten« bei Produkten und Gerichten überhaupt umgeht. Da dieser Begriff kaum dem allgemeinen Sprachgebrauch und Qualitätsvorstellungen entspricht, sollte man sich erst einmal auf die Seite der professionellen Qualitätsvorstellungen begeben und von daher den Weg von einer nicht optimierten zu einer optimierten Qualität beschreiben. Dennoch gibt es hier einen überragend wichtigen Aspekt, der eine Menge mit dem allgemeinen Verständnis zu tun hat und der weiter unten noch ausführlich diskutiert wird, nämlich die Evidenz einer kulinarischen Qualität. Optimierungen sollen hier also (unabhängig davon, dass es sie überall geben kann, auch bei der Avantgarde) erst einmal als eine Verbesserung verstanden werden, die weitgehend nachvollziehbar, also evident ist. Konkret bedeutet das eine konsequente Anwendung von Handwerksregeln bei gleichzeitiger, weitgehender Beibehaltung des vertrauten Geschmacksbildes. Oder, vereinfacht: Etwas wird so verbessert, dass es möglichst vielen Leuten richtig gut schmeckt.

Nehmen wir als Beispiel ein Schweinskotelett. Zu Hause wird man das als einzelnes Kotelett gekaufte Stück in eine Pfanne mit erhitztem Fett geben und mehr oder weniger konzentriert braten. Wahrscheinlich wird dabei weder auf gleichmäßige Röstnoten geachtet noch auf die Kerntemperatur, das Kotelett wird irgendwie fertig, und das stellt man fest, wenn es fest genug ist. Das Ergebnis ist oft ein viel zu festes, oft dehydriertes Ergebnis, das man zwar essen kann, das aber kein großes Vergnügen bereitet, weil man auch kein großes Vergnügen erwartet. Es wird – wie ein Spiegelei – in die Pfanne »gehauen« und zählt zur Grundversorgung, zu den Dingen, die man mal eben ohne viel Aufwand erledigen kann. Detaillierte Parameter werden nicht abgearbeitet oder auch nur beachtet. Das Ergebnis ist – wenn es denn eine Konstanz hat – eher »so wie immer« als gut oder schlecht. Für eine Optimierung wird man sich zuerst einmal die Parameter klarmachen müssen, die es zu beachten gilt, also in erster Linie die positiven Werte, die sich rund um das Kotelett ergeben können. Das sind zum Beispiel eine bessere Produktqualität, eine präzise Reife, Zartheit, Röstnoten, die Würze und vor allem die Proportionen dieser Dinge, die dafür sorgen, dass sich alles bestens zu einem guten Gesamtgeschmack zusammenfügt. Die Würze sollte den Fleischgeschmack unterstützen und nicht überlagern, die Röstnoten ihn erweitern, die Zartheit sollte ein Mundgefühl erzeugen, das Wohlgefallen auslöst und dafür sorgt, dass man das Fleisch nicht so lange zerkauen muss, bis es faserig-fade schmeckt.

Der optimierende Koch kennt für die Realisierung guter Qualitäten Lösungen, die durchaus für den Laien manchmal überraschende Momente haben. So wird er etwa die Dicke des Koteletts bedenken und darauf achten, für die Garung eines einzelnen Koteletts mindestens 2,5 bis 3 Zentimeter Dicke zu haben. Warum? Weil sich bei einem dünnen Stück die Hitze so schnell im Fleisch verteilt, dass es sehr schnell übergart wird und die gewünschten Röstnoten gar nicht erst zustande kommen können. Oder er wird es ablehnen, überhaupt ein einzelnes Kotelett zu garen, sondern gleich auf ein »Rack« von mindestens zwei Stücken zurückgreifen. Wenn er ein solches Stück gart und nach der Garung zwei einzelne Koteletts davon serviert, haben diese eine angebratene und eine nicht angebratene Seite, können dabei aber eine maximale Zartheit besitzen, weil man ein solch dickeres Stück kräftig anbraten kann, um gute Röstnoten zu erhalten, und es dann langsam im Ofen weitergart, um eine optimale Kerntemperatur im Innern zu erreichen. Er wird das Stück auch noch in der Wärme ruhen lassen (»nachziehen lassen«), um eine Entspannung des Fleisches und damit eine noch größere Zartheit zu bekommen. Ähnlich differenziert kann der

Optimierer alle möglichen Aspekte bearbeiten und am Ende ein Ergebnis erzielen, das vielleicht beim Normalbürger zu Äußerungen führt, er habe noch nie so ein zartes und wunderbar schmeckendes Schweinskotelett gegessen. Er wisse eigentlich gar nicht, dass es so etwas geben könne.

Die Optimierung wäre in diesem Falle eine evidente – nachvollziehbar und so, wie sie im Prinzip auch gewünscht ist.

Die Ursprünge von Optimierungen

Auf die Idee, dass man etwas besser machen kann, muss man – so banal das klingt – erst einmal kommen. Der übliche Weg zur Anwendung kulinarischer Kriterien ist weitestgehend von Nachahmung geprägt, und das sowohl im traditionell-privaten als auch im professionellen Bereich. Die viel beschworene Nachfolge der so gut kochenden Großmutter oder Mutter gilt bis auf den heutigen Tag als eine Art positiver Fetisch: Wer so etwas zu bieten hat, hat eine kulinarische Quelle von hohem Rang. Wenn es schon die Großmutter in ihrem kleinen Haus am Waldrand in der Eifel so gemacht hat, dann muss es etwas Gutes sein. Diese Traditionen gilt es anscheinend unbedingt zu erhalten, und man kann froh sein, wenn sich Nachfolger finden, die das schaffen. Wenn sie es schaffen, bekommen ihre kulinarischen Leistungen in der Regel eine Art kulinarische Unantastbarkeit. Wenn sie es nicht schaffen, wird das von der Familie oder Freunden in der Regel bedauert, und es kommt nicht selten dazu, dass dieser Transfer von Qualitäten zum Erliegen kommt.

Eine Optimierung traditioneller Qualitäten war und ist nicht vorgesehen, weil es keinen Ansatzpunkt zu geben scheint. Die Gerichte werden gemocht, man hat sich an sie gewöhnt und freut sich, wenn man sie immer wieder bekommt. Das gilt auch für bis heute existierende Formen der traditionellen Wirtshausküche oder Regionalküche, die unter ganz ähnlichen Verhältnissen durch die Zeiten kommen und nur dann Kritik erfahren, wenn es auffallend negative qualitative Abweichungen gibt. Die gilt es im Zweifelsfalle abzustellen und die Gerichte in den ursprünglichen Zustand zu versetzen, damit die Mechanismen der Tradierung kulinarischer Werte wirksam bleiben.

Auch die klassischen Handwerksregeln boten lange Zeit keinen Anlass, an irgendwelche Optimierungen zu denken. Das Lehrer-Schüler-System ist bei vielen Köchen nach wie vor sehr ausgeprägt. Als Lernender gilt es, Kriterien zu erfüllen und nicht etwa über Optimierungen nachzudenken. Optimierungen wurden erst im Laufe der Zeit ein allgemein diskutiertes Thema, weil die »neue« Hierarchie der modernen und individuell arbeitenden Sterneköche quasi einen Teil der alten Handwerksregeln erweiterte. Die alten Regeln wurden nicht überflüssig, wurden aber durch die neuen Bemühungen um Distinktion (wie etwa der Gewinn von Michelin-Sternen) verändert. Da gab es dann Köche, die bestimmte Produkte in einer ganz besonders exzellenten Form gefunden hatten. Da entdeckte man, dass das Fleisch von einem großen Steinbutt von zehn Kilogramm besser schmeckt als das von einem kleinen von wenig mehr als einem Kilogramm Gewicht. Da wurde klar, dass die Aufzucht von Geflügel durch Maßnahmen der Haltung und Fütterung und einem bestimmten Schlachtzeitpunkt optimiert werden konnte, da stellte sich im Zuge der schnelleren Transportwege heraus, dass man besonders hochwertige Produkte von bestimmten, manchmal weit entfernten Produzenten kaufen konnte. Bis zum heutigen Tag ist etwa das Geflügel des Produzenten Miéral in Montrevel-en-Bresse oder der Spargel von Robert Blanc in Villelaure besonders nachgefragt. In jüngerer Zeit wurden diese Spitzenprodukte übrigens durch eine Art individuelle Produktqualität ergänzt, etwa wenn Felix Schneider vom »Sosein« in Heroldsberg bei Nürnberg (einer unserer radikal regional denkenden Avantgardeköche) die Wachteln vom Bauer an der Ecke verwendet, weil er dessen Arbeit kennt und mit ihm in einem ständigen Austausch über die Qualität steht.

Eine ganz ähnliche Entwicklung ergab sich bei den Kochtechniken – vor allem bei den Gartechniken, die im Laufe der Zeit ebenfalls unter dem neuen Distinktionsdruck optimiert wurden. Es entwickelten sich zum Beispiel präzise Standards in Form von Garzeiten und Kerntemperaturen (den Innentemperaturen von Fisch und Fleisch). Als der französische Koch-Weltstar Alain Ducasse zu Beginn der 2000er-Jahre begann, ein weltweites Restaurantimperium aufzubauen, konnte er nicht nur langjährige Mitarbeiter mit der Führung dieser Restaurants betreuen, sondern verfügte auch über große Listen gradgenauer Angaben, wie seine Ideen in der Küche realisiert werden konnten.

Es war nur eine Frage der Zeit, bis sich die Entwicklungen der Spitzenküche bei vielen anderen Küchen als eine Art neue Normen festsetzten. Im Blick auf die eigenen Tätigkeiten, im Blick auf Alltagsküche oder regionale Küche, ergaben sich Fragen, ob nicht eine Optimierung im Sinne der weiterentwickelten Erkenntnisse ein Gewinn wäre und ob sich solche Optimierungen überhaupt realisieren lassen würden. Wer heute zum Beispiel eine »Suprême de Poulet« (Hühnerbrust mit anhängendem ersten Flügelsegment) in einem ein klein wenig anspruchsvolleren Restaurant bestellt, wird gerade in einer ganz aktuellen Küche, die man durchaus »Neue Mitte« nennen kann, schon erhebliche Optimierungen antreffen. Da gibt es dann in eher normalen Restaurants, die auch preislich bei Weitem unterhalb der Gourmetküche liegen, Produkte und Garungen, die vor gar nicht so langer Zeit in dieser Form nur in der Spitzenküche zu finden waren. Die Spitzenküche selber ist dagegen oft schon wieder ein Stück weiter und schafft mit immer neuen Verfahren (etwa einer immer weiter ausgetüftelten Garung im Vakuum) neue Standards.

Was sind Interpretationen?

Ganz im Gegensatz zu den Optimierungen, die sich strikt an ein vorhandenes Geschmacksbild halten, entfernen sich Interpretationen mehr oder weniger von diesen Vorgaben. Die Distanz zur Vorgabe kann gering sein, kann aber auch so groß sein, dass die Vorgabe kaum noch zu erkennen ist und der Begriff »Interpretation« eher weit hergeholt erscheint. Dabei geht es zunächst oft um eine Erweiterung des Geschmacksbildes, um das Setzen neuer Reize, bisweilen aber auch um Abweichungen, die sich nur noch einzelner Parameter bedienen und zu einem Ergebnis führen, das das »Original« erst einmal kaum erkennen lässt. Interpretationen werden vor allem dann kaum noch als solche erkannt, wenn sie in den Bereich der Dekonstruktion gehen, wenn also vor allem ihr optisches Erscheinungsbild bis zur Unkenntlichkeit verändert oder »verrätselt« wird.

Die verschiedenen Stadien von Interpretationen beginnen bei mini-invasiven Eingriffen. Wenn man einmal das Kotelettbeispiel von den Optimierungen weiterverfolgt, so würden etwa einige beim Servieren über das Fleisch gegebene Nussstückchen bei einer guten Proportion ein wenig Textur und ein wenig Verstärkung einer ohnehin schon vorhandenen, leichten Nussigkeit ergeben. So etwas würde das grundsätzliche Bild nicht unbedingt stark verändern. Würde man vor dem Braten aber eine reichliche Menge einer Sojamarinade (etwa aus Sojasauce plus Kalbsfond, Zitrone und Dashi) über das Fleisch geben, würde nicht nur das Bild des Stückes stark verändert (die Marinade ist sehr dunkel), sondern auch der Geschmack deutlich anders.

Die Interpretation als Reduktion auf einzelne Parameter ist in ganz unterschiedlichen Formen denkbar. Es gibt Köche, die das Aroma eines ganzen Gerichtes sozusagen verflüssigen und ein Püree auf einem kleinen Löffel servieren, das das Aroma eines Schweinebratens mit Sauerkraut und Knödel besitzt. Es gibt »Pizza ohne Pizza«, ein Spiel mit der Tatsache, dass man auch dann das Gefühl hat, eine Pizza zu essen, wenn man nur das bekommt, was normalerweise oben auf der Pizza liegt, also ohne das Brot (die Grundidee dazu stammt von dem italienischen Koch-Weltstar Massimo Bottura, ich habe sie in meinem Buch *Pur, präzise, sinnlich* für den Hausgebrauch modifiziert).

Vom spanischen Avantgardisten Ferran Adrià gibt es eine dekonstruierte Gemüsesuppe in Geleeform, bei der sich auf dem Teller Geleestreifen befinden, die jeweils das Aroma eines der typischen Gemüsesuppen-Gemüse haben. Die Optik lässt hier überhaupt nicht darauf schließen, um was es sich handeln könnte. Erst in dem Moment, wo man eine Probe von einem Gelee nimmt, entschlüsselt sich das Ganze. Man kann dann mit Stückchen verschiedener Gelees den aromatischen Eindruck der Suppe noch vertiefen, weil die Mischung noch näher an das Vorbild kommt. Diese Dekonstruktion in Form einer optischen

Irritation ist eine Art der Verrätselung dessen, was man serviert bekommt. Eine durchaus vergleichbare Verrätselung hat es auch bei einem der kreativsten deutschen Köche, Andreas Rieger (dem ehemaligen Koch des »Einsunternull« in Berlin) gegeben. Er servierte ein flach auf dem Teller ausgebreitetes Gericht, dessen Oberfläche eine starke Ähnlichkeit mit einem Gemälde von Jackson Pollock hatte. Wenn man die diversen Streifen/Fäden von Saucen und Flüssigkeiten probierte, entdeckte man erst dabei, dass sich unter der Oberfläche das eigentliche Gericht befand. Ähnliche Verrätselungen finden sich mittlerweile auch im populären Bereich, wo gerne schon mal ein Eis serviert wird, das ein unerwartetes Aroma hat. Bei den »Husumer Krabbentagen« sorgte ein Stand für Schlagzeilen in der Lokalpresse, der Krabbeneis anbot. Einen ähnlichen Effekt kennen viele Gourmetköche, die niemals erfolgreich einen »Kalbskopf« auf die Karte setzen können, weil es dann scheinbar Gäste gibt, die befürchten, dass der ganze Kopf serviert werden könnte und vielleicht am Tisch etwas davon abgeschnitten wird. Sehr beliebt sind dagegen Kalbskopfkroketten, speziell wenn man sie als Gruß aus der Küche anbietet und gar nicht sagt, was der Inhalt ist. Sie schmecken wie eine Krokette mit einer schön würzigen, herzhaft-fleischigen Füllung.

Inwieweit kreative Köche heute tatsächlich an die Wirkung von Interpretationen denken und inwieweit sie diese explizit planen, ist in diesem oft wenig reflektierten und reflektierenden Umfeld oft unklar geblieben. Eine deutliche Änderung ergibt sich erst seit wenigen Jahren – vor allem im Zusammenhang mit neuen Ansätzen rund um die Regionalküche. Gemeint ist dabei nicht die Küche, die ein avantgardistisches »radikal lokal« oder ähnliche Ansätze verfolgt. Gemeint ist eine Küche, die erkannt hat, dass die regionalen Ressourcen und Traditionen allzu lange zum Beispiel der traditionellen Wirtshausküche überlassen wurden und dass sie dabei viel an möglicher Substanz verloren haben. Gerade dort, wo eine noch recht weitverbreitete Wirtshausküche existiert (also in Bayern), gibt es heute eine neue Generation von Köchen wie etwa Alexander Huber vom »Huberwirt« in Pleiskirchen, die sich explizit auf die regionalen Traditionen beziehen und ihr Potenzial nicht nur mit Optimierungen, sondern vor allem auch mit Interpretationen neu bestimmen.

Die Ursprünge von Interpretationen, Dekonstruktionen und Innovationen

Auch die Ursprünge von Interpretationen aller Art liegen vor allem im Distinktionsbedürfnis einer Küche, die man im Laufe der Zeit ganz selbstverständlich als »kreativ« bezeichnet hat. Die Distinktion ging noch bis in die 1990er-Jahre oft in Richtung von Optimierungen, spätestens seit der Nouvelle Cuisine aber auch in Richtung von Interpretationen und schließlich auch zu weitgehend kreativen Neuschöpfungen. Beteiligt waren vor allem französische Kreativköche wie Michel Guérard, Jacques Maximin, ab den 1980er/1990er-Jahren dann Pierre Gagnaire, Olivier Roellinger und Michel Bras, dann die spanischen Kreativen mit dem Höhepunkt Ferran Adrià und zuletzt die Köche der neuen skandinavischen Küche mit ihrer Verbindung einer Neubewertung regionaler und/oder traditioneller Ressourcen und avantgardistischem Denken. Neben René Redzepi sind dies zum Beispiel auch Magnus Ek (»Oaxen Krog«, Stockholm), Rasmus Kofoed (»Geranium«, Kopenhagen), Esben Holmboe Bang (»Maaemo«, Oslo), Magnus Nilsson (»Fäviken Magasinet«, Fäviken, Schweden) oder Björn Frantzén (»Frantzén«, Stockholm). Im Prinzip gilt hier Ähnliches wie für die Optimierungen, allerdings mit dem Unterschied, dass sich die ursprünglich begrenzte Freiheit der Interpretationen oder Dekonstruktionen (die ja – trotz bisweilen neuartiger Optik – immer noch einen mehr oder weniger starken Bezug zu Traditionen hatten) im Laufe der Zeit verselbständigte und sich Formen entwickelten, deren Bezüge nicht mehr traditionell waren, sondern eher das Verhältnis zu anderen kreativen Küchen im Sinn hatten. Diese kreative Entwicklung, die auch Tendenzen zu einer Spirale hat, die sich immer weiter von Traditionellem entfernt, ist typisch für eine durch die exzessive internationale Kommunikation aufgeheizte kreative Atmosphäre. Das Neue fand sofort Beachtung und sofort Freunde. Im

Moment ist es etwas »ruhiger« und noch kein neuer Megatrend in Sicht. Man sortiert den Ist-Zustand, sieht alles Mögliche kritisch, ist aber (noch) nicht bei der intensiven Suche nach »dem nächsten großen Ding«.

Küche und Individuum 1: Kulinarische Sozialisation zwischen frühen Prägungen und neuen Erfahrungen

Alle diese Qualitäten, Optimierungen, Interpretationen, Dekonstruktionen und Innovationen treffen nun meist auf ein Individuum, das sein kulinarisches Leben weitgehend in einem System von kaum jemals reflektierten Automatismen verbringt. Es ist nach wie vor eher selten, dass über die eigene kulinarische Sozialisation nachgedacht wird und schon gar nicht, um etwaige Defizite zu finden und zu beseitigen. Weil der ganze Bereich des kulinarischen Wahlverhaltens bis auf wenige Details sanktionsfrei ist (Übergewicht etwa stört bisweilen die Einstellung von Bewerbern), besteht wenig Bedarf, ihn zu reflektieren. Und so wächst das Individuum erst einmal so auf, wie das üblich ist, mit Babynahrung, einer ersten Phase als Omnivore, dann verschiedenen kulinarisch irritierenden Phasen, vielfältigen Einflüssen und mit einer – wenn überhaupt – langsamen Phase der kulinarischen Emanzipation, oft erst irgendwann im Erwachsenenalter. Die Prägung durch die gut kochende Mutter und vielleicht die Lieblingsessen bei der Großmutter sind nur noch die Ausnahme und werden durch ein Essen ersetzt, das mehr oder weniger industriell ist und nicht selten in die Abhängigkeit von Geschmacksbildern führt, die gleichzeitig die Abhängigkeit von bestimmten industriellen Produkten bedeuten. Ein großes Problem, das den Typus der Gerichte bestimmt, die im Laufe des Lebens überhaupt als »essbar« infrage kommen, ist dabei die aromatische Intensität der Nahrung. Wer schon früh an salzige Pizzas mit einem hohen Umami-Faktor und andere stark gewürzte Nahrungsmittel mit einem hohen Umami-Anteil gewöhnt ist, wird Schwierigkeiten haben, davon jemals wegzukommen. Alles, was pur ist, was als »natürlich« und gesund angepriesen wird, muss dann fade wirken. Es schmeckt nicht, nicht nur wegen ungewohnter Aromen, sondern vor allem wegen mangelnder Intensität, wegen der mangelnden Dosis an Würze und Umami. Der ganz normal sozialisierte Bürger bekommt hier Schwierigkeiten, die letzte legale Sucht zu praktizieren, er kommt auf Entzug, weil ihm die »volle Dröhnung« versagt wird. Wer in dieser Mühle steckt, hat keine Probleme, sich zu versorgen. Aber er ist ein schwerer Fall für jede Form der Veränderung und ein ganz schwerer Fall für eine reflektierte Raffinesse. Ob sein bevorzugter Genuss allerdings gegenüber dem von Freunden differenzierter Finesse praktizierten Genuss der schlechtere ist, kann man dennoch nicht so einfach sagen.

Solange es kein gesellschaftlich klar fixiertes Bild von wünschenswertem kulinarischem Wahlverhalten gibt (wie zum Beispiel im traditionellen, bürgerlichen Frankreich), wird es immer schwierig sein, eine banale kulinarische Sozialisation mit all ihren gesellschaftlichen und gesundheitlichen Risiken ernsthaft zu verändern. Und dann stellt sich die Frage, wie man überhaupt diese Prägungen überwindet oder ob man sie überhaupt überwinden kann. Lässt sich eine frühe und – davon soll hier jetzt einmal ausgegangen werden – begrenzte bis mangelhafte Prägung ersetzen oder doch vielleicht nur ergänzen? Es sieht so aus, als ob die frühen Prägungen eher selten durch neue Prägungen in einem späteren Alter komplett ersetzt werden können. Auch gestandene Gourmets verlieren offensichtlich nicht die Vorliebe für eine ganze Reihe von Geschmacksbildern, die sie in frühen Jahren erlernt haben – egal, ob es sich um ganz natürliche Prägungen handelt, wie sie die Entwicklungspsychologie beschreibt (also etwa die Süße der Muttermilch), oder ob es um Prägungen geht, in deren Hintergrund schon industrielle Mechanismen wirken. Es sieht eher so aus, als ob frühe Prägungen »nur« überlagert werden können. Neue kulinarische Erfahrungen, die dazu noch in einem komplexeren Zusammenhang gemacht werden, scheinen alte Prägungen so weit zurückzudrängen, dass sie kaum noch eine Rolle spielen. Es ist allerdings ein wenig so wie bei einem »geheilten« Alkoholiker: Schon kleine Dosen des abhängig machenden Giftes können einen Rückfall einleiten. Aber dafür gibt es – ein wenig salopp formuliert – eine Lösung und die Wiederkehr des schon erwähnten Umami-Geschmacks (siehe oben im Abschnitt über die populäre Küche). Auch in der Gourmetszene ist in den letzten Jahren der Begriff »Umami« diskutiert worden und das Bemühen aufgetaucht, diese offensichtlich sehr wichtige und wirksame Geschmackskomponente in einer Art verfeinerten Form in die Gourmetküche zu integrieren. Man bekommt also feines Essen voller Raffinesse, aber gleichzeitig auch seine Dosis an Umami, die dann wiederum dafür sorgt, dass man sich bei einem solchen Essen ein wenig mehr »zu Hause« fühlt. Mit großem Vergnügen haben in diesem Zusammenhang auch viele Gourmets die Szene gegen Ende des Films *Ratatouille* (2007) erlebt, als der berühmte, strenge Kritiker beim Essen einer traditionellen Speise so sehr in seine frühen Prägungen zurückgeholt wird, dass er seinen Beruf aufgibt und ein kleines Restaurant mit Traditionsküche eröffnet. Es ist aber nicht nur die Tradition in Form des traditionellen Essens, es ist auch die aromatische Struktur, die hinter solchen durchaus denkbaren Ereignissen steckt. Hier einige Beispiele aus der Literatur:

In seinem Buch *Umami* (Tre Torri Verlag, 2018) präsentiert Heiko Antoniewicz, der beste deutsche Spezialist für angewandte neue Kochtechniken und die Vertiefung aktueller Tendenzen, Gerichte wie »Junger Knoblauch, Dorade, Parmesan und Esspapier aus Schweinefleisch«, bei dem unter anderem ein Parmesansud, eine Parmesansauce, eine Olivencreme und eine getrocknete Schweineschwarte beteiligt sind. Es gibt eine »Fermentierte Reiscreme mit Miesmuscheln und Karotten«, »Taube mit Shiitake-Pilzen und Kaki« oder »Kirschtomaten mit Blue Cheese und Safranfond« – ergänzt auch noch durch Mandeln, also eine auffällige Verwendung von Umami-haltigen Zutaten, die in diesem Falle in die Spitzenküche implantiert werden, aber ein Geschmacksbild haben, das – trotz der vielleicht ungewohnten Titel der Gerichte – durchaus über mehrheitsfähige Elemente verfügt.

Der Mangel an Umami oder präziser: die geringe Bedienung der Vorlieben für Umami ist übrigens auch einer der Hauptgründe für die immer wieder anzutreffenden Schwierigkeiten bei der Akzeptanz vegetarischer und vor allem veganer Küche. Die »Notlösungen« in Form von vegetarischem oder veganem »Fleisch/Würsten/Hamburgern« hat dann wieder viel mit den Versuchen zur Überwindung des Umami-Defizits zu tun.

Die mögliche Ausweitung der kulinarischen Interessen scheitert oft ganz einfach an Unkenntnis oder mangelnder Gewöhnung an »neue« Geschmacksbilder. Viele Leute haben keinerlei Kenntnisse, was sie im kulinarischen Bereich erwarten könnte und was es zu entdecken gibt – durchaus auch im Bereich dessen, was sie gerne essen. Ihre »Stichprobe« ist sozusagen statistisch nicht signifikant, was sie aber in der Regel nicht von dezidierten Urteilen aus ihrem Blickwinkel abhält. Sätze wie »Ziegenkäse mag ich nicht« lassen Kenner völlig ratlos zurück, weil sie sich wundern, dass jemand die ganze riesige, vielfältige Spannweite zwischen quarkähnlichem Frischkäse, der oft überhaupt nicht »nach Ziege« schmeckt, und stark gereiften, adstringierend-scharfen Sorten so pauschal ablehnt. Fragt man nach, so stellt sich regelmäßig heraus, dass es eine Stichprobe gab, aber nie einen auch nur einigermaßen repräsentativen Überblick. Die häufig anzutreffende Unkenntnis optimierter Formen des eigenen Lieblingsessens ist besonders hinderlich auf dem Weg zu neuen Erfahrungen, weil sie einen guten Einstieg für eine Erweiterung der bevorzugten Gerichte leisten könnte.

Der Weg zu einer erweiterten kulinarischen Erfahrung, die mit einer großen Wahrscheinlichkeit zu neuen, oft überraschend positiven Erlebnissen führen würde, wäre auch über eine grundsätzlich sensiblere Wahrnehmung möglich. Nur – eine sensiblere Wahrnehmung bedeutet im kulinarischen Bereich schnell eine kritische Sicht auf bisher Bevorzugtes, ist also unter Umständen ein nicht wirklich gewolltes Mittel. Wer versucht, einem Menschen, der sein Leben lang mit seinem Essen glücklich und zufrieden war, mehr oder weniger klar deutlich zu machen, dass es Besseres gibt, wird schnell auf Widerstand stoßen. Wer dazu noch den Anschein erweckt, er sei eine Art Missionar, der den kulinarisch Nicht-Sehenden die rechte Sicht auf die schönen Dinge dieser Welt eröffnen will, riskiert sogar Aggressionen. Dass eine sensiblere

Wahrnehmung schnell zu guten Erfolgen führt, weiß man aus diversen vergleichenden Verkostungen, aus Weinproben oder allgemein aus dem Probieren von Produkten. Dezent angeleitet kann so etwas undogmatisch und fast unmerklich den Weg zu dem wichtigsten Aspekt des Sichöffnens für neue Erfahrungen einleiten, dem Übergang von der reinen, automatisierten Nahrungsaufnahme (dem »Essen«) zum reflektierenden »Schmecken« (im Sinne von »Hinschmecken«).

Eine oft unterschätzte Lösung auf dem Weg zu neuen kulinarischen Erfahrungen ist die Eigentätigkeit. Gemeint ist aber nicht nur das Erlernen von Zubereitungen, sondern vor allem eine Art des Kochenlernens, die auf eigenen geschmacklichen Entscheidungen beruht. Die Entscheidung, ob etwas gut oder nicht so gut schmeckt, wird beim Kochen im Privatbereich oft an das Rezept delegiert – ohne wirklich zu berücksichtigen, was man an welcher Stelle vielleicht falsch oder schlecht gemacht hat. Gelingt es dagegen, die Entscheidung dem Kochenden zu übertragen, werden sich exakt die Mechanismen der bewertenden Degustation einstellen können, die einen großen Fortschritt bringen (»Wie schmeckt dir die Sauce? Ist das genug oder zu wenig Würze? Könnte man das noch etwas leichter machen? Müsste die Sauce vielleicht weniger sahnig und mehr nach Fleisch schmecken?«). Wird ein solcher Prozess noch durch »passende« Restaurantbesuche ergänzt, ist die Chance sehr groß, eine Basis für ein erweitertes Verständnis zu schaffen – speziell dann, wenn es in der Folge zu einem stetigen Hin und Her zwischen (reflektierten) neuen Erlebnissen und (reflektierter) Eigentätigkeit kommt. Irgendwann könnte dann die Erkenntnis kommen, dass der traditionell bürgerliche Esser eher eine Art genussreduziertes Essen betreibt, weil das, was Genuss ist, zu eng und klein beschrieben wird.

Eine sehr gute, aber nie alles entscheidende Rolle auf dem Weg zu neuen kulinarischen Erfahrungen spielt der soziale Druck. Im kulinarischen Bereich wird die Wirkung des sozialen Drucks allerdings gerne überschätzt. Natürlich gibt es ihn in einer Form, bei der – sagen wir – selbst Austern in einer Gruppe probiert werden, obwohl man sie allein und ohne Druck durch die Erwartungen der Gruppe nie anrühren würde. Ob allerdings von solchen isolierten Erlebnissen eine Initiierung ausgehen kann, die trägt und in der Lage ist, Vorlieben grundlegend zu ändern, scheint nicht sicher. Was geändert wird, ist vielleicht eher ein begrenztes, vorsichtig-annäherndes Verhalten gegenüber weiteren Erlebnissen unter Gruppendruck. Immerhin scheinen solche Erlebnisse immer wieder für eine erhebliche Ausweitung kulinarischer Präferenzen verantwortlich zu sein.

Während ein gesamtgesellschaftlicher Druck in Richtung ausgeweiteter kulinarischer Erfahrungen und Kenntnissen bei uns noch kaum zu verzeichnen ist, kann man ihn in bestimmten Zusammenhängen durchaus finden. In den Wirtschaftsteilen der Zeitungen und Zeitschriften wird immer wieder darauf hingewiesen, dass sich der international tätige Geschäftsmann mit den Essgewohnheiten seiner Gastgeber im Ausland auskennen, sich also entsprechend bilden sollte. So etwas kann man sich sehr gut vorstellen. Vielleicht beträfe es dann einen Freund gutbürgerlicher Küche aus Bayern in Paris. Er ginge dort vielleicht mit französischen Geschäftsfreunden in ein Spitzenrestaurant und bekäme vom Gastgeber großzügig die Weinkarte mit der Aufforderung in die Hand gedrückt, doch die Weine zum Essen auszusuchen. Angesichts dieser Erwartung wäre der soziale Druck zur Ausweitung des eigenen kulinarischen Horizonts möglicherweise sehr hoch. Auch in ähnlichen Fällen (und es sind viele ähnliche, punktuelle Ereignisse dieser Art denkbar) mag der soziale Druck dazu führen, sein Verhalten entsprechend zu modifizieren (»selbstverständlich esse ich auch gerne vegan«). Es bleibt der Verdacht, dass sich Verhalten und Vorlieben unterschiedlich entwickeln und Modifikationen des einen durch das andere möglich sind, aber nicht automatisch eintreten und vor allem nicht unbedingt eine tiefgreifende Wirkung erzielen.

Küche und Individuum 2: Ich finde das aber lecker! Die Irritation individueller kulinarischer Werte durch professionelle Kriterien

Bei der Kommunikation über kulinarische Qualitäten gibt es diverse Störungen. Das Beharren auf der individuellen Entscheidung (»Das ist Geschmacksache«, siehe oben) ist die Grundstörung, die oft schon zu einer kompletten Blockade gegenüber Neuem führt. Geht man einen Schritt weiter, ergibt sich oft eine Art Unverständnis für die schlechte Bewertung der eigenen Vorlieben und ein eher irritiertes Beharren (»Ich finde das aber lecker!«) auf den eigenen Präferenzen. Eine Abqualifizierung dessen, was man selber lecker findet, erscheint nicht nachvollziehbar, selbst dann nicht, wenn die Kommunikation nicht aggressiv ist und der kritisierte Esser vielleicht sogar die Kundigkeit seines Gegenübers gar nicht anzweifelt. Man ist nun mal so, da kann man nichts machen.

Aber auch bei gutem Willen, gewisse Hemmschwellen zu überschreiten, wird die Irritation oft nicht geringer. Bei entsprechenden Kontakten zwischen Gourmets und/oder Professionals und Normalbürgern – also etwa bei einem gemeinsamen Essen in einem guten Restaurant, in dem es ein Essen gibt, das nach professionellen Kriterien sehr gut ist – gibt es häufig Irritationen im Detail, die nicht unbedingt den gesamten Duktus des Essens oder die Art der Gerichte betreffen, aber dennoch Probleme verursachen können. Hier drei Beispiele.

Zu Irritationen über professionelle Kriterien kommt es oft im Zusammenhang mit den Garungen, präziser: vor allem dem Gargrad von Stücken Fisch oder Fleisch. Normalerweise kennt man die Gargrade beim Steak, und viele Esser sind nicht gerade große Freunde einer Garung, bei der es auf dem Teller Blutstropfen zu sehen gibt. In der Gourmetküche können sie die Erfahrung machen, dass es blutige Tauben gibt, vielleicht auch erfahren, dass die berühmte »Rouennaiser Sauce« mit Blut gemacht wird, dass das Lammkotelett, das man aus der bürgerlichen oder vorderasiatischen oder mediterranen Küche häufig durchgegart kennt, ebenfalls regelmäßig noch sehr rot ist, dass selbst die Hühnerbrust schon mal einen rosa Schimmer hat und dass es Wild nicht nur als geschmortes Gulasch, sondern auch als Filet gibt – auch das dunkelrot bis blutig. Neben solchen Gargraden, die regelmäßig als Untergarung empfunden werden, gibt es auch andere überraschende Garungen in der Gourmetküche. Auf einmal ist der Spargel nicht weich, sondern ähnelt eher jungen Nüssen, und ganz allgemein scheint man beim Gemüse den Zustand »weich«, der in der bürgerlichen Küche fast immer anzutreffen ist, nicht zu kennen. Es gibt sogar Gemüse wie etwa junge, noch gar nicht ausgereifte Erbsen, die gleich komplett roh serviert werden, und Pilze, von denen der eine oder andere meint, sie müssten grundsätzlich geschmort werden, »bis sie ihr Wasser abgeben«, erscheinen roh als dünn gehobelte Scheibchen.

Womit man – zweitens – bei dem Problem wäre, dass in der raffinierten Küche anscheinend so gut wie alle Produkte auch roh vorkommen. Manchmal geht es um Fleisch, das man vom Carpaccio schon kennt, dann aber auch um quasi alle Fleischsorten, die es mittlerweile in der kreativen Küche in allen möglichen Stadien gibt. Den Fisch kennt man vom Sushi her durchaus roh, ist dann aber vielleicht irritiert von rohem Wolfsbarsch als Carpaccio, rohen Muscheln aller Art, Seeigelzungen, Austern sowieso, aber auch sonst von vielen Dingen, die als Tatar oder »roh mariniert« serviert werden. Mit solchen Zubereitungen kann die Vorstellung der Essbarkeit grundsätzlich irritiert werden, zumal man auch aus dem Bereich der Lebensmittelsicherheit weiß, dass bestimmte Produkte unbedingt »durchgegart« werden sollten. Es kann durchaus der Eindruck entstehen, als ob die Gourmetküche bisweilen am Rande der Legalität oder schon jenseits arbeiten würde. Insofern kann hier bei bekannten, in der gewohnten Form durchaus beliebten Produkten eine heftige Irritation eintreten, die den Zugang zu bestimmten Gerichten sehr schwierig macht.

Und nicht zuletzt irritiert – drittens – sehr häufig die Würze der Gourmetküche, und das ebenfalls bei Gerichten, die durchaus in Reichweite der Vorlieben des Normalbürgers liegen. Nicht nur die hyposensiblen

Esser, die ohne jede Probe jedes servierte Essen mit Salz und Pfeffer nachwürzen, sind oft vom Würzbild der feinen Küche irritiert. Während es dort gute Gründe gibt, zur klaren Freistellung der Produktaromen nicht alle Teile eines Gerichtes mit dem gleichen aromatischen Nebelschwaden aus Salz und Pfeffer zu überziehen, gehört für viele Normalbürger ein hoher Anteil von Würze zu ihren bevorzugten Geschmacksbildern zwingend dazu. Das führt zu dem Effekt, dass von diesem Essertypus von Fleischgerichten bis zu Salaten und Gemüse häufig ein Mangel an »Geschmack« konstatiert wird. Während die erweiterten professionellen Kriterien in der Gourmetküche also ihre Raffinesse darauf geradezu aufbauen, dass man äußerst sensibel und differenziert vorgeht, um den besonderen Eigengeschmack der Produkte zu unterstützen, macht exakt diese Praktik dieses »feine« Essen für nicht daran gewöhnte Esser unattraktiv. Nicht umsonst kann man die Finesse vieler Zubereitungen der Gourmetküche ohne Weiteres auch als eine elegante »Verdünnung« der Aromen sehen. Da ist dann ein Hauch von Zitronengras in einer luftig aufgeschlagenen Sahnesauce schon der Inbegriff von Finesse, oder auch das Fleisch von eher jungen Tieren (wie etwa Milchferkel, Milchlämmer und sehr junge Kälber), das nur einen Hauch von Lamm- oder Kalbsaroma hat und deshalb von einem Teil – meist älteren Gourmets – für den Inbegriff von Finesse gehalten wird – ohne zu begreifen, dass hier durchaus spezifische ethische Probleme eine Rolle spielen können.

Diese vielfältigen Irritationen führen letztlich dazu, dass das Verhältnis zwischen populärer bürgerlicher Küche (im weitesten Sinne) und der Gourmetküche auch im Detail sehr schwierig sein kann. Man ist sich manchmal vielleicht durchaus nahe, kommt sich aber oft noch nicht nahe genug. Und – ein zusammenhängendes System, bei dem sich die Küche eines Landes nahtlos von einer soliden kulinarischen Grundlage unter allgemeiner Zustimmung über verschiedene, immer nachvollziehbare Stufen bis zur Spitzenküche entwickelt, scheint bei uns in Deutschland schwierig realisierbar zu sein.

Küche und Individuum 3: Das Evidenzproblem bei veränderten kulinarischen Kriterien, oder: Die Praxis braucht viel Feingefühl

Evidente Optimierungen

Im Abschnitt über die Frage, was Optimierungen sind, erläuterte ich das Beispiel mit dem Schweinskotelett und die Folgerung, dass es sich dabei offensichtlich um Optimierungen handelt, die evident sind. Es ist höchst interessant, den Kanon an Essbarem einmal darauf hin zu überprüfen, wie weit es mit den evidenten Optimierungen gehen kann, wo die Grenzen und Auswirkungen liegen. Kann es gelingen, über eine präzise Platzierung von Gerichten im Spektrum zwischen populärer, bürgerlicher Küche und Spitzenküche ein zusammenhängendes System von kulinarischen Werten zu schaffen, das weit in die Gesellschaft ausstrahlt und in vielerlei Bereichen positive Folgen hat?

Um an dieser Stelle zu Antworten zu kommen, muss man wieder eine Setzung akzeptieren, und zwar das Vorhandensein der Möglichkeit von Optimierungen, die die jeweiligen Gerichte besser machen. Gemeint sind im kulinarischen Sprachgebrauch nicht unbedingt Verbesserungen, die ein Optimum erzielen, sondern solche, die auf einem konsequenten Weg in Richtung eines Optimums sind. Dabei können sich vor allem bei den von professionellen Kriterien geleiteten Veränderungen Optimierungen ergeben, die evident sind, also für eine Vielzahl von »Probanden« wie eine Verbesserung dessen schmecken, was sie üblicherweise gerne essen. Diese evidenten Optimierungen können in jedem Detail liegen, also etwa bei der Produktauswahl/den Produktqualitäten, der Vorbereitung der Produkte (also bestimmte Schnitte, bestimmte Arten des Schälens oder der Konzentration auf bestimmte Teile eines Produktes wie etwa der Spargelspitzen), bei den Garungen, bei der Würze oder auch bei den Proportionen der Elemente eines Gerichts. Sie sind in der Regel dann evident, wenn sie nicht allzu weit von den vorhandenen Geschmacksbildern einer guten, dem Probanden bekannten Fassung des Gerichtes entfernt sind. Die Optimierung wird gemocht und schmeckt vielleicht so gut wie noch nie, definiert also eine neue, positive Obergrenze an gemochter und anerkannter Qualität.

Ein typisches Arbeitsfeld für Optimierungen sind in den letzten Jahren nicht unbedingt die Arbeiten der Spitzenküche, sondern Produkte, die näher am populären Geschmack liegen, also etwa Hamburger. Das ganze Land ist überzogen von kleinen und großen Restaurants, die jeweils ihre besonderen Fassungen des bekannten Fast-Food-Modells anbieten. Ausgangspunkt für die Optimierungen ist oft ein schlechtes Vorbild, nicht selten also das, was die Fast-Food-Ketten anbieten. Und weil dort wegen der Verwendung vieler Zutaten mit künstlichen Aromen immer noch teilweise mit wenig gutem oder künstlich wirkendem Fleischgeschmack, penetranten Saucen und schlechten Proportionen von Hamburgern (zu viel Brot) gearbeitet wird, gehen die Optimierungen meist auf die Fleischqualität, die Frische und Präsenz der Gemüse, die Natürlichkeit der Saucen und auf die Proportionen. Viele dieser Fast-Food-Optimierungen sind hochgradig evident.

Dort, wo die Küche etwas anspruchsvoller wird, überzeugen oft die Qualitäten von Schmorgerichten wie etwa geschmorte Brust oder Schulterstücke, Bäckchen aller Art oder auch geschmorte Braten aus guten Fleischstücken wie Oberschale und Tafelspitz. Hier entwickelt sich Evidenz oft entlang schwächerer häuslicher Versionen oder auch den Versionen vieler einfacher Restaurants oder Brauhäuser, die meist weniger sorgfältig gearbeitet sind und vor allem beim Fleisch selber schwächer schmecken. Selbst sehr aufwendig hergestellte, manchmal viele Stunden geschmorte Stücke, die oft einen enorm guten Geschmack besitzen und außergewöhnlich zart sind, werden nicht etwa als »over the top« eingeordnet, sondern zuverlässig als sehr gut erkannt. Ähnliches gilt auch für gute Versionen von Kochfleisch (wie etwa einem klassischen Tafelspitz), die extrem zart werden können und dann entsprechend auch viel Aroma vom Sud haben. Allgemein sind solche Qualitäten nicht nur evident, sondern ihr Hersteller wird allgemein auch als guter Koch bewertet.

Ein drittes Beispiel betrifft Suppen und Saucen. Bei ihnen ist der Evidenzfaktor im Vergleich zum handwerklichen Aufwand besonders groß, weil das breite Publikum oft nur Dosensuppen oder mehr oder weniger schwache Suppen kennt, wie sie als preisgünstige Vorspeise in einfacheren Restaurants angeboten werden. Ein professioneller Koch kann mit wenigen Handgriffen unter Verwendung von Fonds/Brühen, Wein oder ein paar würzenden Flüssigkeiten eine Suppe »zaubern«, die sofort wie eine evidente Optimierung wirkt. Also etwa eine Selleriecremesuppe auf der Basis von leicht angeschmorten Selleriewürfeln, minimal Kartoffelstückchen (wegen der sämigeren Bildung) und Fond, später dann mit Sahne püriert, mit Muskat, eventuell etwas Madeira und einem guten Schuss Dashi abgeschmeckt, und vor dem Servieren dezent luftig und mit etwas Butter mit einem Mixer aufgeschlagen. Der Arbeitsaufwand ist minimal (auch wenn das Verfahren vielleicht gar nicht so einfach klingt). Das Ergebnis zeichnet sich entweder als eine Art Verfeinerung aus, die etwas mit »leicht« oder »elegant« zu tun hat, kann aber auch – ohne das negativ zu verstehen – als »Verdünnung« im Sinne von Abschwächung kräftiger Aromen interpretiert werden.

Nicht evidente Optimierungen

Die nicht evidenten Optimierungen finden sich analog zu den evidenten da, wo zwar eine gewisse professionelle Arbeit erkannt oder auch anerkannt wird, die Distanz zum bevorzugten Geschmacksbild (im weiteren Sinne, also neben den Aromen zum Beispiel auch Texturen betreffend) aber so groß ist, dass die lieb gewonnenen Wertigkeiten nicht mehr ausreichend greifen und eine Irritation eintritt. Während solche Eingriffe aus professioneller Sicht durchaus als gut und optimierend eingeordnet werden, stoßen sie beim Normalesser auf Widerstände, die üblicherweise auch dann nicht zu überwinden sind, wenn man darauf verweist, dass es sich beim Hersteller um einen hervorragenden Koch handelt. Während evidente Optimierungen sozusagen eine Allgemeingültigkeit besitzen und im Prinzip beim Normalbürger wie bei Profis als solche gesehen werden, fehlt den nicht evidenten die Perspektive, auch beim Normalbürger Akzeptanz zu finden. Die typischsten nicht evidenten Optimierungen finden sich bei den Komplexen »Garungen«

und dem Einsatz von rohen Produkten, die üblicherweise eher selten roh gegessen werden. Sie entstehen also oft da, wo professionelle Kriterien oder solche der Haute-Cuisine-Community nicht gekannt und/oder nicht anerkannt werden (siehe dazu den Abschnitt »Küche und Individuum 2«).

Die Überführung nicht evidenter Optimierungen in evidente Optimierungen ist ein spezielles Problem und erfordert sehr viel Sensibilität und Kenntnis der Vorlieben des Essers, der auf Gerichte in diesem Grenzbereich trifft. Dabei kann es tatsächlich bisweilen um einfache Maßnahmen gehen, die sich die Tatsache zunutze machen, dass es oft nur oberflächliche Dinge sind, die einen Esser abschrecken. Wenn er schon beim Lesen der Speisekarte vor »Kalbskopf« oder dem »roh marinierten Saibling« zurückschreckt, muss man es ihm vielleicht gar nicht erst so sagen. Die weiter oben genannte Krokette tut da – zumindest als Kleinigkeit – schon gute Dienste, und dass der Saibling roh ist, kann man ebenfalls gut unterschlagen. Stücke mit einer eher knappen Garung kann man mit Saucen überziehen und allgemein eben darauf verzichten, eine Optik zu präsentieren, die dem gewohnten Bild nicht entspricht und »verdächtig« wirkt. Es gib Gourmetrestaurants, die etwa die Innereien von Tauben zu einem Ragout verarbeiten und dieses Ragout als »Praline« panieren und ausbacken. Diese Praline wird dann oft auch nur als »Praline« erwähnt (»Brust von der Étouffée-Taube mit geschmorter Keule und Taubenpraline«. Bei diesem Titel wäre dann auch gleich noch etwas verkaufsfördernd und nicht abschreckend verpackt, nämlich die Tatsache, dass eine »Étouffée«-Taube eine junge, flugunfähig gehaltene Taube ist, die erwürgt wird, damit das Blut möglichst komplett in der Brust verbleibt und diese dann extrem zart gegart werden kann). Das Akzeptieren von zunächst nicht evidenten Optimierungen ist in den meisten Fällen ein Lernprozess, der viel mit Gewöhnung zu tun hat. In vielen Fällen darf man aber durchaus darauf hoffen, dass sich schlagartig Evidenz einstellt, weil einfach erkannt wird, wenn es sich um etwas ausgesprochen Wohlschmeckendes handelt, das man zwar noch nie gegessen hat, das aber sofort überzeugt. Für diesen sehr schnellen Lernprozess ist vermutlich eine entsprechende individuelle Disposition notwendig. Dieser – aus Sicht der an Neuem und hohen Qualitäten Interessierten – »glückliche« Typus findet sich in jeder Altersklasse. Er ist Neuem gegenüber aufgeschlossen, probiert gerne und bemüht nicht ständig seinen privaten Katalog von »No-Gos«, also Gerichten, die er auf keinen Fall essen will. Esser dieser Art sind in der Spitzenküche und speziell der kreativen Küche sehr beliebt.

Evidente Interpretationen – nicht evidente Interpretationen

Analog zu den evidenten und nicht evidenten Optimierungen entwickelt sich auch das Verhältnis des Essers zu den Interpretationen. Ein wichtiges Merkmal der Interpretationen ist allerdings erst einmal, dass sie auch als solche erkannt werden und nicht gleich – wie jede Veränderung von gut Bekanntem und Geliebtem – einem schnellen Abgleich mit den eigenen Vorlieben unterzogen werden. Um überhaupt eine Interpretation zu erkennen, braucht der Normalbürger einerseits klare, identifizierbare Signale, andererseits aber auch eine Erläuterung, um was es sich bei der Interpretation handelt.

Nehmen wir einmal an, auf einer Speisekarte befindet sich ein Gericht mit dem Titel: »Wiener Schnitzel mit Kartoffel-Gurkensalat, serviert in einem Cocktailglas«. Das dürfte erst einmal einen Mix aus Heiterkeit und Neugier auslösen. Serviert wird dann tatsächlich ein dreieckiges Cocktailglas mit verschiedenen Schichten: eine Schicht mit sehr fein gehacktem Kartoffel-Gurkensalat, eine Schicht mit Würfeln vom Fleisch, eine dünne Schicht mit einem Zitronengelee, eine Schicht mit einer zerstoßenen Panierung und zum Abschluss etwas Dekoration aus kleinen Stückchen der beteiligten Elemente. Der Service würde vielleicht noch sagen, dass man mit dem Löffel bis zum Boden des Glases durchstechen solle. Der Esser wird also im Prinzip genau das finden, was er von einem Wiener Schnitzel her gewohnt ist. Was er nicht bekommt, sind größere Bissen Fleisch und überhaupt das normale Essgefühl. Was er aber durchaus und in verbesserter Form bekommt, sind neben den gewohnten Aromen vor allem präzise Proportionen. Man wird das

Ganze als eine Interpretation sehen, die recht klar mit den Essgewohnheiten spielt, aber zusätzliche Aufmerksamkeit und eine Art Überprüfen des Geschmacksbildes erreicht.

Als evidente Interpretationen werden vor allem solche gelten, die einzelne Elemente eines bekannten Rezeptes verändern oder diese Rezepte in einer Art erweitern, die in einem problemlos nachvollziehbaren oder akzeptierbaren Bereich liegt. Wenn das Jägerschnitzel als »Schnitzel nach Art eines Jägerschnitzels« mit einer Variation von hervorragend gegarten Waldpilzen serviert wird, die sorgfältig à point gegart sind, wird diese Interpretation (die man sich je nach kulinarischen Details als Interpretation wie als Optimierung vorstellen kann) auch dann gute Chancen auf Akzeptanz haben, wenn sie sich geschmacklich deutlich von den cremigen Champignonwüsten normaler Jägerschnitzel unterscheidet.

Viele Versuche, die Regionalküche zu modernisieren, liegen heute an der Grenze zwischen evidenten und nicht evidenten Interpretationen. Die Grenze kann schon erreicht werden, wenn die Anrichteform das gewohnte Bild deutlich verändert. Da reicht es bisweilen schon, wenn der tellerfüllend erwartete Schweinebraten mit Knödeln und Sauerkraut als fein ziselierte Komposition aus einigen Spänen Fleisch mit einer angerösteten Scheibe Serviettenknödel und ein wenig Sauerkraut serviert wird und so aussieht, als ob man davon nicht satt werden könne. Die Grenze wird auch dann erreicht oder überschritten, wenn man irgendwie mit traditionellen Produkten arbeitet, sie aber zu neuen Gerichten zusammenfügt. Eine »Weißwurst vom Zander mit kleinen Pilzklößen und Schmorsaft vom Schwäbisch-Hällischen Schwein« mag für den Gourmet ohne Weiteres gut, nachvollziehbar und interessant klingen, müsste dem Normalbürger aber erst einmal in irgendeiner Form so nahegebracht werden, dass er einen Verzehr ins Auge fasst. Eine Interpretation dieser Art verschiebt die Rezeption deutlich in Richtung diverser kognitiver Prozesse, die beim schnellen Abgleich des Redundanzessers (der am liebsten immer das Gleiche essen will) keine Rolle spielen. Er denkt nach, wo er sonst nicht nachdenkt, und das Ergebnis wird nicht zwingend positiv ausfallen, nur weil er nachgedacht hat.

Treibt man diese kognitive Diskrepanz durch eine Interpretation noch weiter, wird die Möglichkeit einer Akzeptanz mangels Evidenz immer geringer. Ein Gericht mit dem Titel: »Bilder vom Nordseestrand im Winter«, das dann auch noch entsprechend nicht unbedingt so aussieht, wie man sich ein normales Gericht vorstellt, dürfte erst einmal recht sicher schon deshalb an Evidenzgrenzen stoßen, weil es »nicht wie richtiges Essen« wirkt. Wenn dann die Basis des Gerichtes aus einem Mix aus Kieselsteinen und normalen Eisstücken besteht, auf dem einige unterschiedliche Garnelen und Algen sowie Strandpflanzen liegen (das Beispiel stammt aus einem Spitzenrestaurant), wird der Eindruck sich noch weiter verstärken, hier an etwas beteiligt zu sein, das völlig andere Bereiche des Gehirns beschäftigt als diejenigen, die sich mit der Nahrungsaufnahme befassen. Wenn der traditionelle Mechanismus der Abgleichung eines Gerichtes mit den eigenen Vorlieben am Ende der Reaktionen und nicht am Anfang steht, ist die Evidenz also insofern besonders gering, als ihr auch noch ein kognitiver Prozess vorgeschaltet ist. Man kann das Verfahren allerdings auch umkehren und ein Gericht präsentieren, das wie ein bekanntes Gericht aussieht und sozusagen einen evidenten Geschmack verspricht. Dann beginnt man zu essen, und alles schmeckt vollständig anders – zum Beispiel bei einem Tortenstück, das komplett wie ein Stück Schwarzwälder Kirschtorte aussieht. Man beißt hinein … und stellt fest (wenn man es nicht sofort wieder ausspuckt), dass es sich um eine Art Nachbau der Kirschtorte aus Blutwurstmasse handelt. Die Wirkung einer solchen quasi aromatischen (und nicht optischen) Dekonstruktion wird davon abhängen, wie der Esser auf den plötzlichen Umschnitt von einer schon eingeleiteten, automatisierten Reaktion auf ein massives kognitives Ereignis reagiert. In der kreativen Küche ist vieles möglich, gerade auch ein absichtsvolles Spiel mit solchen Irritationen.

Der goldene Schnitt, oder: Was muss man tun, um möglichst viele Esser zu begeistern und für die Vielfalt kulinarischer Erfahrungen zu öffnen?

Wenn es evidente Qualitäten gibt, die sowohl im Verständnis eines populären Massengeschmacks als auch dem der Professionals und der Haute-Cuisine-Community Gültigkeit besitzen, muss es so etwas wie eine kulinarische Schnittmenge geben, mit deren Realisierung große Teile der Bevölkerung erreicht werden könnten. Noch vor kulinarischen

Überlegungen im engeren Sinne müsste man sich in diesem Zusammenhang allerdings die Frage stellen, wie so etwas gastronomisch umgesetzt werden könnte. Jede verfeinernde Küchenarbeit mit besonders guten Produkten und sorgfältig realisierten und überwachten kulinarischen Details schlägt sich in einem höheren Preis nieder, der wiederum Akzeptanz braucht. Wenn es das feine und trotzdem massentaugliche Rezept gibt, macht es wenig Sinn, wenn es wegen eines höheren Preises nur der Unterhaltung einer gut betuchten Klientel dient. Bei manchen der aktuell allerorten zu findenden »Casual Fine Dining«-Konzepten, kann man den Eindruck gewinnen, es handle sich um eine Art des kommerziell motivierten, kulinarischen Zurückruderns, um das gut betuchte Publikum nicht mit allzu viel Kleinkram nach Art der Spitzenküche zu überfordern. Wenn es das Ziel wäre, Massentauglichkeit und Finesse zusammenzubringen, müsste das auch in einer massentauglichen Preisklasse (und einem entsprechenden Ambiente) geschehen.

Von den real existierenden Gastronomieformaten wären im Prinzip am ehesten die Brauhäuser und ähnlich große Institutionen dafür geeignet, die auch heute schon in der Lage sind, große Mengen von Leuten zu bedienen. Das Essen dort könnte natürlich optimiert werden, und zwar ohne große Veränderungen am Programm, weil die Gerichte häufig kulinarische Schwächen haben, die man mit dem nötigen Know-how zu einem größeren Teil kostenneutral beseitigen könnte (etwa bei den Garzeiten oder der Würze). Größe müsste überhaupt eine wichtige Rolle spielen, weil nur so die Kosten einigermaßen begrenzt werden können.

Ausgangspunkt könnte eine Mischung aus Brauhaus und Marché-Prinzip sein (ein Format mit diversen Ständen, an denen man sich das Essen selber abholt). Inwieweit man mit dieser Form der Gastronomie ein deutlich besseres Essen anbieten könnte, ist noch nicht ausreichend diskutiert, unter anderem deshalb, weil sich die besten Köche bisher kaum jemals an solchen Überlegungen beteiligen (außer bei sogenannten Walking-Dinners, bei denen die Gäste an Ständen vorbeiflanieren, an denen jeweils ein Koch eine oder mehrere kleine Spezialitäten anbietet). Im Zweifelsfall realisieren gute Köche ihre durchaus ab und zu massentauglichen Ansätze in eigenen, kleineren Restaurants (den sogenannten Zweitrestaurants). Oft ist der Weg zum großen Publikum im Prinzip da, aber man hat ihn noch nicht wirklich ausgebaut oder glaubt nicht an einen durchschlagenden kommerziellen Erfolg.

Was die kulinarische Seite angeht, sollte klar geworden sein, dass sich massentaugliche Schnittmengen zwischen traditionell-populären Vorlieben und der Finesse der Spitzenküche ohne Weiteres realisieren lassen. Nach Lage der Dinge braucht man dafür einen Typus von Koch, der heute noch eher selten zu finden ist, weil die Orientierung der Köche entweder ins Funktional-praktisch-Preisgünstige geht oder in Richtung der avancierten Küche, nicht aber in den Bereich, der sich dazwischen ergeben könnte, und der vielleicht das Potenzial hat, mit seinem Erfolg alles andere in den Schatten zu stellen. Am konkreten Objekt ginge es also darum, Optimierungen mit Augenmaß zu realisieren, wenn man so will eher zu überzeugen als zu bekehren und zu wissen, dass man mit einem Huhn von etwa acht bis zehn Euro durchaus Qualitäten realisieren kann, die ein gerne essender Laie kaum von einer Bresse-Poularde für den mehrfachen Preis unterscheiden kann (also eine evidente, nicht eine maximale Qualität als Ziel zu haben). Was die Realisierung von Finesse bei bestimmen Zubereitungen angeht, gibt es ebenfalls Qualitäten, die mit relativ begrenztem Aufwand realisiert werden können, und dennoch evident optimiert wirken. Das Knowhow geeigneter Spezialisten sollte es möglich machen, gut vorzubereitende Terrinen, Suppen, Saucen, Ragouts und ähnliche Dinge auch ohne wirklich kostspieligen Aufwand zu einer erheblichen Qualität zu bringen.

In gewisser Weise handelt es sich bei dem Problem der Akzeptanz und Evidenz von optimierten Zubereitungen vor allem der traditionellen Küche um ein spezifisch deutsches Problem. In Deutschland gibt es einen Bruch zwischen traditioneller und/oder regionaler Küche und der Spitzenküche. Während in Ländern wie Frankreich, Italien oder Spanien traditionelle Rezepte der jeweiligen Regionen in den besten Restaurants dieser Regionen ganz selbstverständlich in hervorragenden Fassungen angeboten werden, ist das bei uns eher selten festzustellen. Die Schweinshaxe in einem Drei-Sterne-Restaurant ist kein Thema, und es gibt Köche, die sogar die Meinung vertreten, so etwas gehöre ins Wirtshaus und sonst nirgendwo hin. Während also wenige Kilometer von der deutschen Grenze entfernt Marc Haeberlin in der »Auberge de l'Ill« (aktuell zwei Michelin-Sterne nach Jahrzehnten mit drei Sternen) selbstverständlich die Klassiker der Region in einer durchaus nicht unbedingt interpretierten, sondern eher perfekt optimierten Fassung anbietet, kocht man auf dieser Seite des Rheins eher französisch mit mediterranen und asiatischen Einflüssen – um es einmal etwas gerafft zu formulieren. Warum es zu dieser Entwicklung kam, ist recht gut festzustellen, aber ein anderes, komplexes Thema. Festzuhalten sind hier in erster Linie zwei Aspekte, einmal das kulinarische Bewusstsein vieler deutscher Spitzenköche unter diesen Vorzeichen, zum anderen eine Irritation in der allgemeinen Wertschätzung der deutschen kulinarischen Traditionen.

Weil die besten deutschen Köche sich zu einem beträchtlichen Teil mit allen möglichen Produkten und Zubereitungen befassen, nur nicht mit denen der eigenen Tradition, verfügen sie auch oft nicht über entsprechende Kenntnisse, also zum Beispiel ein klares Konzept zu deren Optimierung. Gerade viele jüngere Köche lernen sofort das, was man als zukünftiger Sternekoch können muss, nicht aber »richtig kochen«. Da kommt dann etwa ein Koch aus einer Spitzenküche als neuer Küchenchef in ein Restaurant, das sich bemüht, eine optimierte Regionalküche anzubieten. Es stellt sich heraus, dass der junge Koch sich bestens als Spitzenkoch inszenieren und die Onlinekommunikation dazu bedienen kann. Was er nicht kann, ist leider, das eigentliche Thema zu bedienen, nämlich eine attraktive Regionalküche zu realisieren. Ganz allgemein gilt vielen Köchen die deutsche Traditionsküche/die deutsche Regionalküche immer noch nicht als eine wirklich ernst zu nehmende Vorlage oder Inspiration für ihre Bemühungen als Koch. Die mittlerweile aber zunehmenden Ansätze in diese Richtung lassen hoffen, sind aber oft noch nicht so weit, dass sich eben die Schweinshaxe in einem Drei-Sterne-Restaurant finden würde.

Und wenn, dann ist die Bearbeitung bisweilen so artifiziell, dass sich eine typische nicht evidente Interpretation ergibt. Das »Schweinekinn mit Saiblingskaviar« von Joachim Wissler im »Vendôme« in Bensberg (2006/2007) hat Gourmets Schauer über den Rücken gejagt als ein genialer Bezug auf traditionelle Ressourcen. Für den Normalbürger ist die Konfrontation mit diesem »Fett« eine durch und durch grenzwertige Angelegenheit.

Wenn die Wertschätzung der eigenen Traditionen vonseiten vieler der besten Köche ausbleibt, wird sich das auch auf den ganz normalen Konsumenten auswirken. Dass er vielleicht ein großer Freund der Regionalküche ist und ihre bürgerliche Zubereitung für besser hält als alles, was die Spitzenküche produziert, bedeutet angesichts der strikten Beharrung auf dem individuellen Geschmacksurteil nicht so viel, wie es vielleicht den Anschein haben könnte. »Gemocht« bedeutet bei dieser reduzierenden Isolierung der Geschmacksurteile nicht, dass diese Küche zum Beispiel als hoher kultureller Wert anerkannt wird. Insofern gehört zu einer Annäherung der beiden Pole: »Massentauglichkeit« und »Finesse« unbedingt auch eine politisch-kulturelle Unterstützung, die diesen Namen wirklich verdient (durchaus auch durch Politikeressen oder durch die Art, wie man Staatsgäste kulinarisch verwöhnt). Auch davon ist bisher wenig zu sehen.

Und noch ein paar Besonderheiten

Essen oder Schmecken? Die Vorlieben ändern sich mit der Art der Wahrnehmung

Auf dem Weg zu mehr Akzeptanz für Finesse sollte man auch den Bereich der geschmacklichen Wahrnehmung im engeren Sinne nicht außer Acht lassen. Es geht nicht nur darum, dem in seine Wahrnehmungsautomatismen verstrickten Normalbürger irgendwie nach dem Mund zu kochen und den guten Köchen beizubringen, wie man das so erledigt, dass auch ihre eigene Arbeit davon profitiert. Die in verschiedenen Zusammenhängen erwähnte Verschiebung von einer Art kurzgeschlossenen Registrierung von kulinarischen Qualitäten hin zu einer aktivierten Wahrnehmung wird nicht nur durch angeleitete Weinproben oder Degustationen aller Art aktiviert. Sie kann in einer vielfältigen Form stattfinden und sie kann natürlich auch institutionalisiert werden. »Essen Sie noch oder schmecken Sie schon?«, lautet ein geflügelter Satz, der in einer angenehm saloppen Form genau diejenige Veränderung anspricht, auf die es in diesem Prozess ankommt. Wenn der Genuss (und damit die Art der kulinarischen Wahrnehmung) nicht nur als schnelle Erfüllung und Befriedigung der Erwartungen gesehen wird, sondern als das, was er eigentlich ist, nämlich ein hochkomplexes Geschehen unter Einschaltung aller Sinne und sehr vieler kognitiver Faktoren, geht es um ein Geschehen, das auch sehr viel mehr mitgeteilt und gelernt werden kann. Der Esser gerät auf dem Weg zum Schmecker ganz automatisch in eine explorative Phase, die – ebenso automatisch – zu einer Veränderung seiner Vorlieben führt. Bei diesem Prozess ist jede Form der unterstützenden Bewegung und Aktivierung von Nutzen – bis hin zu der Einsicht, dass man so etwas dann vielleicht doch stärker in den pädagogischen Raum/in die Schulen einführen müsste. Dies wiederum führt zu den Fragen, ob das intensivierte kulinarische Erleben ein individuell wie gesellschaftlich wünschenswertes Ziel ist.

Ist mehr kulinarische Raffinesse ein individuell wünschenswertes Ziel?

Dass jemand sagt, Essen sei ihm egal, Hauptsache, er habe hinterher keinen Hunger mehr, kommt vor, ist aber selten. Das Verhältnis zum Essen und speziell zu den diversen Lieblingsessen ist üblicherweise ein geradezu inbrünstiges. Dabei spielt dann auch kaum eine Rolle, um was es eigentlich kulinarisch geht. Wer »Pommes rot-weiß« in seiner Lieblingsimbissstube nach einem anstrengenden Arbeitstag mag, wird möglicherweise mit einer ganz ähnlichen Emphase essen wie ein Gourmet – auch wenn dieser solche Vergleiche vielleicht weit von sich weisen würde. Die Frage ist nun, ob es sich bei dieser Form des Genusses in der Regel um etwas Statisches handelt oder ob das Geschehen auch dynamisch sein darf. Muss es immer das Gleiche sein und stört im Grunde jede Veränderung, egal ob zum angeblich Besseren oder zum Schlechteren? Ist das Nachdenken über mehr Finesse also etwas, das von außen auf einen eigentlich sehr zufriedenen Esser trifft, der überhaupt keine Probleme mit seinem Essen hat und keinerlei Anlass sieht, »über den Tellerrand« zu schauen?

Wenn man alle die vielen gesundheitlichen und gesellschaftlichen Aspekte einmal außer Acht lässt, die geeignet wären, das Verhalten des zufriedenen Essers zu relativieren, wird man nicht anders können, als zuzugestehen, dass es kaum ein Argument gibt, ihm Veränderungen plausibel zu machen. Würde es ihm besser gehen, wenn das Essen besser ist? Er wird zweifeln. Würde es ihm schlechter gehen, wenn das Essen schlechter ist? Zweifellos. Ob die Varianz seiner Esserlebnisse (von der man sicher ausgehen darf), also das Erkennen unterschiedlicher Qualitäten von Pommes hier oder Pommes da, dazu führen kann, dass sich im Laufe der Zeit eine Orientierung in Richtung besserer Qualitäten ergibt, ist unklar und bei Weitem nicht sicher. Es gibt alte Leute, die erst mit über 80 Jahren zum ersten Mal eine Pizza gegessen haben und dann ganz erstaunt feststellen, dass man so etwas ohne Weiteres essen kann. Es gibt auch eingeschworene Redundanzesser, die in hohem Alter optimierte Versionen von Produkten kennenlernen, die sie seit vielen

Jahren schwächer essen und die gesteigerte Qualität sofort erkennen und ganz begeistert sind. Was passiert mit ihnen?

Der Grund wird sichtbar, wenn man einen der typischen Lesefehler beim kulinarischen Wahlverhalten dieser »traditionellen« Esser vermeidet. Der Blick sollte in die sensorische Struktur gehen und nicht bei der Feststellung enden, dass da offensichtlich gerne Pommes rot-weiß oder Jägerschnitzel gegessen werden. Der Pommes-rot-weiß-Esser isst krosse Kartoffelstücke mit einigen Röstnoten, dazu eine mild-fettig-schmelzende Sauce mit einer mittleren Würze plus etwas Säure und eine würzig-süß-saure, nachhaltige Sauce. Der Akkord hat beim Essen einen zeitlichen Ablauf und eine räumliche Dimension. Während die krossen Pommes zerkaut werden und ihre Röstnoten abgeben, laufen die begleitenden Saucen harmonisierend im Mittel- und Hintergrund durch, geben aber auch Teile ihrer Aromen (vor allem Süße und Säure) schnell und im Vordergrund ab. Wenn man das so sieht, wird schnell klar, was passiert, wenn dieser Esser anderes isst. Er wird sozusagen auf die Struktur reagieren (ohne freilich »struktureller Esser« zu sein, das ist ein ganz anderes Feld). Und wenn diese Struktur den Strukturen, die er liebt, ähnlich ist, wird er sie gut oder auch besonders gut finden – immer vorausgesetzt, dass er nicht durch andere Dinge, wie etwa die Optik, grundsätzlich von einer Annäherung an das Essen abgehalten wird.

Wenn man solche Zusammenhänge beachtet, wird auch klar, wie man kochen muss, um diesen traditionellen Esser zu erreichen, wo sich also etwaige Schnittmengen finden.

Alle anderen »guten Gründe«, warum der Genuss von mehr kulinarischer Raffinesse für das Individuum wünschenswert sein könnte, haben mehr oder weniger mit einer Betrachtung des Essers von außen zu tun. Da gibt es etwa die gesundheitlichen Aspekte, bei denen man sich längst klar ist, dass zu viel Fett, zu viel Zucker oder zu große Mengen für das Individuum nicht gut sind und folglich – vice versa – besseres, nicht industriell »gedoptes« Essen für ihn natürlich sehr viel besser ist. Und es gibt den Blick »von oben«, also den der Gourmets, die den Konsumenten der Massenverpflegung für einen genussreduzierten Esser halten, weil für sie Genuss weitaus komplexer und differenzierter ist. Eine präzise Begründung für diese Behauptung müsste aber schon sehr komplex ausfallen, scheint aber möglich.

Ist mehr kulinarische Raffinesse ein gesellschaftlich wünschenswertes Ziel?

Natürlich kann man auch alles rund um Essen und Ernährung sofort so wichtig erscheinen lassen, dass es als Hauptfach in die Schulen gehört, von der Wichtigkeit her, wegen der täglichen Beschäftigung jedes Einzelnen mit der Ernährung, vielleicht nur ganz knapp hinter Lesen, Schreiben und Rechnen. Man könnte provokativ noch weiter sticheln und fragen, ob ein Mensch, der nicht besonders gut rechnen kann, vielleicht ein paar individuelle Probleme bekommt, die aber im Vergleich zu den Folgen eines katastrophalen Essverhaltens weniger gesundheitsschädlich sind. Bisher gilt jedenfalls nur, dass ein »gesünderer« Umgang mit der Ernährung wünschenswert ist, wobei speziell der »Bio«-Aspekt mittlerweile sogar bei den Discountern voll angekommen ist, weil natürlich der ökologische Zusammenhang als gut vermittelbar eine besondere Rolle spielt. Es fällt aber auf, dass in der Bioszene von Dingen wie Raffinesse eher selten die Rede ist. Alle scheinen zufrieden zu sein, wenn man »Bio« isst, ansonsten aber das Gleiche wie immer. Auch von dort her lässt sich also der gesellschaftliche Wert gesteigerter Raffinesse nicht so ohne Weiteres begründen. Er wird deutlicher, wenn man sich die Schäden ansieht, die der ganz normale Konsument durch sein kulinarisches Wahlverhalten anrichtet. Man muss sich etwa klarmachen, dass auch Nicht-Konsum ein wesentliches Verhalten ist, dass also der Nicht-Konsum hochwertiger (nicht luxuriöser) Lebensmittel dazu führt, dass das Angebot verschwindet und damit auch die Erzeuger. Man muss sich vor Augen führen, welche Folgen die ubiquitäre Verbreitung von Fast Food für das Verhalten rund ums Essen und oft auch für die Lebendigkeit der Innenstädte hat. Man muss sehen, wie viele kleinere Orte gastronomisch völlig veröden, weil die Nachfrage nur für einige Pizza-Service-Betriebe oder Döner-Buden reicht und welche Auswirkungen das Fehlen einer gemeinschaftsfördernden Gastronomie für das soziale Leben hat. Die Liste ließe sich weiter fortsetzen.

Demgegenüber könnte die These stehen, dass die Vorlieben für mehr kulinarische Raffinesse eine durch und durch positive Wirkung auf das gesellschaftliche Leben und Zusammenleben hätten. Man sollte hier vielleicht nicht unbedingt die kulinarische Attraktivität unserer größten Metropolen ins Feld führen, weil sie eben quasi automatisch ein spezielleres Angebot haben, das sich aus der größeren Streuung der Nachfrage ergibt. Immerhin kann man dort beobachten, dass ein größeres Interesse an kulinarischer Raffinesse (und um das handelt es sich) zu einer Diversifizierung des kulinarischen Angebotes in allen Bereichen führt – wenn auch in Deutschland bei Weitem noch nicht so, wie das in anderen europäischen Ländern der Fall ist. Das Interesse an mehr kulinarischer Raffinesse löst jedenfalls ganz sicher den Wunsch aus, sich regelmäßig mit besseren Produkten und besserem Essen zu befassen, oder auch mehr zu kochen, wofür man dann wiederum eine entsprechende Versorgung braucht. Und weil die kommerzielle Aktivierung dieses Bereiches zulasten der schwächeren Angebote gehen wird, hat das Interesse an mehr kulinarischer Raffinesse eine durch und durch positive Ladung. Natürlich bedeuten Mehrausgaben für Essen eine Umverteilung der zur Verfügung stehenden Geldmittel. Und da gibt es eben den saloppen Satz, dass die Deutschen lieber in vergängliche und demonstrativ vorzeigbare Werte investieren, also in Autos und Häuser usw., und nicht in die bleibenden Werte glücklich machender kulinarischer Erlebnisse und Erinnerungen. Das macht die Sache sicherlich nicht leichter. Angesichts der massiv positiven Auswirkungen eines größeren Interesses an kulinarischer Qualität und Raffinesse ist deren Propagierung ein ebenso wunderbares wie wichtiges Ziel. Es ist eigentlich erstaunlich, dass dort bei uns – auch von der Politik – nicht mehr investiert wird – materiell wie immateriell.

Eva-Maria Endres, Christoph Klotter

Moral frisst Fressen

Das Richtige essen und das richtige Essen

Was ist eigentlich Moral?

> *»Allerdings hat es sich bei der Gedankenleere früherer Moralphilosophien häufig einfach um die Leere eines konventionellen Moralisierens gehandelt, um ein simples Abhandeln moralischer Probleme für den Alltagsgebrauch. Die zeitgenössische Moralphilosophie dagegen hat es fertiggebracht, auf eine ziemlich originelle Weise langweilig zu sein, indem sie nämlich darauf verzichtet, moralische Probleme überhaupt zu diskutieren.«*[1]
>
> Bernard Williams

Der Begriff »Moral« hat einen (um beim Essen zu bleiben) altbackenen, sauren Beigeschmack. Man denkt sofort an gut situierte Damen, die über die »heutige«, will heißen unmoralische Jugend schimpfen, oder steife Generäle, die sich über fehlende Moral in der Truppe auslassen. Hin und wieder hört man auch, Moral sei verloren gegangen in der Gesellschaft. Doch was genau wird da eigentlich bemängelt? Suchen wir in der Moralphilosophie nach Antworten, stoßen wir auf die unterschiedlichsten Interpretationen. Die Moralphilosophie ist eine der ältesten wissenschaftlichen Disziplinen. Entsprechend vielfältig sind die Theorien. Je nach philosophischer Schule, nach Auffassung darüber, was das Gute ist, was ein gelingendes Leben ausmacht, ob man dieses überhaupt definieren kann und, wenn ja, ob sich daraus allgemeingültige Handlungssätze ableiten lassen, gestalten sich die Definitionsansätze zur Moral unterschiedlich. Ursprünglich bezeichnete sie so etwas wie »Sitte« oder »Brauch«. Doch ist Moral mehr als bloße Tradition. Sie soll eine leitende Funktion einnehmen, die unser Verhältnis zu den Mitmenschen, zur Umwelt und vielleicht auch zu uns selbst bestimmt. Sie ist so etwas wie der soziale Kitt einer Gesellschaft, der einen gerechten Umgang miteinander sichert und förderliche Austauschbeziehungen regelt. Sie geht auch über geltendes Recht hinaus. Es reicht nicht, allein die Vorschriften zu befolgen. Moralisches Handeln erfordert eine innere Haltung, eine Überzeugung, das Richtige zu tun. Moralisches Handeln geht mit einer altruistischen Einstellung einher. Wir stellen unsere eigenen Bedürfnisse zum Wohle anderer oder zum Wohle der Gesellschaft zurück. Die Moral verliert an Wert, wenn sie aus Eigennutz motiviert ist.

Wenn wir der Moralphilosophie folgen, ist Moral also etwas Gutes – wenn nicht sogar die Verkörperung des Guten schlechthin. Doch was verursacht dann den negativen Beigeschmack? Ganz so einfach – hier das Gute, was zu tun, und da das Schlechte, was zu unterlassen und zu verurteilen ist – scheint es dann doch nicht zu sein. Wenn nicht jeder selbst definieren kann, was für ihn gut und richtig ist, braucht es allgemeingültige Handlungssätze, die das Gute verkörpern. Zu diesen zu gelangen, gestaltet sich jedoch schwierig bis unmöglich. Denn selten ist ein sauberer Schnitt zu ziehen zwischen dem Guten und dem Nicht-Guten, dem Schlechten, gar dem Bösen. Es kommt auf die Zusammenhänge an. Moral als Absolutum gedacht, verleitet jedoch zu einem dichotomen Denken. François Jullien begreift dichotomes Denken zu Recht als eine faule Bequemlichkeit, »die in jedem Dualismus steckt. Jene Bequemlichkeit, die hier darin besteht, in das fortlaufende Gewebe der Handlungen und Verhaltensweisen hineinzuschneiden, dabei die Querfäden zu zerstören und nicht mehr auf die Übergangslinie zu achten, wo man von vorne nach hinten, von links nach rechts wechselt. Jene Bequemlichkeit folglich, die darin besteht, jede der beiden Seiten zu isolieren und Licht und Schatten, gleich zwei antithetischen Welten, in zwei Lager zu scheiden, kurzum, beide auf eine eigene Entität zurückzuwerfen und aus ihnen Rollen zu machen: Gut – Böse.«[2]

Das ist die Schattenseite der Moral. Für Niklas Luhmann ist sie nichts weiter als die Kommunikation von Achtung und Missachtung. Er nennt sie sogar ein »polemisches und in vielen Hinsichten unsauberes Geschäft«.[3] »Wer moralisiert, will verletzen – so jedenfalls sieht es aus, wenn man sich mit empirischem Interesse das wirkliche Verhalten von Moralisten anschaut.«[4]

Der Moral liegt also auch ungeheure Macht inne. Die Furcht vor sozialer Ausgrenzung bei moralischem Fehlverhalten wiegt tonnenschwer. Und ebenso gewichtig, weil unglaublich gut, fühlt es sich an, moralisch erhaben zu sein oder zumindest moralisch auf der richtigen Seite zu stehen. Es sind nicht die Regeln der Gesetzesbücher, die unser gesellschaftliches Zusammenleben bestimmen, sondern die ungeschriebenen Gesetze einer sozialen Gemeinschaft, nach denen wir um Anerkennung, Zugehörigkeit und Identität ringen.

Die Moral auf dem Tisch

Essen ist der prototypische soziale Akt und steht damit in direkter Verbindung mit der Moral. Die gemeinsame Mahlzeit ist ein soziales Phänomen mit universeller Gültigkeit. Überall auf der Welt wird gemeinsam gegessen. Beim Essen treffen sich Freunde, Familie, Geschäftspartnerinnen, um Zugehörigkeit zu demonstrieren und zu erleben. Das Essen in Gemeinschaft schmeckt mir auch besser. Ich erfahre, was die anderen erfahren haben, was sie denken, was sie vorhaben.

In der Essmoral spiegelt sich zugleich der Ursprung jeglicher menschlichen Moral. Anhand der Beschaffung und Zubereitung des Essens haben sich erste Verteilungsstrukturen und ökonomische Verbindlichkeiten entwickelt, Tagesabläufe und Arbeitsteilungen haben sich etabliert. Zudem gibt es keine menschliche Gemeinschaft ohne Nahrungsmittelverbote, Nahrungsmitteltabus. Genau über diese definiert eine menschliche Gemeinschaft ihre Eigenart, genau darüber kann sie sich von anderen Gemeinschaften abgrenzen.

Der französische Philosoph Georges Bataille formuliert das so: Jede menschliche Gesellschaft wird über bestimmte Verbote definiert. Zu den

Verboten gehört dazu, dass sie auch notwendig und unausweichlich überschritten werden (müssen). Bezüglich des Essens geschieht dies in Deutschland kollektiv zu Weihnachten, bei der Kirmes, auf dem Oktoberfest, zum Geburtstag. Wenn die Verbote nicht rigide sind, dann fallen auch die Überschreitungen weniger ins Gewicht. Aber jede Gesellschaft braucht ihre Verbote und ihre (regulierten) Exzesse.[5]

In der Moderne erlangt die *richtige, angemessene* Ernährung noch einen funktionalen Charakter. Seit etwa 200 Jahren hat die Ernährungswissenschaft den Auftrag, herauszufinden, welche Inhaltsstoffe in welchem Umfang ein Mensch zu sich nehmen muss, um gesund und leistungsfähig zu sein – damals vor allem unter dem Gesichtspunkt des Wohlergehens des jeweiligen Nationalstaates gedacht, auf dass dieser stärker sei als die anderen Nationalstaaten. Anders als in einem absolutistischen Staat eines Ludwig XIV. spielt im modernen Nationalstaat der Zustand der Bevölkerung also eine zentrale Rolle. Von deren Gesundheit und Leistungsfähigkeit hängt die industrielle und militärische Stärke ab. Es entsteht für die gesamte Bevölkerung die Pflicht zur Gesundheit. Und auf diese Weise werden Essen und Gesundheit moralisiert: Die selbstkontrollierten und disziplinierten Esser hier, die Fetten, die ihren inneren Schweinehund nicht unter Kontrolle bringen, dort.

Richtiges Essverhalten wird so zugleich rigides Essen und fällt als solches nicht vom Himmel. Es überzeichnet nur ein wenig unsere gesellschaftlich geprägte Einstellung zum Essen, die durch die Verwissenschaftlichung des Essens vor 200 Jahren determiniert ist. Seither wissen wir, oder glauben wir zu wissen, welche Inhaltsstoffe in welchem Umfang wir zu uns zu nehmen haben. Und wehe dem, der von den Ernährungsempfehlungen abweicht. Der hat sich potenziell schlecht zu fühlen, immerhin schade er seiner Gesundheit. Rigidität kann jedoch auch Reaktanz produzieren. Dann werden alle Essempfehlungen ignoriert beziehungsweise wird genau das Gegenteil dessen praktiziert, was vorgeschrieben ist, und sogar als Befreiung erlebt.

Traditionslinien der Essensmoral

In dieser Perspektive würden wir die verstärkte Moralisierung des Essens mit der Moderne beginnen lassen. Jedoch spielt die Tradition über Jahrtausende eine bedeutsamere Rolle, als wir vermuten. So können wir die moralisierte Gesundheit bereits in der Philosophie Platons vor 2500 Jahren entdecken. Er plädiert, wie andere Philosophen seiner Zeit, für die Tugend der Mäßigung und vertritt die Auffassung, dass eine Wächterkaste die zuchtlose Bevölkerung mit allen erdenklichen Mitteln kontrollieren solle, denn er geht davon aus, dass die breite Masse der Bevölkerung sich vermutlich nicht aus freien Stücken selbst disziplinieren werde. Die Gesundheit der *polis* stellt Platon dabei über die individuelle Gesundheit. Letztere bedingt jedoch die erste. Denn nur ein schlanker, trainierter, asketischer Mensch hat seine Triebe unter Kontrolle und ist moralisch gefestigt. Platon leitet aus dieser körperlichen Konstitution direkte Charakterzüge ab: Ein solcher Mensch ist im öffentlichen Leben vernünftig, zuverlässig und fleißig, also ein adäquater Bürger für die *polis*. Ein dicker, schlaffer, genussorientierter Mensch gibt seinen Trieben nach, wie sie gerade über ihn hereinbrechen. Er hat zu wenig Moral, neige zur Tyrannei und ist im öffentlichen Leben unberechenbar, also unbrauchbar für die *polis*.

Neben der Mäßigung spielt in der Antike eine zweite wichtige Tugend eine Rolle, nämlich die Sorge um sich. Michel Foucault bezieht sich bei diesem Thema auf frühe Werke Platons, in denen Sokrates' Dialoge mit den Athener Bürgern im Mittelpunkt stehen. »Sokrates macht drei wichtige Bemerkungen im Zusammenhang seiner Aufforderung an die anderen, für ihre Seele zu sorgen: 1. Den Auftrag dazu hat er von den Göttern erhalten, und er wird davon nicht lassen, auch wenn es ihn das Leben kostet. 2. Für seine Mühen verlangt er keinen Lohn; er verfolgt keine materiellen Interessen; er handelt ausschließlich aus Liebe zum Nächsten. 3. Seine Mission ist für die Stadt von Nutzen – von größerem Nutzen als der militärische Sieg der Athener bei Olympia –, denn indem er die Menschen lehrt, auf sich selbst acht zu geben, lehrt er sie, auf die Stadt acht zu geben.«[6] Lange bevor Denis Diderot 1751 in seiner *Enzyklopädie* (worauf zurückzukommen sein wird) den Leistungsgedanken sät, taucht also die Idee auf, dass die Bevölkerung dazu da ist, sich um den Staat, die *polis* zu kümmern. Dies könne sie nur, wenn sie sich um sich selbst sorgen würde – auch um die eigene Gesundheit. Heute trägt diese Forderung des »eigenverantwortlichen« Umgangs mit der Gesundheit das Modelabel »Achtsamkeit«. Eigenverantwortlich meint hier nicht, selbst zu entscheiden, Drogen zu nehmen oder dies bleiben zu lassen. Mit eigenverantwortlich ist ein Imperativ verknüpft: »Erhalte deine Gesundheit und tue alles dafür!« Dieser Imperativ klingt noch nicht nach rigider Selbstkontrolle, aber er kann in ein Zwangssystem kippen, fundamentalistisch werden. Etwa dann, wenn Sokrates bereit ist, für diese Mission zu sterben. Und er starb ja in der Tat für seine Überzeugungen – indem er ohne mit der Wimper zu zucken den Schierlingsbecher austrank.

Platon hat zudem von Pythagoras die Idee der unsterblichen Seele übernommen, die in einem unreinen sterblichen Körper gefangen sein und von diesem beschmutzt werden soll. Daraus leitet sich die Überzeugung ab, dass wir die Seele, aber nicht den Körper nähren sollen. Und schon ist das Konzept einer körperlichen Askese geboren. Platon wird nicht müde zu betonen, dass Leib und Seele substanziell etwas völlig Unterschiedliches sind.

Diesem Leib-Seele-Dualismus werden wir gedanklich nicht mehr entrinnen können. Er bestimmt unser Denken, ob wir wollen oder nicht, ist über Jahrtausende kulturstiftend und hält – in einer positiven Interpretation – die europäische Zivilisation zusammen.

Ein Böser, der jetzt mutmaßen könnte, dass in das heutige Konzept der abwechslungsreichen Mischkost, die maßvoll eingenommen werden soll, die platonische Idee der körperlichen Askese mit einfließt; und dass wir heute die Wohlbeleibten nur deshalb massiv diskriminieren, weil sie dem Anschein nach auf körperlichen Verzicht verzichten.

Das Christentum schließlich perpetuiert die platonische Idee des Leib-Seele-Dualismus, pocht auf körperliche Askese und gibt ihrem Gegenteil den Namen Sünde. Das nennt sich dann eine historische Kontinuität. Erst die protestantische Ethik schafft eine Realität einer gelebten radikalen Askese. Aus einer Programmatik wird so tatsächliche rigide Lebensführung.[7] So müssen wir den Verdacht nähren, dass heutige Ernährungsorganisationen auch dafür geschaffen worden sind, den Wert der körperlichen Askese, entwickelt von Platon vor 2500 Jahren, in unserer Kultur aufrechtzuerhalten, wo doch die Kirchen schwächeln.

So etwas heckt niemand aus; es gibt hierfür keinen einzelnen Planer, vielmehr *plant* eine ganze Kultur auf einer unbewussten Ebene, dass solche Institutionen vielleicht nötig sein könnten – als Wahrer eines Wertes oder eines Wertgefüges. Heute würden wir sagen: als Multiplikator eines Wertgefüges.

Auch wenn das heute existierende, radikale Schlankheitsideal massive Probleme bereiten kann, so steckt in ihm zumindest anteilig eine gute Idee, nämlich die der Mäßigung. Wer sich ausmalen mag, was es bedeutet, seinen inneren Impulsen nicht die Stirn bieten zu können, der wird umgehend ein Hohelied auf die Mäßigung singen. Menschen, die ihren aggressiven, sexuellen und nutritiven Impulsen hilflos ausgeliefert sind, leiden massiv. Sie sind einfach nicht Herr im eigenen Haus, um die Wendung Sigmund Freuds zu bemühen, sondern Sklaven ihrer Triebe.

Moderne Moral

Die Moderne kann unter vielfältigen Gesichtspunkten charakterisiert werden. Sie ist das Zeitalter der Demokratie, der Menschenrechte, der Gewaltenteilung, eine bedeutende Rolle spielt jedoch auch das Sich-bewähren-Müssen. Deutlich formuliert wurde es in der Aufklärung, im 18. Jahrhundert, kurz vor der Französischen Revolution vor allem vom bereits angesprochenen Denis Diderot, dem Herausgeber der *Enzyklopädie*. Nicht die Herkunft bestimme das soziale Ansehen, heißt es darin, sondern die Leistung, die jeder und jede erbringen muss. Voraussetzung dieses Bewährens ist logischerweise Gesundheit, ausreichende und gesunde Ernährung. Damit verabschiedet Diderot den Feudalismus, nach welchem die Geburt über das soziale Ansehen entscheidet. Als Adlige geboren zu sein, bedeutete, ein Leben lang hohes soziales Ansehen zu genießen. Und der Bauer war, was immer er auch leistete, tendenziell ein soziales Nichts. Diderot hat zu einer Revolution angeregt, die in gewisser Weise gar nicht wahrgenommen worden ist, nämlich zu der der Leistungsgesellschaft.

Das Programm der *Enzyklopädie* ist anspruchsvoll:

»Tatsächlich zielt eine Enzyklopädie darauf ab, die auf der Erdoberfläche verstreuten Kenntnisse zu sammeln, das allgemeine System dieser Kenntnisse den Menschen darzulegen, mit denen wir zusammen leben, & es den nach uns kommenden Menschen zu überliefern, damit die Arbeit der vergangenen Jahrhunderte nicht nutzlos für die kommenden Jahrhunderte gewesen sei; damit unsere Enkeln nicht nur gebildeter, sondern gleichzeitig auch tugendhafter & glücklicher werden, & damit wir nicht sterben, ohne uns um die Menschheit verdient gemacht zu haben.«[8]

Menschen müssen um jeden Preis etwas leisten. Ihnen wird die soziale Anerkennung verwehrt, sollten sie sich diesbezüglich verweigern. Diese Haltung macht historisch Sinn, weil einerseits der müßiggängerische Adlige angegriffen werden kann, andererseits eine zukünftige starke Nation beschworen wird, die nur dann eine solche wird, wenn sich alle oder zumindest möglichst alle richtig anstrengen. Ein Mensch ist nur dann nützlich, wenn er seine Gesundheit erhält, wenn er sich ausreichend und gesund ernährt. Somit moralisiert sich Gesundheit auf spezifische Weise. Über den Gesundheitsstatus ist quasi abzulesen, wie tüchtig jemand ist und welchen Wert er für die Gesellschaft hat.

Zugleich provoziert die Moralisierung von Gesundheit Trotz und Widerstand. Es ist auch heute zum Beispiel *cool*, sich nicht gesundheitsgerecht zu verhalten, sich an keine Ernährungsempfehlungen zu halten, Würstchenwettessen oder Ähnliches zu veranstalten. Gesundheitsmoral produziert so nahezu unausweichlich ihr Gegenteil. Am anderen Ende der Skala steht die übertriebene Sorge um die eigene Gesundheit, die wir auch im aktuellen Diskurs beobachten können. Steven Bratman hat in Bezug auf moralisiertes Essen den Begriff der Orthorexia nervosa geprägt und meint damit ein gestörtes Essverhalten, das aus einer Mischung aus Anorexia nervosa und einem Zwangssystem bezüglich der *einzig richtigen* Nahrungsaufnahme besteht.[9] Bezüglich seines eigenen Lebens veranschaulicht er, wie er sich verstärkt um seine Ernährung kümmert, ein eigenes System der Nahrungsaufnahme entwickelt, das immer rigider wird, wie er versucht, andere Menschen davon zu überzeugen, so zu essen, wie er es tut, er berichtet davon, wie er die anderen nicht davon überzeugen kann, wie er sich psychosozial isoliert, sein zwanghaftes System radikalisiert, Essanfälle erfährt, immer depressiver wird, sich fast vollständig verliert.

Mit Bratman ließe sich umreißen, wie beeinträchtigend der Kampf um das *richtige* Essen sein kann. Aber gegen diese Position sind auch einige Einsprüche möglich:

- Zunächst ist es doch sehr begrüßenswert, wenn sich Menschen darum kümmern, was sie essen, was sie essen wollen, wenn sie wissen, was ihnen bekömmlich ist und was nicht. Dieses bewusste Essen ließe sich interpretieren als in der Tradition der wichtigsten frühantiken Tugend, der Sorge um sich selbst, stehend. Ich befolge dann nicht mehr Ernährungsempfehlungen, sondern ich weiß, dass alle Menschen unterschiedlich verstoffwechseln und für sich herausfinden müssen, was ihnen jeweils guttut. Bratmans Leiden wäre dann so zu verstehen, dass einige, aber nur wenige, mit dieser Sorge um sich übertreiben.
- Wir leben im Zeitalter der Individualisierung – seit 200 Jahren. Wir haben in unserer Gesellschaft die Möglichkeit, einzigartige Menschen zu werden. Zugleich haben wir die Pflicht dazu. Sich ein eigenständiges, einzigartiges Kostregime zu kreieren, wäre dann ein Bestandteil der erfolgreichen Individualisierung. Individualisierung und der Kampf um das einzig richtige Essen können nahe aneinanderrücken,

die Grenzen sind fließend zwischen Selbstverwirklichung und dem Zwang zu einem höchst individuellen Kostregime.

- Individualisierung und Moralisierung des Essens können noch eine andere Verbindung eingehen: Ich festige meine Identität und erfahre soziale Zugehörigkeit über die Art, wie ich esse. Ich bezeichne mich dann als Vegetarier oder Veganerin. Darüber hinaus vertrete ich in diesem Fall noch eine moralische Auffassung. Der Vegetarier fühlt sich dem Fleischesser moralisch überlegen, weil er keine Produkte von toten Tieren verzehrt. Und die Veganerin wähnt sich dem Vegetarier moralisch überlegen, weil sie auf alle Tierprodukte verzichtet.
- Individualisierung über Essen ist nur möglich in der sogenannten Überflussgesellschaft. Haben unsere Vorfahren ein kurzes Leben lang fast immer dasselbe verzehrt (Kohlehydrate etwa in Form von Kartoffeln, ein bisschen Gemüse und an Sonn- und Feiertagen Fleisch), so sind wir in den Supermarktregalen unserer Tage mit mehr als 170 000 Lebensmittelprodukten konfrontiert, eine Menge, die Ängste verursacht. Es ist einfach zu viel. Eine neue, gewaltige Unübersichtlichkeit, die dazu zwingt, Komplexität zu reduzieren, die es geradezu begünstigt, dass sich Menschen relativ starren Kostregimen unterwerfen, um so Ordnung und Orientierung zu gewinnen.
- Der christliche Glaube hat sich in Europa tendenziell verflüchtigt, nicht jedoch notwendigerweise die Sehnsucht nach Glauben. In einer individualisierten Gesellschaft ohne verbindliche Universalien wie ein Glaube, dem alle in einer Gemeinschaft folgen, müssen sich alle einen individuellen Sinn des Lebens basteln, müssen eigens herausfinden, woran sie glauben wollen. Der Glaube an Gott kann etwa durch den Glauben an den Körper ersetzt werden, an die *eine, richtige, allein selig machende* Ernährung. Sie verspricht mir gleichsam Erlösung in einer nicht mehr transzendentalen Welt, und sie verspricht mir auf der unbewussten Ebene die Unsterblichkeit. Schicksal und Tod können mir nichts mehr anhaben.

Unschwer zu erkennen, ist diese Individualisierung also doppelgesichtig: Sie dient der Erhöhung der allgemeinen Nützlichkeit und ist zugleich Arbeit des Individuums an sich selbst, also auf Eigensinnigkeit aus. Der »Penner« wird in beiden Perspektiven nicht mehr geduldet. Die Arbeitsunwilligen und die »Irren« werden dementsprechend seit dem 17. Jahrhundert verstärkt vom gesellschaftlichen Leben ausgeschlossen.[10]

Gleichheit, bei Diderot verstanden als die Pflicht jedes Einzelnen, sich zu bewähren, zieht auch die gesellschaftliche Forderung nach Normierung nach sich.[11] Jeder Bürger, jede Bürgerin muss sich messen lassen an seiner beziehungsweise ihrer Fähigkeit, zum Beispiel quantifizierbare Normen zu erfüllen – wie etwa dem Schlankheitsideal zu entsprechen. Die Norm wird so zur *perversen* Variante der Gleichheit.

Und Normen tendieren dazu, sich zu radikalisieren, was wiederum Auswirkungen auf die Möglichkeit der Individualisierung hat. So ist das medizinisch anerkannte Normalgewicht etwa im 20. Jahrhundert permanent gesunken – ohne gesundheitliche Fundierung.[12] Gesundheitskult wird auf diese Weise gesellschaftlich produziert. Viele wollen schlanker sein, obwohl sie eine körperliche Konstitution haben, die dieser Norm gar nicht entsprechen *kann*. Sie machen ein Leben lang Diäten und verzweifeln daran, dass sie scheitern, dass sie scheitern müssen, da selbst durchgeführte Diäten so gut wie nie zum gewünschten Ergebnis führen. Und es ist immer stärker empirisch abgesichert, dass das Schlankheitsdiktat, verstärkt durch soziale Medien, zu Depressionen, Essstörungen und einer höheren Suizidrate bei jungen Frauen führt.[13]

Normen werden umgesetzt über Erwartungen einer Gesellschaft, die gleichsam einen Verpflichtungscharakter besitzen. Maria-Sibylla Lotter geht davon aus, dass weder Gesetze noch moralische Gebote eine Gesellschaft zusammenhalten, sondern eben normative Erwartungen, die jeder und jede erfüllen will, um ein anerkanntes Mitglied der Gesellschaft zu sein.[14] Jede und jeder will, so in der Terminologie Diderots, ein sittliches Element einer Gesellschaft sein.

Der Normierung steht die Individuation gegenüber, die C. G. Jung folgendermaßen charakterisiert: »Die Selbstwerdung eines Menschen zu einem ganzen, unteilbaren und von anderen Menschen und der Kollektivpsychologie unterschiedenen (wiewohl in Beziehung zu diesen stehenden) Individuum.«[15] Und: »Die Individuation befindet sich stets mehr oder weniger im Gegensatz zur Kollektivnorm, die keine absolute Gültigkeit besitzt. ›Je stärker die kollektive Normierung des Menschen, desto größer ist seine individuelle Immoralität.‹«[16] Alle, die dem Schlankheitswahn oder sonst einem rigiden Essregime zum Opfer fallen oder zu fallen drohen, sollten Jung beherzigen und sich Freiräume schaffen gegen rigide normative Erwartungen. Unterschiedliche Vorstellungen von Moral, unterschiedlich umgesetzte Entwürfe von Moral müssen dort möglich sein, wo wir der Moral nicht entrinnen können. Die totalisierende Sittlichkeit vermag dagegen Widerstand zu produzieren – einen Widerstand, der als gerechtfertigt erscheint.

Essmoral heute

Trotz aller mittlerweile etwas verblichenen Diskussionen über Moderne und Postmoderne können wir bezüglich der Moralisierung des Essens also festhalten, dass das Heute in der Kontinuität der Moderne steht. Aber es hat eine Radikalisierung in Richtung Mäßigung stattgefunden. Musste ein deutscher Mann Ende der 1950er-, Anfang der 1960er-Jahre noch wohlbeleibt sein, um sozial anerkannt zu sein, so ist er dies heute nur dann, wenn er schlank ist. Innerhalb weniger Jahrzehnte hat also bezüglich des als ideal wahrgenommenen Körpers eine Radikalisierung stattgefunden.

Veranschaulichen lässt sich das auch am weiblichen Körperideal in den westlichen Industrienationen und ihrer Popkultur: Marilyn Monroe war in den 1950er-Jahren mit ihren Rundungen ein weibliches Idol, wurde für den *Playboy* abgelichtet. In den darauffolgenden 1960er-Jahren wurde sie abgelöst von der sehr dünnen, knabenhaft wirkenden Dame Lesley »Twiggy« Lawson. Trotz einiger Anpassungen dominiert heute auf den Laufstegen noch immer der »Twiggy«-Typ.

Womit wir zum Essen zurückkommen, wofür diese Verschärfung eine enorme Bedeutung entfaltet. Die Verehrung des »Twiggy«-Typus führt dazu, dass quasi gar nicht mehr gegessen werden kann. Jeder Happen steht im Verdacht, einen Beitrag dazu zu leisten, das vorherrschende Schlankheitsideal zu verfehlen. Jeder Milchkaffee ist eine Gefahr. Essen löst dann prinzipiell ein schlechtes Gewissen aus. Nur der schlanke (zu schlanke?) Körper gilt als gesunder, fitter Körper. Adipositas wird automatisch als Gesundheitsgefährdung begriffen, was empirisch in keiner Weise abgesichert ist.[17] Das rigide Schlankheitsideal verführt also zum nahezu vollkommen restringierten Essen. Jeder Bissen ist ein böser Bissen.

Der von Pierre Bourdieu eingeführte Begriff der sozialen Distinktion mag eine weitere Erklärung dafür bieten, warum heute Schlankheit so hoch im Kurs steht.[18] In fast der gesamten Menschheitsgeschichte ist Hunger ein existentes Problem. Jede Generation hat ihn erfahren oder war zumindest von ihm bedroht. Ein zentrales Schönheitsideal war daher fast immer die Wohlbeleibtheit. Heute, in der sogenannten (westlichen) Überflussgesellschaft, können sich alle ausreichend ernähren, alle können wohlbeleibt sein. Daher müssen sich die sozial Bessergestellten mit etwas anderem nach unten abgrenzen: mit Schlankheit, dem Kauf von Bioprodukten und Ernährungstrends wie Vegetarismus, Veganismus, Paleo und Ähnlichem.

Was die Moralisierung angeht, hat also eine Individualisierung und zugleich Pluralisierung stattgefunden. Moralen, die eine gesamtgesellschaftliche Übereinstimmung finden, verlieren an Bedeutung. Vielmehr gewinnt der Anspruch an die Moral, den individuellen Bedürfnissen eines jeden gerecht werden, solange diese keinem anderen Schaden zufügen, zunehmend Relevanz. Moralisierung des Essens bedeutet heute viel weniger, eine *richtige* Vorstellung vom Essen in einer ganzen Gesellschaft durchzusetzen. Es bilden sich stattdessen Gruppen, in denen sich ganz *unterschiedliche* und zum Teil auch *widersprechende* Vorstellungen vom richtigen Essen durchsetzen. Einige dieser Essmoralen rebellieren gegen ein asketisches Ideal, einige radikalisieren es. Welche Moral wir praktizieren, können wir vermeintlich wählen. Gemeinsam bleibt der Wunsch nach dem Guten, der Reinheit, nach Erlösung, nach dem Sich-nicht-schuldig-Machen beim Essen.

Anmerkungen

1 Bernard Williams: *Der Begriff der Moral. Eine Einführung in die Ethik.* Stuttgart 1978.
2 François Jullien: *Schattenseiten. Vom Bösen oder Negativen.* Zürich 2005, S. 53 f.
3 Niklas Luhmann: *Die Moral der Gesellschaft.* Frankfurt am Main 2020, S. 371.
4 Ebd.
5 Vgl.: Georges Bataille: *Die Aufhebung der Ökonomie. Der Begriff der Verausgabung; der verfemte Teil; Kommunismus und Stalinismus; die Ökonomie im Rahmen des Universums.* München 1985.
6 Michel Foucault et al.: *Technologien des Selbst.* Frankfurt am Main 1993, S. 29.
7 Vgl.: Max Weber: *Die protestantische Ethik und der Geist des Kapitalismus.* Bodenheim 1993.
8 Denis Diderot: *Diderots Enzyklopädie. Mit Kupferstichen aus den Tafelbänden.* Berlin 2013, S. 134.
9 Christoph Klotter, Julia Depa, Svenja Humme (Hrsg.): *Gesund, gesünder, Orthorexia nervosa. Modekrankheit oder Störungsbild? Eine wissenschaftliche Diskussion.* Wiesbaden 2015.
10 Michel Foucault: *Überwachen und Strafen.* Frankfurt am Main 1977.
11 Ebd.
12 Christoph Klotter: *Adipositas als wissenschaftliches und politisches Problem. Zur Geschichtlichkeit des Übergewichts.* Heidelberg 1990.
13 Vgl.: Christoph Klotter: *Einführung Ernährungspsychologie.* München 2020. Eva-Maria Endres: *Ernährung in Sozialen Medien. Inszenierung, Demokratisierung, Trivialisierung.* Wiesbaden 2018.
14 Maria-Sibylla Lotter: *Scham, Schuld, Verantwortung. Über die kulturellen Grundlagen der Moral.* Berlin 2012.
15 Zit. nach: Andrew Samuels, Bani Shorter, Fred Plaut: *Wörterbuch Jungscher Psychologie.* München 1989, S. 106.
16 Ebd.
17 Vgl.: Anja Kroke: »Der perfekte Body Mass Index«, in: Hans-Wolfgang Hoefert, Christoph Klotter (Hrsg.): *Gesundheitszwänge.* Lengerich 2013, S. 110–130.
18 Pierre Bourdieu: *Die feinen Unterschiede. Kritik der gesellschaftlichen Urteilskraft.* Frankfurt am Main 1982.

Jana Rückert-John

Gemeinsam einsam

Über das Essen in Corona-Zeiten

Die Corona-Pandemie hat in den letzten Monaten Alltagsroutinen auf den Kopf gestellt. Hiervon waren nicht nur die Bereiche Erwerbstätigkeit, Freizeit, Sport, Kinderbetreuung, Schule und Bildung betroffen, sondern auch die der Verpflegung und Ernährung. Selbstverständlichkeiten und Routinen der Ernährung sind dabei in die Krise geraten und müssen neu eingeübt werden. Denn wenngleich auch in der Krise gegessen werden muss, stehen Probleme des Ernährungskonsums, wie die Besorgung der Lebensmittel, deren Qualität, ihre Zubereitung und schließlich deren Verzehr in den unterschiedlichen Phasen der Pandemie – zwischen Lockdown und Wiederöffnung – zur Disposition. Ernährung als Praxis, die bis dato weitestgehend reibungslos funktionierte, kommt auf die eine oder andere Art zum Stocken, da bislang gültige Routinen scheitern. Ernährung in Privathaushalten sowie außer Haus in der Gemeinschaftsverpflegung wie Betriebsgastronomie, Hochschulmensen, Schulen, Krankenhäuser und Altenheime sowie in der Individualverpflegung, nämlich in Restaurants und Hotels, muss folglich durch alternative Praktiken gesichert werden. Dabei verweisen die Sphären aufeinander: Denn wenn Betriebskantinen, Mensen und Gastronomie schließen, gibt es in den Privathaushalten einen höheren Bedarf der Selbstverpflegung, der nicht folgenlos für die Art und Weise der Organisation der Ernährung ist beziehungsweise bleibt. Hiermit sind unmittelbar alltagspraktische Fragen verbunden: Was wird zubereitet? Wer ist zuständig? Wie, wann und mit wem wird gegessen? Umgekehrt haben auch die Schließung der Gastronomie und das stark reduzierte und veränderte Angebot in der Gemeinschaftsverpflegung gravierende Folgen für die dort organisierte Ernährung. Wie kann die Verpflegungsfunktion unter Hygieneregeln und möglichst kurzen Verweildauern aufrechterhalten werden? Was bedeutet die Pandemie aber auch mit Blick auf Konzepte von Gastlichkeit? Wie kann unter den aktuellen Bedingungen die Außer-Haus-Verpflegung ihre Funktion der Vergesellschaftung von Ernährung beibehalten? Die Organisation der Ernährung in Zeiten der Pandemie wird darüber hinaus durch Trends der Digitalisierung, Nachhaltigkeit und einer sich transformierenden Arbeitswelt beeinflusst und befördert. Vor diesem Hintergrund sollen im Folgenden einige Thesen zur Veränderung und Neuorganisation der Ernährung in der Corona-Pandemie zwischen Privatheit in den Haushalten und Öffentlichkeit in der Außer-Haus-Verpflegung diskutiert werden. Damit soll das Krisengeschehen aus der Perspektive sozialwissenschaftlicher Ernährungsforschung zeitnah begleitet und reflektiert werden.

Wiederkehr der gemeinsamen (Familien-)Mahlzeit?!

Die Corona-Krise hat laut einer aktuellen Forsa-Umfrage für das Bundeslandwirtschaftsministerium den Ernährungsalltag vieler Menschen in Deutschland verändert.[1] Rund ein Drittel geben an, häufiger als vor der Pandemie gemeinsam Mahlzeiten einzunehmen. Häufiger als zuvor kochen 30 Prozent, und 21 Prozent tun dies häufiger gemeinsam. Die Bundeslandwirtschaftsministerin Julia Klöckner interpretiert diese Befunde als »gute Entwicklungen«, die unter anderem Chancen für mehr Wertschätzung von Lebensmitteln eröffnen. Kehrt in Corona-Zeiten die gemeinsame (Familien-)Mahlzeit zurück, deren Verschwinden in den vergangenen Jahrzehnten häufig beklagt wurde? Und unter welchen Bedingungen wird nun wieder häufiger gemeinsam gekocht und gegessen?

Zunächst muss man die Frage beantworten, warum der Mahlzeit – dieser scheinbar banalen Alltagspraxis – überhaupt eine so große Bedeutung beigemessen wird. Außer für die Zubereitungsarten wurden

Mahlzeiten erst vor etwas mehr als 100 Jahren zu einem eigenen Reflexionsthema – was nicht zufällig mit dem Aufstieg der auf scheinbare Banalitäten abonnierten Soziologie zusammenhängt. Der Soziologe Georg Simmel stellt in einem Essay 1910 fest, dass der Mahlzeit eine »ungeheure sozialisierende Kraft« innewohnt, was sie insgesamt zu einem sozialen Phänomen macht.[2] Essen ist für Simmel zunächst ein unbedingt egoistischer Akt, denn was ich esse, kann kein anderer haben. Die Mahlzeit in Gesellschaft als gemeinsamer Vollzug des Essens jedoch hebt den Menschen aus seiner egoistischen Primitivität herauf. Denn dabei bilden sich Regeln aus, die dazu zwingen, beim Essen zugleich von sich selbst abzusehen, zum Wohle der Gemeinschaft, die wiederum das eigene Wohl verbürgt. Auf diese Weise wird der Essende in Gemeinschaft sozialisiert. Im gemeinsamen Essen – wiewohl nicht jeder dasselbe, aber doch das Gleiche essen kann – wird auch ein gegenseitiges Geben vollzogen. Das kennzeichnet die Mahlzeit schließlich als eine soziale Institution, die Gemeinschaft, Zugehörigkeit und Anerkennung als eine moralisch markierte Verpflichtung füreinander symbolisiert. Die Regeln der Mahlzeit erfüllen die zentrale Funktion, die soziale Kontrolle physischer Bedürfnisse zu bewahren, wie die Soziologin Eva Barlösius 2011 hervorhob.[3] Solche Regeln betreffen zum Beispiel den Ablauf, die Gestaltung und das Verhalten der Tischgemeinschaft. Die soziale Normierung der Mahlzeit bildet so die Grundlage für die Zugehörigkeit zu dieser Gemeinschaft, die über das gemeinsame Essen hinausreichen kann. Weil die praktische Gemeinschaft aber immer begrenzt, das heißt in Abgrenzung zu anderen möglich ist, werden damit auch Exklusion und Inklusion geregelt. Die Verhaltensweisen beim Essen spiegeln die Differenzierung der gesellschaftlichen Struktur wider, worauf schon Mary Douglas und insbesondere Pierre Bourdieu hinwiesen.[4]

Mit der Mahlzeit und dem gemeinsamen Kochen werden positiv besetzte Werte, wie Gemeinschaft und Zugehörigkeit, verbunden, die Ordnung und Sicherheit in Gesellschaft vermitteln. Sie lassen verstehen, warum die Mahlzeit und das gemeinsame Kochen als »gute« Entwicklungen bewertet werden. Gleichwohl ist die konstatierte Rückkehr der Mahlzeit mit bestimmten Vorstellungen von Mahlzeitenmustern und Zuständigkeiten beziehungsweise häuslicher Arbeitsteilung verbunden, die der Norm der bürgerlichen Kleinfamilie aus der Mitte des letzten Jahrhunderts und längst nicht mehr der Alltagsrealität – auch nicht vor der Corona-Pandemie – entspricht. Klöckners Anrufung und Interpretation der Mahlzeit als »gute Entwicklung« rekurriert damit auch auf ein traditionelles und ideologisiertes Bild. Aus wertkonservativer Sicht wird deshalb der Wandel der Mahlzeit kritisch betrachtet, denn hierbei gilt die klassische Familienmahlzeit weiterhin als Sinnbild der intakten Kleinfamilie und Zeichen der Fürsorge der Mutter, wie in kritischer Distanzierung Gesa Schönberger und Barbara Methfessel deutlich machen.[5]

Wie haben sich Mahlzeitenmuster seit dem Niedergang der kleinbürgerlichen Familie zur Ideologie verändert? Wie stellt sich Mahlzeit heute dar? Familienhaushalte in Deutschland umfassen aktuell nach Daten des Statistischen Bundesamts von 2018 zu 33,5 Prozent Zweipersonenhaushalte, nur noch jeder vierte Haushalt, nämlich 24,7 Prozent, umfasst drei oder mehr Personen. Demgegenüber stehen 41,8 Prozent Einpersonenhaushalte, für die ein weiterer Anstieg erwartet wird.

Aktuell zeigt sich bei der Gestaltung von Mahlzeiten nach einer Studie der Techniker Krankenkasse von 2017, dass 35 Prozent der Deutschen ihre Hauptmahlzeit regelmäßig allein einnehmen. Von den Alleinstehenden sind es sogar 59 Prozent. Und so isst auch jeder Zweite der über 60-Jährigen allein. Allerdings nur neun Prozent der Menschen in Paarbeziehungen sitzen allein am Essenstisch. Bei jungen Personen zwischen 18 und 29 Jahren gilt das Essen oft als Nebensache, bei der diverse Massenmedien konsumiert werden. Überhaupt sieht die Hälfte der Alleinstehenden beim Essen fern oder surft im Internet, was bei Paaren wiederum nur selten vorkommt.[6]

Vor allem der kontinuierliche Anstieg der Erwerbstätigkeit von Frauen über die letzten Jahrzehnte und der zugleich stattfindende Formenwandel der Familie wirkten sich auf die Ausgestaltung der Familienmahlzeiten aus. Untersuchungen der Zeitbudgetdaten von Nina Klünder konstatieren für Deutschland eine Reduktion der täglich aufgebrachten Zeit für Essen und Trinken in Familienhaushalten.[7] Zudem lässt sich feststellen, dass Mahlzeiten im Rahmen von Familie, die mehr Zeit und Raum für Gespräche und Aushandlungsprozesse bieten, verstärkt am Abend und an Wochenenden stattfinden.

Demnach ist es heute keine Selbstverständlichkeit, dass sich diese gemeinsamen »Mahl-Zeiten« bei unterschiedlichen Zeitmustern der Familienmitglieder herstellen, es braucht vielmehr eine aktive und bewusste Herstellung gemeinsamer Zeit. An diesen Trends zeigt sich kein Verlust an gemeinsamen Mahlzeiten – wie so häufig behauptet –, sondern vielmehr eine Verschiebung, Zentralisierung und Aufwertung der gemeinsam verbrachten Zeit während des Essens.

Re-traditionalisierte Zuständigkeit

Wenn unter Corona-Bedingungen eine Zunahme vermeintlich familienhäuslicher Mahlzeiten konstatiert wird, dann bleiben die Bedingungen hierfür häufig unreflektiert. Vielmehr werden in romantisierender Art von den Massenmedien, aber auch in den Sozialwissenschaften häufigere Mahlzeiten als Entschleunigung oder Resonanzgewinn begrüßt. Ausgeblendet wird dabei, dass das häusliche Kochen als Teil der Care-Arbeit nach wie vor überwiegend in weiblicher Verantwortung liegt und hier oft eher der Frust als die Lust regiert. Besonders in Haushalten mit Kindern wird die Last ununterbrochener Erziehungsarbeit dadurch noch verstärkt. Über die nötige Zubereitungszeit, die eine gesunde, ausgewogene und frisch zubereitete Speise erfordert, wird nicht gesprochen. So dürfte sich der Anforderungsdruck an (insbesondere berufstätige) Mütter, denen weiterhin die weitestgehend alleinige Ernährungsverantwortung zugeschrieben wird, durch die Corona-Pandemie noch weiter verstärken.

In der vorpandemischen Zeit gaben vollzeiterwerbstätige Mütter in einer Studie von Ingrid-Ute Leonhäuser und anderen an, zu 79,2 Prozent, an der täglichen Mahlzeitenzubereitung beteiligt zu sein. Bei Teilzeiterwerbstätigen waren es 87,2 Prozent und bei nicht erwerbstätigen Müttern 91,9 Prozent. Auch bei den der Mahlzeit nachgelagerten Arbeiten wiesen die Mütter eine signifikant höhere Beteiligung auf als die Väter. Jedoch erhielten die Mütter mit zunehmendem zeitlichem Erwerbsumfang eine größere Unterstützung bei den anfallenden Arbeiten rund um die Mahlzeiten durch ihre Partner. Sie unterstützten die vollerwerbstätigen Frauen insbesondere bei der Geschirrreinigung mit bis zu 37 Prozent, während andere Frauen mit weniger als 30 Prozent hilfeleistender Partner auskommen mussten.[8]

Dass die zunehmende Berufstätigkeit der Frauen sich nicht in gleichem Maße in der Verteilung der unbezahlten Hausarbeit widerspiegelt und zu einer Doppelbelastung führt, ist allseits bekannt und verstärkte sich durch die Corona-Pandemie weiter, wie die aktuelle Studie von Bettina Kohlrausch und Aline Zucco von 2020 zeigt.[9] Auf der Grundlage einer repräsentativen Onlinebefragung, die im Auftrag der Hans-Böckler-Stiftung mit 7677 Erwerbstätigen durchgeführt wurde, stellen die Autorinnen fest, dass Mütter die Hauptlast in den Zeiten geschlossener Kitas und Schulen tragen, denn sie kompensieren die weggefallene Betreuung. In Haushalten mit mindestens einem Kind unter 14 Jahren haben 27 Prozent der Frauen, aber nur 16 Prozent der Männer ihre Arbeitszeit reduziert, um die Kinderbetreuung zu gewährleisten. Bei Haushalten mit geringerem oder mittlerem Einkommen fällt die Diskrepanz noch größer aus. In Familien mit einer vormals gleichberechtigten Verteilung unbezahlter Arbeit wird die zusätzlich anfallende Sorgearbeit – so auch die der Ernährung – nun vor allem von Frauen übernommen. 60 Prozent der Paare mit Kindern unter 14 Jahren, die sich die Sorgearbeit vor der Corona-Pandemie fair teilten, tun dies auch während der Krise. Bei Paaren mit einem Haushaltseinkommen unter 2000 Euro sind es nur 48 Prozent. Das zeigt, dass Eltern, die finanziell stark unter Druck stehen, weniger Spielräume für eine gleichberechtigte Arbeitsteilung haben. Insgesamt machen die Befunde deutlich, dass durch und in der Corona-Pandemie Ungleichheiten zwischen den Geschlechtern verstärkt werden, die mit einer zunehmenden Re-Traditionalisierung verbunden sind. Denn Aufgaben der Ernährungsversorgung und der Zubereitung von Mahlzeiten korrespondieren nach wie vor mit typischen Geschlechterrollenerwartungen, mit der Frauen und vor allem Mütter dafür verantwortlich gemacht werden, was tief in die soziale Geschlechterdifferenz eingelassen ist, und auch dann noch seine Fortsetzung findet, wenn Geschlechterrollenarrangements in Familien- und Partnerschaftshaushalten eigentlich flexibler geworden sind.[10] Das überwiegend angestrebte Ideal einer egalitären Partnerschaft wird dabei wesentlich durch die Folgen der Eheschließung und der Geburt von Kindern unterminiert. Beide Ereignisse veranlassten insbesondere in Deutschland – unabhängig von der Corona-Pandemie – eine Re-Traditionalisierung der Rollenarrangements, worauf unter anderen Christiane Dienel 2003 sowie Holger Wunderlich und andere 2004 hinwiesen.[11] Dagegen etabliert sich zunehmend die weibliche Strategie des Aufschubs oder gar des Verzichts.

Mit der Hausarbeit als Teil der Care-Arbeit wird Familie immer wieder »hergestellt«.[12] Dazu gehört auch die Auswahl, Zu- und Nachbereitung des Essens. Die weibliche Geschlechterrolle impliziert, dass Frauen gerne kochen, weil es ihrem Wesen entspräche. Die daran geknüpfte Erwartung richtet sich umfassender noch auf die allgemeine Fürsorge gegenüber Haushalts- und Familienmitgliedern, was dann als Liebe und Leidenschaft des Weiblichen gefeiert wird.[13] Vor diesem Hintergrund ist die wiederholt vorgetragene und 2016 auch vom Bundesministerium für Ernährung und Landwirtschaft festgestellte höhere weibliche Ernährungskompetenz wenig überraschend: Wenn die weibliche Geschlechterrolle Ernährung für andere einerseits als Aufgabe beinhaltet, andererseits Ernährung für sich selbst als asketische Strategie weiblicher Körperbildung, etwa in Form von Diät, erwartet, hat Essen eine große Bedeutung für die weibliche Geschlechteridentität. Die höhere Ernährungskompetenz von Mädchen und Frauen folgt daraus beinahe zwangsläufig. Der kochende Mann ist in dieser Perspektive der Geschlechterrollen ein Spezialist und Held in der Küche oder zumindest am Grill, der sich durch Kennerschaft auszeichnet. Ihm obliegt deshalb zumeist die Zubereitung von Festtagsspeisen oder exotischem Essen. Das öffentliche Grillen ist darum eine männliche Paradedisziplin. Und auch der Umstand, dass das Kochen außer Haus in Restaurants und Kantinen vor allem in männlicher Hand liegt, verwundert nicht. Die Verknüpfung kulinarischer Expertise mit geschlechtlich eindeutig codierten Versatzstücken findet dann auch erfolgreich in den Massenmedien seinen Niederschlag.

Verstärkte Nachfrage nach nachhaltigen Produktalternativen?

Die Organisation der Ernährung in Privat- und Familienhaushalten unter Corona-Bedingungen hat auch Auswirkungen auf die nachgefragten Produkte. Hiermit verbunden sind die Frage und die politische Hoffnung, dass durch Krisen eine dauerhafte Veränderung von Ernährungspraktiken vor allem unter Maßgabe einer nachhaltigeren Ernährung angestoßen wird. Dabei wrden eine Steigerung des Konsums regionaler Produkte und eine Verringerung des Konsums von Fleisch- und Wurstprodukten sowie Fertigprodukten erwartet.

Bei der eingangs erwähnten Forsa-Umfrage für das Bundeslandwirtschaftsministerium gab mit 82 Prozent die große Mehrheit der Befragten an, nun besonders Wert auf die regionale Herkunft der Nahrungsmittel zu legen – vor allem bei frischem Obst und Gemüse, Milchprodukten und Eiern, Brot sowie bei Fleisch und Wurstwaren. Für 39 Prozent der Befragten sei in Corona-Zeiten die Landwirtschaft nun wichtiger geworden. Besonders Jugendliche messen der Landwirtschaft eine höhere Bedeutung bei. Dieses Meinungsbild spiegelt sich laut einer Studie der Universität Göttingen im Frühjahr 2020 jedoch nicht wesentlich im tatsächlichen Ernährungsverhalten wider: Für die meisten Nahrungsmittelgruppen sei der Verzehr gleich geblieben.[14] In einer Folgestudie im Juni 2020 konnten die Wissenschaftler zudem feststellen, dass sich das Einkaufsverhalten zu dieser Zeit wieder den Verhaltensmustern annäherte, die vor der Pandemie bekannt waren. Gleichwohl stellen sie in Übereinstimmung mit der Forsa-Studie fest, dass die Aspekte Regionalität sowie Tierschutz, Klima- und Umweltschutz etwas an Bedeutung gewonnen haben. Die Wahrnehmung der Vorzüge regionaler Lebensmittelsysteme habe sich im Pandemieverlauf weiter verstärkt. Regionalität wird in einen engen Zusammenhang mit der Präferenz heimischer Arbeitskräfte gestellt, um Abhängigkeiten in Krisenzeiten zu vermeiden.[15] Die Corona-Pandemie hat also den bereits seit Längerem beobachteten Trend zur Regionalität bei Lebensmitteln (lediglich) verstärkt.

Im Zusammenhang mit Regionalität – im Sinne einer rückgewonnenen Kontrolle über Lebensmittel – fällt auch die konstatierte Zunahme des Gärtnerns in Corona-Zeiten auf. Die *Frankfurter Allgemeine Zeitung* titelte im April dieses Jahres: »Gärtnern gegen den Lagerkoller: Pflanzen für die Seele«. Einen Monat später hieß es an gleicher Stelle: »Corona-Krise macht aus vielen Menschen im Land Hobbygärtner. Plötzlich sind Schreberanlagen cool«. Zugleich befand die Bundeslandwirtschaftsministerin, »Landwirtschaft und Gartenbau sind systemrelevant«, weshalb Gartencenter nicht schließen mussten. Diese Trends versprächen Abwechslung in Corona-Zeiten, sie seien aber auch Suffizienzerfahrung und Selbstermächtigung.

Generell machen diese Befunde deutlich, dass die durch Regionalität und das Gärtnern vermittelte Nähe zur Lebensmittelproduktion Übersichtlichkeit und Ordnung in ansonsten gefährlichen Zeiten suggeriert. Im Zweifelsfall sind die Distanzen zum Landwirt relativ zeitnah überwindbar, um sich Vergewisserung über das Essen zu verschaffen, sei es persönlich oder durch Medien. In diesem Sinne steht Regionalität – bei jedweder unklaren Definitionslage allein schon über die Reichweite einer Region – für ein stärkeres Personal- denn Systemvertrauen. Offen bleibt jedoch die Frage, unter welchen Bedingungen regionale Ansätze resilienter und im Sinne der Kontrolle, Suffizienz und Selbstermächtigung zielführender sind. Einfache Empfehlungen zur Förderung von Regionalität, die derzeit verstärkt vorgebracht werden, sind häufig zu kurz gedacht oder laufen Gefahr, zum Protektionismus auszuarten.

Ins Muster eines Trends zu vorgeblich nachhaltiger Ernährung lässt sich auch der Befund der Forsa-Umfrage einordnen, dass Fertigprodukte geringer nachgefragt werden. Hier sagte ein Viertel der Befragten, dass diese Produkte seltener als vor der Corona-Krise verwendet werden. Nur sieben Prozent verwenden sie häufiger, entgegen der Erwartung. Dieser Befund verwundert aber auch, weil beim zunehmenden häuslichen Kochen während der Corona-Pandemie und der Annahme knapper Zubereitungszeiten eher eine verstärkte Nachfrage nach Fertigprodukten erwartbar gewesen wäre. Kontrastierend lässt sich jedoch feststellen, dass Lieferdienste in der Corona-Krise an enormer Popularität gewonnen haben. Da Restaurants teils wochenlang geschlossen waren, aber auch Supermärkte aufgrund von Angst vor einer möglichen Ansteckung teilweise gemieden wurden, ließen sich viele ihr Essen liefern: Essenslieferdienste wie Delivery Hero verkündeten für das zweite Quartal 2020 ein Auftragsplus von 94 Prozent im Vergleich zum Vorjahreszeitraum. Mit der Zunahme von Essenslieferungen aber ist auch ein steigendes Abfallaufkommen, vor allem des Plastikmülls, der Privathaushalte verbunden, wie etwa die *Süddeutsche Zeitung* im Juni dieses Jahres meldete. Insofern trifft die theoretische Wertschätzung der familienhäuslichen Mahlzeit selbst zubereiteter regionaler Lebensmittel auf die praktische Inanspruchnahme im Grunde anonymer Koch- und Lieferdienstleistungen.

Das Thema Fleisch ist in der Corona-Pandemie vor allem durch den »Tönnies-Skandal« in den Fokus gerückt. Durch die massiven Corona-Infektionen im Schlachtbetrieb des Unternehmens Tönnies in Rheda-Wiedenbrück im Juni 2020 kamen zuallererst Fragen nach der Gesundheitsgefährdung der Verbraucherinnen und Verbraucher als Folge der dort hergestellten Produkte auf. Erst später wurde die Debatte auf die unzumutbaren Arbeits- und Lebensbedingungen gelenkt, unter denen die Werkvertragsarbeiter in der Fleischindustrie tätig sind. Corona erscheint in der medialen und dann politischen Auseinandersetzung als Katalysator der seit Jahren geführten Diskussion um das Verbot von Werkverträgen in den fleischindustriellen Kernbereichen Schlachtung und Zerlegung. Überraschend für alle Beteiligten aber wurde die nun angestoßene Beschlussfassung über das Gesetz zum Verbot von Werkverträgen und Leiharbeit in der deutschen Fleischindustrie im Oktober 2020 von der Tagesordnung des Bundestags genommen, da es in der CDU und CSU noch Beratungsbedarf gäbe. Auch wenn das Unternehmen Tönnies bekundet, an der Einstellung der Werkverträge zum 1. Januar 2021 festzuhalten, befürchten Kritiker, dass über die Gründung von 15 neuen Tochterfirmen die künftig verbotenen Werkverträge weiterhin genutzt werden sollen.

Welche Resonanz fand dieser Skandal nun aber in Einstellungen und im Nachfrageverhalten der Verbraucherinnen und Verbraucher? Laut Forsa-Umfrage sprach sich mit 81 Prozent die große Mehrheit der Befragten – und das bereits vor dem Tönnies-Skandal – für ein staatliches Tierwohlkennzeichen aus. Für mehr Tierwohl wären Verbraucherinnen und Verbraucher nach eigener Aussage auch bereit, mehr zu zahlen. Diese Ergebnisse spiegeln sich auch in den Absatzzahlen von Biofleisch im April und Mai 2020 in Deutschland gegenüber dem Vorjahreszeitraum wider. Dabei ist der Absatz von Bioschweinefleisch um 68 Prozent, Biorindfleisch um 64 Prozent und Biogeflügelfleisch um 28,5 Prozent gestiegen, wie die Agrarmarkt Informations-Gesellschaft (AMI) ausweist. Laut der Forsa-Studie konsumieren die Deutschen insgesamt seltener Fleisch als vor fünf Jahren. Nach eigener Aussage verzehren 26 Prozent der Bundesbürger täglich Wurst oder Fleisch; im Jahr 2015 waren es noch 34 Prozent. Insgesamt wird Wurst oder Fleisch täglich eher von Männern als von Frauen und mehr von Ostdeutschen als von Westdeutschen gegessen. Es bleibt abzuwarten, wie viele Biofleischessende, flexitarisch oder vegetarisch sich Ernährende aus der Krise hervorgehen. Im Vergleich mit ähnlichen Krisen ist davon auszugehen, dass sich diese Marktentwicklungen wieder normalisieren, aber nicht in Gänze.

Wie verändert sich die Außer-Haus-Verpflegung in Corona-Zeiten?

Die Corona-Pandemie hat gravierende Veränderungen für die Organisation des Essens und der Ernährung nicht nur in den Privathaushalten mit sich gebracht, sondern auch außer Haus in den Einrichtungen und Betrieben der Gemeinschaftsverpflegung und Individualgastronomie. Denn die regelmäßige Verpflegung großer Menschengruppen in Betrieben, Gesundheits- und Pflegeinstitutionen sowie Bildungseinrichtungen als Normalität konnte unter Corona-Bedingungen schwer oder nicht aufrechterhalten werden. Viele Einrichtungen und Betriebe außerhalb von Institutionen mussten während des Lockdowns schließen und sich nach der Wiedereröffnung neu »erfinden«.

Für die vorpandemische Zeit gilt, dass in urbanen Zentren Deutschlands nahezu rund um die Uhr außer Haus gegessen werden konnte. Räumliche und zeitliche Restriktionen des Essens waren außer Kraft gesetzt.[16] Der Trend vom Konsum *im* Haus zum Konsum *außer* Haus, den Robert Hermanowski und Rainer Roehl schon 1996 beschrieben, hält seit etwa drei Jahrzehnten an.[17] Unter Berücksichtigung aller Bereiche wurde bis zur Pandemie gut ein Drittel der gesamten Lebensmittelausgaben im Außer-Haus-Markt getätigt. Die Funktion der Außer-Haus-Verpflegung besteht dabei nicht nur in einer reinen Verköstigung der Klientel und Gäste, sondern seit geraumer Zeit auch in Angeboten einer gesunden und umweltverträglichen Ernährung bis hin zu einer ernährungssozialisatorischen Sensibilisierung. Gerade der Gemeinschaftsverpflegung wird hierbei ein hohes Potenzial und eine ernährungspolitische Entscheidungskraft zugesprochen. Denn die Großverbraucher erreichen mit dem von ihnen bestimmten Essensangebot eine große Zahl an Gästen. Hintergrund des Trends zur Außer-Haus-Verpflegung ist neben dem demografischen Wandel und den Veränderungen in der Erwerbstätigkeit nicht zuletzt die Differenzierung von Lebens- und Familienformen, die auch die spezifisch familiäre Sozialisation verändern. Der verschiedentlich bemerkte Verlust kulinarischer Kompetenz, wie ihn etwa der Essenskritiker Jürgen Dollase 2006 beklagte, sowie die sichtbaren Formen der Fehlernährung sind Indiz dafür, dass der primäre Ort kulinarischer Sozialisation, nämlich die Familie, als zunehmend prekär wahrgenommen wird.[18] Entgegen dieser Entwicklung lassen sich in den vergangenen Jahren zunehmend Ansätze in der Gemeinschaftsverpflegung finden, die versuchen, diese Leerstelle auszufüllen und den Verlust zu kompensieren. So verpflegen Köche heute nicht nur ihr Publikum, sondern formulieren zunehmend pädagogische Ansprüche. Dabei besteht die Herausforderung jedoch darin, die Neugierde des Publikums zu nutzen, ohne es zu überfordern.[19] Es zeigt sich, dass sich eine Tendenz zur zunehmenden Vergesellschaftung der Ernährungssozialisation abzeichnet, wenn die kulinarische Kompetenzvermittlung, nämlich die komplexe Beantwortung der existenziellen Fragen, was wie von wem gegessen werden kann, zum Programm der Einrichtungen und Betriebe der Außer-Haus-Verpflegung wird.

Vor diesem programmatischen Hintergrund der Einrichtungen und Betriebe der Außer-Haus-Verpflegung, vor allem der Gemeinschaftsverpflegung, schließt sich angesichts der Corona-Pandemie die Frage an: Wie sind die Einrichtungen und Betriebe der Außer-Haus-Verpflegung mit dieser Herausforderung umgegangen und welche kreativen Lösungen wurden hierzu gefunden?

Der Lockdown hat die Umsätze in der Gemeinschafts- und Individualverpflegung massiv schrumpfen lassen. Lediglich die Versorgung in Institutionen wie Altenheimen blieb mit 95 Prozent stabil. Im Vergleich hierzu sank der Bereich der Mitarbeiterverpflegung auf 40 Prozent, die Verpflegung im Bildungsbereich auf 20 Prozent, die Individualverpflegung in der Gastronomie auf 15 Prozent und in die Hotellerie auf zehn Prozent, führt die Branchenzeitschrift *gv praxis* im Juni dieses Jahres aus. Insbesondere Betriebskantinen und Mensen sind von den Folgen der Corona-Pandemie betroffen, da erwartet wird, dass diese deutlich langsamer ihr vorheriges Produktionsniveau erreichen als die öffentliche Gastronomie. Als Gründe dafür nennt die Branchenzeitschrift im September zum einen die mit der Corona-Pandemie beschleunigte

Veränderung der Arbeitswelt, wie sie unter dem Stichwort Homeoffice bekannt geworden ist, aber auch in geringeren Kapazitäten für die Umsetzung von Hygieneregeln.[20]

Nach der anfänglichen Schließung von Mensen und Kantinen konzentrieren sich die Betreiber nun auf alternative Ansätze zur Realisierung ihres Verpflegungsangebotes. Hierzu zählen die Reduktion und Vereinfachung des Angebots, die Ausweitung und Neugestaltung des To-go-Angebots, die Einführung von Lieferservices für Mensaessen oder die Nutzung von Food Trucks. Branchenvertreterinnen und -vertreter sind davon überzeugt, dass die Gemeinschaftsverpflegung in Kantinen und Mensen nach der Pandemie kaum mehr der früheren Art der Verpflegung entsprechen wird. Indem die Corona-Pandemie als Katalysator die Veränderung der Arbeitswelt etwa durch Digitalisierung antreibt, hat das Folgen für die Organisation der Ernährung. Künftig werden deutlich geringere Essenszahlen erwartet, das Konzept einer »Mensa to go« ergänzt das der »Mensa to stay«.

Des Weiteren stellt sich die Frage, wie unter den aktuellen Bedingungen die Einrichtungen und Betriebe ihre Funktion der Vergesellschaftung von Ernährung aufrechterhalten konnten und dies zukünftig können? Eine kurze Antwort lautet: Nur schwer oder gar nicht. Berichte von Küchenchefs und Mensaleitern machen deutlich, dass in der Pandemie das Angebot der Einrichtungen und Betriebe auf die reine Verpflegungsfunktion reduziert wurde: »Jeder Mensabesucher, der kommt, isst und wieder geht, ist ein willkommener Gast.« Lange Verweildauern, die gemeinsame Mahlzeit mit mehreren Kollegen und ausgiebige Pausengespräche sind nicht Corona-konform und dementsprechend nicht erwünscht. Ebenso wurden überwiegend alle zusätzlichen Angebote der Mensen und Kantinen, wie Verkostungsaktionen, Themenwochen und Catering Services eingestellt.

Fazit

Resümierend lässt sich feststellen: In Corona-Zeiten dominiert in der Gemeinschaftsverpflegung vor allem die physische Funktion des Essens, die soziale wird zwangsläufig suspendiert und ist wieder auf den Privathaushalt verwiesen. Klar wird damit auch, dass in der Pandemie die Gemeinschaftsverpflegung ihrer Chancen und Potenziale einer Vergemeinschaftung der Ernährung beraubt wird. Mit der Zurückdrängung der Ernährung ins Private gehen nicht zuletzt auch die Möglichkeiten ernährungspolitischer Interventionen verloren. Für die Gastronomie stellt sich auch die Frage nach der Neuerfindung von Konzepten der Gastlichkeit. Für die Ernährung in Familienhaushalten ist neben den Chancen des gemeinsamen Kochens und Essens vor allem eine zunehmende weibliche Doppelbelastung zu befürchten, besteht hierfür doch gerade in der Gemeinschaftsverpflegung das Potenzial der Entlastung. In der zunehmenden Anzahl von Single-Haushalten könnte es rund um das Essen einsam werden, wenn die öffentlichen Formen der Ernährung prekär sind.

Anmerkungen

1 Forsa: *Ernährungsreport 2019/2020 Ergebnisse einer repräsentativen Bevölkerungsbefragung*. Berlin 2020, https://www.bmel.de/SharedDocs/Downloads/DE/_Ernaehrung/forsa-ernaehrungsreport-2020-tabellen.pdf?__blob=publicationFile&v=3

2 Georg Simmel: »Soziologie der Mahlzeit«, in: *Der Zeitgeist, Beiblatt zum Berliner Tageblatt* Nr. 41 vom 10.10.1910.

3 Eva Barlosius: *Soziologie des Essens. Eine sozial- und kulturwissenschaftliche Einführung in die Ernährungsforschung*. Weinheim 2011.

4 Mary Douglas: »Deciphering a Meal«, in: *Daedalus* 101 (1972), S. 61–81. Pierre Bourdieu: *Die feinen Unterschiede*. Frankfurt am Main 1984.

5 Gesa Schönberger, Barbara Methfessel: *Mahlzeiten. Alte Last oder neue Lust?* Wiesbaden 2011.

6 Techniker Krankenkasse (Hrsg): *Iss was, Deutschland. TK-Ernährungsstudie 2017*. Hamburg 2017, https://www.tk.de/resource/blob/2026618/1ce2ed0f051b152327ae3f132c1bcb3a/tk-ernaehrungsstudie-2017-data.pdf.

7 Nina Klünder: »Mahlzeitenmuster von Eltern in Paarbeziehungen«, in: Angela Häußler et al. (Hrsg.): *Care und die Wissenschaft vom Haushalt.* Wiesbaden 2017, S. 73–87.

8 Ingrid-Ute Leonhäuser et al. (Hrsg.): *Essalltag in Familien. Ernährungsversorgung zwischen privatem und öffentlichem Raum.* Wiesbaden 2009.

9 Bettina Kohlrausch, Aline Zucco: »Die Corona-Krise trifft Frauen doppelt«, in: *WSI Policy* Brief Nr. 40, 5 (2020).

10 René John, Jana Rückert-John: »Geschlecht gegessen. Die Bedeutung der Geschlechterperspektive für die Ernährungsforschung«, in: Angela Häußler et al. (Hrsg.): *Care und die Wissenschaft vom Haushalt.* Wiesbaden 2017, S. 47–69.

11 Christiane Dienel: »Die Mutter und ihr erstes Kind - individuelle und staatliche Arrangements im europäischen Vergleich«, in: *Zeitschrift für Familienforschung* 15/2 (2003), S. 120–144. Holger Wunderlich et al.: »Im Westen nichts Neues – und im Osten? Ergebnisse der Studie ›männer leben‹ zur Koordination von Beruf und Familie«, in: Bundeszentrale für gesundheitliche Aufklärung BZGA (Hrsg.): *Forum Sexualaufklärung und Familienplanung* 3 (2004), S. 19–25.

12 Michaela Schier, Karin Jurczyk: »›Familie als Herstellungsleistung‹ in Zeiten der Entgrenzung«, in: *Aus Politik und Zeitgeschichte* 34 (2007), S. 10–16.

13 Jean-Claude Kaufmann: *Mit Leib und Seele. Theorie der Haushaltstätigkeit.* Konstanz 1999. Kirsten Schlegel-Matthies: »›Liebe geht durch den Magen‹. Mahlzeit und Familienglück im Strom der Zeit: Geht die alte häusliche Tischgemeinschaft zu Ende?«, in: Hans-Jürgen Teuteberg (Hrsg.): *Die Revolution am Esstisch. Neue Studien zur Nahrungskultur im 19./20. Jahrhundert.* Stuttgart 2004, S. 148–161.

14 Gesa Busch et al.: *Einkaufs- und Ernährungsverhalten sowie Resilienz des Ernährungssystems aus Sicht der Bevölkerung: Ergebnisse einer Studie während der Corona-Pandemie im April 2020.* Göttingen 2020, https://www.uni-goettingen.de/de/document/download/f814dec8ace9f501e502e235e120b5e7.pdf/Corona-Diskussionspapier_15.05._FINALE.pdf

15 Gesa Busch et al.: *Einkaufs-und Ernährungsverhalten sowie Resilienz des Ernährungssystems aus Sicht der Bevölkerung: Eine Studie während der Corona-Pandemie im Juni 2020.* Göttingen 2020, https://www.uni-goettingen.de/de/document/download/3e2d411fca642431051d12a61196d980.pdf/Diskussionsbeitrag_Corona%20II_FINAL.pdf.

16 Jana Rückert-John, René John, Jan Niessen: »Nachhaltige Ernährung außer Haus – der Essalltag von morgen«, in: Angelika Ploeger, Gunther Hirschfelder, Gesa Schönberger (Hrsg.): *Die Zukunft auf dem Tisch.* Wiesbaden 2011, S. 41–55.

17 Robert Hermanowski, Rainer Roehl: *Natur auf den Teller. Ökologisch erzeugte Produkte in der Großküche.* Bad Dürkheim 1993.

18 Jürgen Dollase: *Kulinarische Intelligenz.* Wiesbaden 2006.

19 Jana Rückert-John, René John: »Essen macht Geschlecht: Zur Reproduktion der Geschlechterdifferenz durch kulinarische Praxen«, in: *Ernährung und Fokus* 9 (2009), S. 174–179, https://docplayer.org/22926456-Essen-macht-geschlecht-zur-reproduktion-der-geschlechterdifferenz-durch-kulinarische-praxen-titel-dr-jana-rueckert-john-dr.html.

20 Burkart Schmid: »Das große Bangen«, in: *gv praxis* 6 (2020). Markus Roman: »Nie gekannte Minuszahlen«, in: *gv praxis* 9 (2020).

Eva Barlösius

Du bist, was du isst

Eine Widerstandsnotiz gegen kulturelle und soziale Abwertungen

»A: ›Obst und Gemüse ist teuer.‹
B: ›Ja, es ist teuer.‹
C: ›Ja, da kannst du besser ein Stück Fleisch kaufen, wie dass ich jetzt sage, ich kaufe mal so eine richtig große Schale Obst und Gemüse. Das kann ich mir nicht leisten, also wenigstens nicht in der Winterzeit.‹
C: ›Das sind ja Überlegungen, wenn du ein Stück Fleisch kaufst, ne, für 2,99 im Angebot, wie viel Obst kriegst du dafür?‹
E: ›Weintrauben 2,99 das Kilo.‹
C: ›Ja, ja.‹
E: ›Himbeeren 1,49, das läppert sich dann so zusammen.‹
C: ›Ja genau, dann überlegt man schon, ne, was ist jetzt besser.‹«

Diese Gesprächssequenz stammt aus einer Gruppendiskussion mit Müttern, deren Kinder als zu dick klassifiziert werden.[1] Die Mütter sehen sich überall und ständig mit der gesellschaftlichen Aufforderung konfrontiert, dafür Sorge zu tragen, dass sich ihre Kinder gesund ernähren und abnehmen. In der Kita, der Schule, beim Kinder- und Jugendarzt, in zahlreichen TV-Sendungen – allerorten und fortwährend wird ihnen mitgeteilt, dass sie ihrer elterlichen Verantwortung nicht nachkommen, wenn ihre Kinder dick bleiben oder gar noch weiter zunehmen. Diese Vorhaltung wie auch die Reaktion der Mütter darauf – das soll der Beitrag zeigen – sind von gesellschaftlichen Auseinandersetzungen um soziale Ungleichheiten geprägt. Damit soll keineswegs gesagt werden, dass es für die Kinder nicht besser wäre, wenn sie abnehmen würden. Vielmehr gilt es zu zeigen, dass die Art und Weise, wie die Aufforderung an die Mütter – und selbstverständlich auch an die

Väter – herangetragen wird, von diesen als durch soziale Ungleichheiten bestimmt wahrgenommen wird und ihre Antworten darauf abgestimmt sind.

In der obigen Szene tauschen sich vier Mütter darüber aus, warum es aus ihrer Sicht für sie »besser« ist, ein Stück Fleisch statt Obst oder Gemüse zu kaufen. Sie bestätigen sich gegenseitig, dass es ökonomisch rationaler sei, 2,99 Euro für ein Kilo Fleisch denn für die gleiche Menge an Obst und Gemüse auszugeben. Indem sie die Richtigkeit dieser Sichtweise bekräftigen, stellen sie diese als gemeinsam geteilte dar, und zwar als eine, die durch ihre sozioökonomische Lage bedingt ist. Diese Lage nötige sie dazu, darauf achten, für ihr Geld »viel« zu erhalten, reichlich und sättigend einzukaufen.

Vordergründig argumentieren die Mütter mit zu knappen finanziellen Mitteln, die es ihnen nicht ermöglichen, solche Speisen auf den Tisch zu bringen, die als gesund gelten und mit denen das Versprechen verbunden ist, mit ihrem Genuss fit und schlank zu bleiben beziehungsweise zu werden. Aber diese sich anbietende Interpretation, die einzig die sozioökonomische Lage zur Begründung heranzieht, verkennt auf mehrfache Weise, welche verschiedenen Ausformungen sozialer Ungleichheit diesem Dialog zugrunde liegen. Warum stellen die Mütter dem Fleisch ausgerechnet Obst und Gemüse gegenüber? Mit der gleichen ökonomischen Rationalität hätten sie auch Brot, Pasta, Kartoffeln, Kuchen, Fertiggerichte oder Süßigkeiten nennen können. Warum argumentieren sie überhaupt ökonomisch? Bei genauerem Hinsehen überzeugt ihre ökonomische Rechtfertigung wenig, denn um Obst und Gemüse als zu teuer darzustellen, verweisen sie erstens auf teure Obstsorten und zweitens auf die Winterzeit, in der Weintrauben und Himbeeren von der Südhalbkugel importiert werden und deshalb besonders kostspielig sind. Vor allem aber: Warum rechtfertigen sie sich überhaupt dafür, was sie auf den Esstisch bringen?

Gegensatzpaare mit Auf- und Abwertungsmacht

Dass die Frauen Obst und Gemüse dem Fleisch gegenüberstellen, ist kein Zufall. Stehen doch pflanzliche Lebensmittel heutzutage für einen verantwortungsvollen, weil gesunden und ökologischen Essstil, währenddessen Fleischessen mit krank machend, Massentierhaltung, schlechten Arbeitsbedingungen und Klimaschädigung assoziiert ist. Obst und Gemüse setzen die Mütter vermutlich eher automatisch denn reflektiert dem Fleisch entgegen. Aber sie haben ein soziales Gespür dafür, dass und wie dieser Gegensatz von den anderen Gesprächsteilnehmerinnen verstanden und aufgegriffen wird. Sie sind sich gewiss, dass sie nicht bloß persönlich argumentieren, sondern zu einer gemeinsamen Erzählung beitragen, und dies erklärt, weshalb ihre Gesprächsbeiträge direkt ineinandergreifen. Die Gewissheit, mit der sie dies tun, speist sich daraus, dass sie für ihre Argumentation in der Alltagswirklichkeit etablierte gesellschaftliche Typisierungen zitieren.

Gesellschaftliche Typisierungen zeichnen sich nach Peter L. Berger und Thomas Luckmann dadurch aus, dass sie zu dem gehören, »was ›jedermann‹ in seinem alltäglichen, nicht- und vortheoretischen Leben ›weiß‹«.[2] Die Gewissheit, mit der die Gesprächsteilnehmerinnen diese Typisierungen einführen, basiert nach Berger und Luckmann darauf, dass damit »Phänomene« benannt werden, die »wirklich sind und bestimmbare Eigenschaften« haben.[3] Damit ist nun keineswegs eine irgendwie materiell geartete Wirklichkeit gemeint. Vielmehr referieren die Typisierungen auf die gesellschaftliche Wirklichkeit beziehungsweise wirken an ihrer Konstruktion mit, sodass die gesellschaftliche Wirklichkeit den Menschen als kohärentes »Gebilde von Typisierungen« entgegentritt.[4] Mit Pierre Bourdieu kann man präzisieren: Die meisten Typisierungen operieren mit »Gegensatzpaaren« und bilden zusammen eine Ordnung »homologer Gegensätze«.[5] Reinhart Koselleck spricht in ähnlicher Weise von »Oppositionsbestimmungen« beziehungsweise »Oppositionspaaren«.[6] Obst und Gemüse versus Fleisch bilden ein solches Gegensatz- beziehungsweise Oppositionspaar. Um zu verstehen, welche gesellschaftlichen Gegensätze darin eingeschrieben sind, ist ein Blick in die Geschichte hilfreich, der hier allerdings nur kursorisch und damit illustrativ erfolgen kann.

Der reichliche und häufige Genuss von Fleisch war seit der Einführung des Ackerbaus ein Privileg sozial bevorzugter Stände und Klassen. Mehrmals in der Woche oder gar täglich Fleisch essen zu können wurde in Mitteleuropa für die unteren sozialen Klassen und Schichten erst seit der zweiten Hälfte des 20. Jahrhunderts möglich.[7] Der Konsum von Fleisch – davon zeugen besonders anschaulich die höfischen und großbürgerlichen Kochbücher – war in der Geschichte eine eindeutig sozial klassifizierende Praxis, die eng mit den herrschenden Ständen und Klassen verbunden war, ja geradezu einen Ausweis für Macht und Herrschaft repräsentierte. Wenn die Mütter in der Szene argumentieren, dass es für sie ökonomisch rationaler ist, Fleisch anstatt Obst und Gemüse zu kaufen, dann belegt dies, dass das ehemals herrschaftlichen und reichen Haushalten vorbehaltene Privileg, sich eine Mahlzeit mit Fleisch gönnen zu können, sich sozialstrukturell egalisiert hat. Es erklärt aber auch, dass die Möglichkeit, sich regelmäßig und reichlich Fleisch leisten zu können, für diejenigen, die ehemals von diesem Genuss ausgeschlossen waren, Teilhabe am gesellschaftlichen Reichtum bedeutet. Wenn man sich dann noch vergegenwärtigt, dass bis in die Mitte des 20. Jahrhunderts das Leben der meisten Menschen in Mitteleuropa davon bestimmt war, sich zuallererst um ausreichende Nahrung zu kümmern, dann kann man ermessen, welcher gewaltige sozialstrukturelle Wandel sich darin ausdrückt, dass Fleisch zu einer täglichen Speise für alle, die es mögen, geworden ist. Die Aufhebung dieser sozialstrukturellen Benachteiligung geschieht auf Kosten anderer: der global schwächeren Ökonomien und der dortigen Ärmsten, die Viehfutter für die Fleischproduktion der reicheren Länder anbauen, der Tiere, die in der industriellen Massenproduktion leiden, der Umwelt, der enorme Schäden zugefügt werden, der Arbeiterinnen und Arbeiter in den Schlachthäusern und vieler weiterer.

Nicht erst seit der industriellen Massenproduktion von Tieren wird der übermäßige Fleischkonsum als ethisch und moralisch verwerflich kritisiert. Auch dies kann hier nur in groben Strichen skizziert werden, wobei es darauf ankommen soll, nachzuvollziehen, wie Obst und Gemüse zum Gegensatz zu Fleisch geworden sind, wie diese also zum Oppositionspaar wurden. Schon in der griechischen Antike wurde die Frage, ob es ethisch und moralisch vertretbar sei, Tiere zu essen, kontrovers beantwortet. In seinen zwei Abhandlungen zum Fleischessen rügte Plutarch, dass es gegen die Natur sei, wenn sich die Menschen »am Fleisch vergriffen«; sie würden sich »mit Mord beflecken« und sich an Demeter, der Göttin der Feldfrucht, versündigen.[8] Nur des bloßen Genusses wegen zu töten sei Mord, weil »nur aus Hunger, nicht als Schlemmerei« Fleisch konsumiert werden dürfe.[9] Die menschliche Nahrung solle vor allem aus Getreideprodukten und »Beilagen, wie Obst und Gemüse, die unserem Körper und Geist eher gemäß sind und sie in Schwung halten«, bestehen.[10]

Plutarch bezog sich in seinen Abhandlungen auf die Pythagoreer, die sich auf die Lehre Pythagoras' beriefen. Sie glaubten an die Wiedergeburt der Tiere und ernährten sich demgemäß nur von Getreide, Honig, Früchten und Gemüse. Aber die pythagoreische Diät umfasste wesentlich mehr als einen Essstil: Die Pythagoreer bildeten eine politische Bewegung, die die Teilnahme an den staatlichen Opfermahlzeiten verweigerte. Indem sie nicht daran teilnahmen und die ihnen zugeteilten Fleischstücke zurückwiesen, drückten sie eindeutig aus, dass sie nicht bereit wären, sich der staatlichen Gewalt unterzuordnen und die ihnen verordnete soziale Position einzunehmen. Das ihnen zuerkannte Opferfleisch abzulehnen war nicht nur Ausdruck dafür, sich anders zu ernähren, es hieß, gegen den wichtigsten politischen Akt zu protestieren.[11] Der Verzicht repräsentierte folglich eine »Oppositionshaltung gegen die Heteronomie der sozialen Ordnung, die bei der Fleischverteilung während der staatlichen Opferfeste zeremoniell inszeniert wurde«.[12] Lebenspraktisch hatte diese Oppositionshaltung zur Folge, Früchte und Gemüse dem Fleisch vorzuziehen. Der oben von den Müttern angesprochene Gegensatz fußt somit auf einer langen Geschichte. Er ist von Anfang an mit dem Streben nach politischer und kultureller Distanz gegenüber den herrschenden und dominanten sozialen Klassen verknüpft und rechtfertigt sich mit der Behauptung ethischer und moralischer Überlegenheit gegenüber der etablierten politischen und kulturellen Ordnung.

Die vegetarische Bewegung Ende des 19. Jahrhunderts stand einerseits in der antiken Traditionslinie, andererseits trat bei ihr die kulturelle Distinktion stärker in den Vordergrund, während der politische Protest in den Hintergrund rückte.[13] Der Leitsatz der damaligen vegetarischen Bewegung könnte der pythagoreischen Lehre entnommen sein: »Der Mensch soll so einfach als möglich leben, denn Einfachheit ist die Grundlage allen sittlichen, geistigen und körperlichen Wohlbefindens.«[14] Nur pflanzliche Lebensmittel, insbesondere Früchte und Gemüse, dürften gegessen werden, neben Fleisch sollten auch Alkohol, Gewürze, Zucker und feine Mehle – damals als Genussmittel klassifiziert – gemieden werden. Genussmittel versus Nahrungsmittel bildete hier den zentralen Gegensatz, woraus deutlich wird, dass sich die Vegetarier[15] Ende des 19. Jahrhunderts, anders als die Pythagoreer, die gegen die politische Herrschaft und die sie legitimierende dominante Kultur opponierten, vor allem von den etablierten bürgerlichen Klassen und deren Lebensstil absetzen wollten. Sie rekrutierten sich vorwiegend aus den neu entstandenen Mittelschichten, die sich beinahe durchweg aus sozialen Aufsteigern zusammensetzten. Die Vegetarier lebten zumeist in Großstädten, waren überwiegend in neuen Berufsfeldern tätig, wie Telegrafie, Eisenbahn, Post und anderen staatlichen Infrastrukturen, und es waren besonders viele von ihnen Lehrer. Aufgrund ihrer ökonomischen Situation gehörten sie zu den neuen Mittelschichten, ihre soziale und kulturelle Zugehörigkeit war dagegen prekär. Sie hätten versuchen können, dem etablierten bürgerlichen Lebensstil nachzueifern oder einen eigenständigen Lebensstil zu entwickeln, um gegen die kulturelle Dominanz der herrschenden bürgerlichen Klassen zu opponieren. Mit dem vegetarischen Lebensstil entschieden sie sich für den zweiten Weg.

Vermutlich werden viele Leserinnen und Leser nun einige Sätze über den seit einigen Jahrzehnten erneuten Erfolg der vegetarischen und veganen Ernährung erwarten. Da dieser den meisten unter ihnen bekannt sein dürfte, weil sie sich selbst so ernähren oder im Alltag vielfach damit konfrontiert sind, erübrigen sich dazu erläuternde Sätze. Vor allem aber ist das Gegensatzpaar von Fleisch und Obst/Gemüse mit den zwei historischen Beispielen ausreichend beschrieben, um nachvollziehen zu können, warum die vier Mütter ausgerechnet diese Lebensmittel einander gegenüberstellen. Wahrscheinlich sind sie mit der historischen Genese dieses Gegensatzpaares nicht vertraut, trotzdem zitieren sie es doch mit der Gewissheit, dass die anderen Gesprächsteilnehmerinnen wissen (im Sinn von Alltagswissen), was damit gemeint ist, und dass sie auf Zustimmung treffen werden. Das Gegensatzpaar stützt sich auf oppositionelle gesellschaftliche Typisierungen: auf zwei Essstile, die mit entgegengesetzten kulturellen und sozialen Deutungen assoziiert sind, wobei der eine in der Gegenwartsgesellschaft als ethisch und moralisch höherwertiger gilt und zudem vorwiegend von den kulturell dominierenden sozialen Milieus praktiziert – zumindest propagiert – wird. Der andere Essstil wird dagegen als Resultat wenig reflektierter und verantwortungsvoller Orientierungen und Praktiken abgewertet. Sozialstrukturell wird er mit sozioökonomisch benachteiligten Milieus assoziiert.

Vor allem wird der eine Essstil als gesund und der andere als ungesund bewertet. Die Mütter dickerer Kinder sehen sich deshalb nachdrücklich dazu gedrängt, den von ihnen praktizierten Essstil zugunsten des gesunden und als kulturell überlegen angesehenen aufzugeben. Sie wissen um die kulturelle Abwertung ihrer Bevorzugung von Fleisch gegenüber Obst und Gemüse, und sie fühlen, dass es sich dabei um einen Kampf um kulturelle Hegemonie und, daraus begründet, um soziale Vorherrschaft handelt – eine besonders machtvolle Variante sozialer Ungleichheit.

Wenn die Frauen dieses Gegensatzpaar zitieren, um zu verdeutlichen, dass sie aus finanziellen Gründen den gesunden Essstil nicht übernehmen können, reagieren sie abermals mit sozialem Gespür. Sie spüren, dass es eben nicht nur darum geht, sich gesünder zu ernähren, sondern vor allem darum, dass sie einen ihnen kulturell und sozial fernen Essstil übernehmen und ihre Essgewohnheiten und -vorlieben ablegen sollen, womit ihr Geschmack und ihre Praktiken kulturell und sozial abgewertet werden. Die Mütter reagieren auf die kulturelle und soziale Auf- und Abwertungsmacht, die mit dem Gebrauch des Gegensatzpaars von Obst und Gemüse versus Fleisch zur Entfaltung kommt. Das Gegensatzpaar kann zur Rechtfertigung von sozialen Ungleichheiten genutzt werden, indem der gesellschaftlich wenig geschätzte Geschmack und die »schlechten« Praktiken zur Ursache von sozialstrukturellen Benachteiligungen erklärt werden. Dagegen weisen die Mütter ihre sozioökonomische Lage als ursächlich dafür aus, dass sie sich so und nicht anders ernähren, und drehen so die Kausalität ihrer sozialstrukturellen Benachteiligung um.

Eine Welt der Knappheit

Um zu begründen, warum es für ihre Familien nicht »besser« wäre, wenn sie Obst und Gemüse statt Fleisch kaufen würden, argumentieren die Mütter mit »ökonomischer Rationalität«. Wie bereits oben dargelegt, ziehen sie dazu Obstsorten heran, die teuer sind, speziell außerhalb der Erntesaison. Im Vergleich zu dieser Obstwahl können sie Fleisch als preisgünstiger darstellen und erklären, warum es für ihre Familien ökonomisch rational ist, das ihnen zur Verfügung stehende Geld für Fleisch und nicht für Obst und Gemüse auszugeben. Sie nennen Beispiele, die es ihnen ermöglichen, ökonomisch zu argumentieren. Die Gesprächsteilnehmerinnen wissen, dass gegen dieses Argument eingewendet werden kann, sie sollten statt Himbeeren und Weintrauben preiswertere Obst- und Gemüsesorten kaufen. Die Nachbemerkung »wenigstens nicht in der Winterzeit« belegt dies. Wie wir schon gesehen haben, geht es in dieser Gesprächssequenz tatsächlich auch weniger um finanzielle Knappheit als vielmehr darum, dass sich die Mütter einem hegemonialen Essstil, den sie übernehmen sollen, und der Abwertung ihrer eigenen Essgewohnheiten und Vorlieben entgegenstellen. Bemerkenswert ist somit weniger, dass ihre Argumentation auf schwachen Füßen steht, sondern dass sie überhaupt eine ökonomische Begründung heranziehen.

Die Mütter kaufen anders ein, als es von ihnen gesellschaftlich erwartet wird. Ganz offenbar nehmen sie diese Erwartung als so übermächtig und möglicherweise auch als berechtigt wahr, dass sie sich zu einer Rechtfertigung dafür genötigt sehen, weshalb sie Lebensmittel erwerben, die als ungesund gelten. Sie wissen, dass sie zu begründen haben, warum es ihnen nicht möglich ist, der an sie gerichteten gesellschaftlichen Erwartung zu genügen. Vermutlich haben sie bereits mehrfach erfahren, dass sie tunlichst Umstände nennen sollten, bei denen anerkannt ist, dass sie nicht durch eigene Kraft geändert werden können und sie deshalb auch nicht verantwortlich sind: Dazu zählen zu wenig Geld, zu wenig Zeit aufgrund wichtiger Verpflichtungen oder Ähnliches. Zu bekunden, keinen Wert auf gesunde Ernährung und die Gewichtsabnahme der Kinder zu legen, zöge dagegen weitere abwertende Klassifizierungen nach sich. Von dem Verdacht, gleichgültig gegenüber den gesellschaftlichen Erwartungen zu sein, sind besonders Familien betroffen, deren soziale Position und gesellschaftliche Zugehörigkeit prekär oder gefährdet sind.

Entsprechend schildern die Mütter ihre Alltagspraxis als bestimmt von vielfältigen und teilweise schwerwiegenden Problemen, die für sie dringlicher, fordernder und häufig auch existenzieller sind als ihre zu dicken Kinder. Sie verweisen insbesondere auf ungenügende finanzielle Ressourcen, die sich aus ihrer sozialökonomischen Lage ergeben. Dies hindere sie daran, ihre Kinder beim Abnehmen zu unterstützen, denn eine gesunde und weniger dick machende Ernährung könnten sie sich nicht leisten. Mit der Rechtfertigung, dass ihre sozialstrukturell bedingte Ressourcenknappheit ein anderes Verhalten unmöglich mache, nutzen sie ein gesellschaftlich akzeptiertes Argument. Gegen die drohende und tatsächliche Abwertung ihrer Praktiken bringen sie in Anschlag, dass sie die gesellschaftlichen Erwartungen an sie grundsätzlich anerkennen, sie aber eben nicht realisieren könnten.

Damit nutzen sie eine als legitim betrachtete Form der Zurückweisung gesellschaftlicher Appelle. Mit dieser Interpretation soll keineswegs negiert oder relativiert werden, dass die Mütter mit beengten finanziellen

Mitteln wirtschaften müssen und von weiteren sozialen Benachteiligungen betroffen sind. Auch soll nicht bestritten werden, dass der Ressourcenmangel es ihnen beträchtlich erschwert, ihre Ziele und Wünsche zu realisieren. Hier sollte einzig darauf aufmerksam gemacht werden, dass sie ökonomische Gründe anführen, weil diesen gesellschaftliche Legitimität zuerkannt wird und sie sich damit gegen weitere kulturelle und soziale Abwertungen schützen: Weder Unverständnis noch Ablehnung sind ursächlich; es ist der Mangel an Geld.

Der eigenen Stellung und Sichtweise Beachtung verschaffen

Was gegessen wird, wie oft Familien kochen, ob sie gemeinsam essen und ob bei den Mahlzeiten auf die Einhaltung von Regeln geachtet wird, all dieses ist umfassend kulturell und sozial normiert. An der Durchsetzung dieser Normen – speziell bei dickeren Kindern – sind viele Institutionen beteiligt. In der Kita werden Vorschriften aufgestellt, was die Kinder essen dürfen, was im Frühstücksbeutel sein soll und welche Speisen und Getränke dort nicht erwünscht sind. In der Schule und auf der Klassenfahrt setzt sich dies fort. Kinder- und Jugendärzte, die Krankenkasse und viele andere fordern von den Eltern sehr deutlich, auf die Ernährung ihrer Kinder zu achten. Diese Aufforderungen an die Eltern scheinen einzig die Gesundheit und das Wohlergehen der Kinder zu betreffen und sind vermeintlich sozialstrukturell neutral formuliert. Tatsächlich handelt es sich jedoch um sozial klassifizierte und klassifizierende Praxisformen, die mit Prozessen der sozialen Positionierung verwoben und Teil des Ungleichheitsgeschehens sind. Sie geben vor, »was man ›sich erlauben‹ darf, und sie signalisieren, was es einzuhalten und zu respektieren gilt«.[16] Praxisformen werden abhängig von der eigenen sozialen Position als klassifiziert und klassifizierend wahrgenommen und erfahren, je nachdem ob sie sozial nah oder fern sind. Beim Essstil handelt es sich um eine solche klassifizierte und klassifizierende Praxisform. Sie ist jedoch nicht nur mit kultureller und sozialer Auf- und Abwertungsmacht ausgestattet, sondern wird vor allem auch mit medizinischer und pädagogischer Autorität propagiert und ist in den für Kinder zentralen Einrichtungen wie Kita und Schule institutionalisiert, was sie quasi zur einzig legitimen Praxisform erhebt.

Das soziale Gespür der Mütter, das heißt ihr Sinn für die eigene soziale Position, hilft ihnen dabei, solche Argumente anzubringen, die die Stichhaltigkeit der Klassifikationen und Klassifizierungen aushebeln. Indem sie unterstreichen, dass sie aufgrund ihrer sozioökonomischen Lage gar nicht über die Voraussetzungen verfügen, die an sie gerichteten Appelle zu erfüllen, können sie die Abwertungen und Verdächtigungen als unberechtigt bloßstellen. Nähme man dieses Argument nicht als das, was es ist, nämlich eine Stellungnahme zum Ungleichheitsgeschehen, sondern würde es als Charakterisierung der objektiven Lebensbedingungen lesen, dann hieße dies, die Perspektive der Mütter auf die soziale Welt und ihren sozialen Sinn für die eigene soziale Position nicht ernst zu nehmen. Konkret würde dies bedeuten, dass sich eine mangelnde Ressourcenausstattung direkt in bestimmten Essvorlieben und -praktiken niederschlägt. Erstens entspricht eine derartig schlichte deterministische Erklärung nicht der sozialen Wirklichkeit. Sie unterschätzt, zweitens, dass die gesellschaftlichen Erwartungen wie auch die Stellungnahmen der Mütter auf Erfahrungen mit gesellschaftlichen Auseinandersetzungen über soziale Ungleichheiten zurückgreifen. Drittens würde sie die Mütter indirekt »entmündigen«, weil ihnen die Fähigkeit, einen eigenen Standpunkt zu beziehen, abgesprochen würde.

Daraus ergibt sich, die Stichhaltigkeit der mütterlichen Argumente nicht nur »objektiv« zu prüfen, sondern sie als Stellungnahmen zu verstehen, mit denen die Mütter »ihre Weltsicht bzw. Auffassung von ihrer eigenen Stellung in dieser Welt, mit anderen Worten: ihre gesellschaftliche Identität, durchzusetzen versuchen«.[17] Dazu ziehen sie in ihrer Stellungnahme jene gesellschaftliche Sichtweise über soziale Ungleichheiten heran, die in vorangegangenen Kämpfen um Benachteiligungen und Bevorzugungen als legitime Betrachtungsweise anerkannt wurde: dass nämlich beschränkte ökonomische Mittel dafür ursächlich sind, welche Praxisformen realisiert werden können, und es deshalb nicht gerechtfertigt ist, diese kulturell abzuwerten und sozial zu klassifizieren. Nochmals, um Missverständnissen vorzubeugen: Die Mütter müssen mit begrenzten Mitteln haushalten, und es wäre selbstverständlich einfacher, ihre Kinder gesund zu ernähren, wenn sie über mehr Ressourcen verfügen würden. Wie sie jedoch das Gegensatzpaar Obst/Gemüse und Fleisch in der obigen Gesprächsszene gebrauchen, zeigt, dass sie sich zuvörderst gegen weitere Abwertungsprozesse wehren, die im Kampf um soziale Ungleichheiten besonders machtvoll und wirksam sind. Die Mütter unterhalten sich folglich keineswegs nur über die Lebensmittel, die sie auf den Tisch bringen, sie tauschen sich über die sozialen Klassifizierungen aus, denen sie ausgesetzt sind und mit denen gesellschaftlich ihre sozialstrukturelle Position gerechtfertigt wird.

Anmerkungen

1 Die Gesprächssequenz habe ich meinem Buch *Dicksein. Wenn der Körper das Verhältnis zur Gesellschaft bestimmt.* Frankfurt am Main 2014, S. 88–89 entnommen.

2 Peter L. Berger, Thomas Luckmann: *Die gesellschaftliche Konstruktion der Wirklichkeit.* Frankfurt am Main 1987, S. 16.

3 Ebd., S. 1.

4 Ebd., S. 36.

5 Pierre Bourdieu: *Politik. Schriften zur Politischen Ökonomie 2.* Frankfurt am Main 2013, S. 113.

6 Reinhart Koselleck: »Sprachwandel und Ereignisgeschichte«, in: Ders. (Hrsg.): *Begriffsgeschichte.* Frankfurt am Main 2006, S. 32–55, hier S. 35.

7 Jean-Louis Flandrin, Massimo Montanari: *Histoire de l'alimentation.* Paris 1996.

8 Plutarch: *Darf man Tiere essen? Gedanken aus der Antike.* Stuttgart 2015, S. 89.

9 Ebd., S. 96.

10 Ebd., S. 13.

11 Vgl.: Marcel Détienne: »Pratiques culinaires et esprit de sacrifice«, in: Ders., Jean-Pierre Vernant (Hrsg.): *La cuisine du sacrifice en pays grecs.* Paris 1979, S. 8–131. Gerhard J. Baudy: »Metaphorik der Erfüllung. Nahrung als Hintergrundmodell in der griechischen Ethik bis Epikur«, in: *Archiv für Begriffsgeschichte* 25 (1981), S. 7–69. Gerhard J. Baudy: »Hierarchie oder: Die Verteilung des Fleisches«, in: Burkhard Gladigow, Hans G. Kippenberg (Hrsg.): *Neue Ansätze in der Religionswissenschaft.* München 1983, S. 131–174.

12 Gerhard J. Baudy: »Metaphorik der Erfüllung. Nahrung als Hintergrundmodell in der griechischen Ethik bis Epikur«, in: *Archiv für Begriffsgeschichte* 25 (1981), S. 7–69, hier S. 23.

13 Eva Barlösius: *Naturgemäße Lebensführung. Zur Geschichte der Lebensreform um die Jahrhundertwende.* Frankfurt am Main 1997.

14 Gustav Struve: *Pflanzenkost, die Grundlage einer neuen Weltanschauung.* Stuttgart 1869, S. 12.

15 Auf die weibliche Form wird hier absichtlich verzichtet, weil es sich ganz überwiegend um Männer handelte.

16 Pierre Bourdieu: *Sozialer Raum und »Klassen«.* Frankfurt am Main 1985, S. 18.

17 Ebd., S. 16.

Andrea Fadani

Hunger über Hunger

Eine kulturgeschichtliche Spurensuche

Am 9. Oktober 2020 wurde dem Welternährungsprogramm der Vereinten Nationen der Friedensnobelpreis zugesprochen. Die Hilfsorganisation unterstützte 2019 fast 100 Millionen hungernde Kinder, Frauen und Männer in 88 Ländern. Die meisten Beobachter dieser Entscheidung waren überrascht von der Wahl, obwohl die wichtigen Leistungen durch das Welternährungsprogramm seit Jahren anerkannt werden. Ob in Syrien, im Jemen oder dem Südsudan: Menschen, deren Leben oft brutal von Instabilitäten und Konflikten auseinandergerissen wurde, werden versorgt. Das Welternährungsprogramm steht zuallererst für Katastrophenhilfe, aber auch für innovative Projekte in den Ländern des Südens, die Hilfe zur Selbsthilfe beim Aufbau von Ernährungssicherung leisten sollen. Das Nobelpreiskomitee hob hervor, dass die Bekämpfung des Hungers am Anfang jedweder Konfliktlösung steht und somit eine Grundbedingung für den Frieden ist.

Die Kulturgeschichte zeigt, dass große Zivilisationsfortschritte in Friedenszeiten entstehen, Krieg und Konflikte dagegen die Entwicklung unserer Zivilisation stoppen oder sie zurückwerfen. 1970 wurde der Friedensnobelpreis an den Agrarwissenschaftler Norman Borlaug verliehen, der in seiner Preisträgerrede seine pessimistische Ansicht über die Unfähigkeit der Menschheit, aus der Geschichte zu lernen, erläuterte: »Die Zivilisation, wie sie heute bekannt ist, hätte sich ohne eine ausreichende Nahrungsversorgung weder entwickeln noch überleben können. Trotz der Tatsache, dass mehr als die Hälfte der Weltbevölkerung hungrig ist, ist Essen für die meisten Staats- und Regierungschefs der Welt eine

Selbstverständlichkeit. Der Mensch scheint darauf zu bestehen, die Lehren aus der Geschichte zu ignorieren.«[1]

Der große Wendepunkt in der Geschichte des menschlichen Hungers stellt die Verabschiedung der Allgemeinen Erklärung der Menschenrechte durch die Vereinten Nationen am 10. Dezember 1948 dar. Das Recht auf Nahrung für alle Menschen wird in Artikel 25 (1) fest verankert.

Im Angesicht der dramatischen Hungersnöte mit Millionen von Toten in der ersten Hälfte des 20. Jahrhunderts bedurfte es einer neuen »Magna Carta«, um das Zusammenleben auf unserem Planeten zu definieren. Der amerikanische Präsident John F. Kennedy formulierte 1963 die sich daraus ableitende politische Aufgabe: »Wir haben die Fähigkeit, die Mittel und die Kapazität, den Hunger in der Welt verschwinden zu lassen. Was wir brauchen, ist nur der Wille.« Am Ende seiner Ansprache hob er hervor: »Es gibt keinen Kampf auf der Erde oder im Weltraum, der wichtiger und ehrenvoller ist als dieser, und der ein so unmittelbares Erfolgsversprechen bietet.«[2] Kennedy sah vor allem den Technologietransfer aus den entwickelten Ländern als Schlüssel für die dauerhafte Lösung des Hungers an. Aber der Feind, der bekämpft werden sollte, ist nach fast 60 Jahren – und trotz der zahlreichen Nobelpreisvergaben – immer noch nicht bezwungen.

Eine Welt frei von Hunger – eine Utopie?

Mit der Verabschiedung der nachhaltigen Entwicklungsziele – insbesondere des zweiten Ziels, den Hunger für alle Menschen der Erde bis 2030 zu beenden – hat sich die Weltgemeinschaft eine gewaltige Herausforderung auferlegt. Die Forderung, dass alle Menschen das ganze Jahr über Zugang zu sicheren, nahrhaften und ausreichenden Nahrungsmitteln haben sollen, klingt nach paradiesischen Zuständen. Die meisten Experten haben wenig Hoffnung, dass dieses Ziel in den verbleibenden zehn Jahren bis 2030 erreichbar ist.

Hunger tritt ein, wenn die tägliche Energiezufuhr für einen längeren Zeitraum unter dem Bedarf liegt, der für einen gesunden Körper und ein aktives Leben benötigt wird – so definiert es die Ernährungs- und Landwirtschaftsorganisation der Vereinten Nationen (FAO). Nach über 70 Jahren Entwicklungszusammenarbeit und -hilfe aus staatlichen und zivilgesellschaftlichen Quellen stellt sich die Frage, ob wir die Beendigung des Hungers als Utopie eingeschätzt haben. Ist die Aufgabe überhaupt lösbar angesichts einer wachsenden Weltbevölkerung, des drohenden Klimawandels und immer knapper werdender Ressourcen?

War 1950 die Hälfte der Weltbevölkerung unterernährt (bei insgesamt 2,5 Milliarden Menschen), waren es 1960 noch 35 Prozent (bei insgesamt drei Milliarden Menschen) und im Jahr 2000 nur noch 800 Millionen unterernährte Menschen (14 Prozent) bei insgesamt sechs Milliarden Menschen auf unserem Planeten. Trotz des enormen Wachstums der Weltbevölkerung konnte der Anteil der Unterernährten enorm verringert werden. Allerdings ist dieser Anteil seit 2000 nicht weiter zurückgegangen.[3] Seit 2015 steigt die Zahl der Hungernden wieder leicht an und liegt 2019 bei etwa 820 Millionen Menschen (bei insgesamt 7,7 Milliarden Menschen).

Den Hunger nur an der Verfügbarkeit von Kalorien zu messen, kann die Probleme von Unterernährung nicht wirklich abbilden. Ein besserer Indikator zum Verständnis der Ernährungssituation bietet der Welthunger-Index. Er berechnet sich aus der Verbreitung von Unterernährung kombiniert mit dem Anteil der Kinder unter fünf Jahren, die an Wachstumsverzögerungen und Auszehrung leiden, sowie der Kindersterblichkeitsrate. Der *Welthunger-Index 2020* zeigt einen langfristigen weltweiten Rückgang der Hunger- und Unterernährungswerte. Dieser Verbesserung liegen abnehmende Werte aller Faktoren seit 2000 zugrunde.[4]

Trotz dieser Verbesserungen gibt es eine Reihe von Faktoren, darunter weitreichende und beharrliche Ungleichheiten, welche die Bemühungen, den Hunger zu beenden, weltweit untergraben. Obgleich der durchschnittliche globale Welthunger-Index-Wert zurückgegangen ist, haben manche Regionen nach wie vor stärker mit Hunger zu kämpfen als andere, leiden benachteiligte Bevölkerungsgruppen akuter unter Hunger als ihre bessergestellten Nachbarn. Dazu kommen von Krisen und Krieg erschütterte Gebiete, die von Hungersnöten heimgesucht werden.

Die Zahlen des chronischen Hungers und akuter Hungerkrisen müssen darüber hinaus um den sogenannten »versteckten Hunger« ergänzt werden. Wichtige Mikronährstoffe in der menschlichen Ernährung, wie Vitamin A, Zink, Eisen und Jod, sind in den Diäten von etwa 2,5 Milliarden Menschen defizitär.[5] Dieser Mangel ist verantwortlich für die Schwächung des Körpers, sodass schon kurze Phasen von Lebensmittelknappheit nicht mehr überstanden werden können. Bei Kindern führt dieser Mangel zu Auszehrung, Wachstumsverzögerung und letztlich erhöhter Sterblichkeit.

Die Konsequenz der zahlreichen Krisen des Jahres 2020 – eine Pandemie, verheerende Heuschreckenplagen, eine globale Wirtschaftskrise – bedeutet eine Verschärfung der Ernährungsunsicherheit für Millionen von Menschen, insbesondere für diejenigen, die ohnehin am stärksten gefährdet waren.

Hunger scheint – so schrecklich dies klingen mag – eine Konstante in unserer Kulturgeschichte zu sein, sodass die Frage berechtigt ist, welche Spuren er hinterlassen hat. Verändert der Hunger unsere Kulturgeschichte? Verhalten wir uns anders aufgrund der geschichtlichen Erfahrungen? Haben wir dazugelernt?

Sieben fette und sieben magere Jahre

Eine der ersten Hochkulturen des nordafrikanisch-vorderasiatischen Raumes, das alte Ägypten, erlebte immer wieder Hunger. Es bezeichnet sich selbst als »Kemet«, als »schwarzes Land«, womit auf den fruchtbaren Nilschlamm von dunkler Farbe rekurriert wird, den die jährlichen Nilfluten ins Mündungsdelta spülen. Der fruchtbare Nilschlamm war die Grundlage für die reichhaltige Nahrungsversorgung und damit für den Aufstieg des ägyptischen Reiches.

Die Menge der jährlichen Nilfluten definierte die Menge an nützlichem, fruchtbarem Schlamm und bestimmte damit gute oder schlechte Ernten, fette oder magere Jahre. Im Glauben der Menschen wurde dies durch die Götter gelenkt, deshalb verehrten die Ägypter Erdgöttin Isis und den Sonnen- und Nilgott Osiris. Das Getreide war letztlich eine Gabe der Götter. In den Fällen, in denen der Nil entweder zu stark oder unzureichend überflutet, kam es häufig zu Ernteausfällen, die zu Hungersnöten führten. Ein entscheidender Sicherheitsmechanismus gegen wiederkehrende Nahrungsmittelknappheit waren die Getreidespeicher. Nahrungsmittelüberschüsse aus den »fetten Jahren« konnten aufbewahrt werden, bis sie für einen Ernteausfall in den »mageren Jahren« benötigt wurden. Die Josefserzählung in der biblischen Genesis beschreibt, wie Josef nicht nur ein guter Traumdeuter war, sondern auch zum Stammvater der Ökonomen und Spekulanten wurde.[6]

Darüber hinaus galt der Herrscher im alten Ägypten gemeinhin als Garant der Fruchtbarkeit des Landes, er war der Ernährer Ägyptens. Seine kultische Hauptfunktion war es, das Tempelopfer zu vollziehen, sodass die Götter des Landes weiterhin die Nilflut kommen ließen. Der Herrscher wurde nach seiner Fähigkeit beurteilt, ob er Hungersnöte vermeiden konnte. Die Pharaonen dynastischer Zeiten haben Hungersnöte unter keinen Umständen erwähnt – sie wären Ausweis einer erfolglosen, weil »gottlosen« Herrschaft gewesen.[7]

Eine Hungersnotstele auf der Insel Sehel weist als eines der ältesten Artefakte auf eine Periode der Nahrungsmittelknappheit hin. Die Felsinschrift dokumentiert die Besorgnis des Königs Djoser III. aus der dritten Dynastie über die bereits sieben Jahre andauernde, weitverbreitete Nahrungsmittelknappheit:

»Ich trauerte auf meinem Thron, die des Palastes waren in Trauer, mein Herz war in großer Bedrängnis, weil Hapi [Gott der jährlichen Überschwemmung des Nils] in einem Zeitraum von sieben Jahren nicht rechtzeitig gekommen war … alle waren in Not.«[8]

Im alten Ägypten erlebten die Menschen zivilisatorische Fortschritte durch die Anwendung der Kulturtechnik der Vorratshaltung von Getreide aus Zeiten des Überflusses für den Notfall einer Hungerperiode. Unser Sprichwort »Spare in der Zeit, dann hast du in der Not« zeugt von eben jener Kulturtechnik, die wir bis heute in viele Lebensbereiche übertragen haben.

Brot und Spiele

Großstädte in der Antike und vor allem das historische Rom waren besonders anfällig für Hungersnöte, da sie auf den Import von Getreide aus Afrika und Sizilien angewiesen waren. Sobald sich die Zufuhr verzögerte, verringerte oder ausblieb, wirkte sich dies als Mangel und Teuerung auf die ärmere Bevölkerung aus. Unruhige städtische Volksmassen brachten die politisch dominierende Oberschicht in politische Not.

Diejenigen Menschen, die in der Antike Hungersnöte linderten oder gar zu verhindern wussten, wurden als große Wohltäter gefeiert. Die Oberschicht versorgte die Bevölkerung antiker Städte nicht uneigennützig mit Getreide. Aufstände konnten so vermieden werden, das Volk blieb ruhig. Gleichzeitig konnte der Großzügige, der das Getreide stiftete, seine Wohltat auch als politische Investition betrachten, denn auf diese Weise sicherte er sich die Unterstützung der von ihm Versorgten. Es ist daher nicht verwunderlich, dass zur Stabilisierung der politischen Herrschaft ein effizientes System der Nahrungsversorgung der Volksmassen geschaffen wurde.[9] Die Ärmsten in den Städten wurden mit subventionierten oder sogar kostenlosen Getreiderationen versorgt. Gleichzeitig wurden für das Volk Gladiatorenspiele in den Arenen veranstaltet. Der Dichter Juvenal weist darauf hin, dass das römische Volk von den Caesaren entmachtet wurde und nur noch »nach zwei Dingen lechzt – nach Brot und Spielen«. Die Befriedigung des Hungers wird als Machtfaktor der Herrschenden genutzt, wie wir ihn immer wieder in unserer Zivilisationsgeschichte finden. Auch Christus verwendet diesen starken Akt der Hungerbekämpfung in seiner wundersamen Brotvermehrung und wird zum großen Wohltäter durch eine Brotspende.

Hunger – eine Strafe Gottes

Im Mittelalter und bis weit in die Neuzeit hinein wird die Hungersnot als Strafe Gottes für den sündigen Menschen begriffen, was im Alten Testament auch entsprechend bezeichnet wird: In Hesekiel 14,21 kündigt Gott selbst an, dass er vier schmerzhafte Strafen über das Volk senden wird, darunter den Hunger. Ebenso taucht er als einer der apokalyptischen Reiter auf, der im Buch der Offenbarung das Ende der Welt ankündigte. Missernten, meist ausgelöst durch Naturkatastrophen oder Kriegshandlungen, schienen einen übernatürlichen Ursprung zu haben und sich durch Himmelserscheinungen (Sonnen- und Mondfinsternis oder Kometen) anzukündigen.

Historische Aufzeichnungen vom Spätmittelalter bis 1850 belegen, dass praktisch jede Generation in ihrer Lebenszeit eine Hungersnot erlebte. In ganz Europa ist der Hunger Teil der kulturellen Identität. So nimmt es kaum Wunder, dass er in Form von Sprichwörtern ins kollektive Gedächtnis eingegangen ist. Das deutsche Sprichwort »Kein Brot ist zu hart, aber kein Brot ist hart« zeigt die lang anhaltende Beziehung der Generationen zum allgegenwärtigen Hungerrisiko. Brotknappheit wurde zum Synonym für Hunger.

Die Kirche unterdes nahm eine herausragende Stellung bei der Linderung des Hungers ein. Einerseits über Armenspeisungen und andere karitative Werke, aber auch über die Verrichtung des Bittgebets. Während der großen Hungersnot 1770/72 forderte der Herzog von Württemberg, dass die Öffentlichkeit aufgrund der Hungersnot Bußgebete verrichten müsse, um von den Sünden erlöst zu werden. Die Hungersnot könne nur mit göttlichem Beistand aus dem Land verschwinden.[10]

Die Verpflichtung im jüdisch-christlichen Verständnis zur Barmherzigkeit förderte darüber hinaus die Errichtung mittelalterlicher Stiftungen für die Armenspeisungen, die zum Seelenheil der Stifter führen sollten. An den Bedürftigen werden die »sieben Werke der Barmherzigkeit« abgearbeitet, darunter die Hungrigen zu speisen. Den Hunger zu beenden, war also eine religiöse Pflicht.

Esst Kuchen!

Nahrungsmittelteuerungen – wie Hungersnöte auch genannt wurden – in Europa führten seit Ende des 18. Jahrhunderts verstärkt zu Unruhen. Die Bevölkerung nahm die Teuerungen als Strafe Gottes immer weniger hin. In Frankreich war der Hunger mitverantwortlich für das revolutionäre Geschehen: Stark gestiegene Mehl- und Brotpreise führten bereits im Frühjahr 1775 im Königreich Frankreich zu Aufständen. Der sogenannte Mehlkrieg wurde durch die Liberalisierung der Getreidemärkte im Jahr 1774 ausgelöst.[11] Das Getreide wurde zu einer Spekulationsware und bis in die neu gegründeten USA verkauft. Einer der Gegner der Liberalisierung des Getreidemarktes war Ferdinando Galiani, ein italienischer Ökonom und eine relevante Figur der Aufklärung. Er erklärte: »Brot ist ein Grundbedürfnis der Menschen. Dieses allgemeine, ständige und dringende Bedürfnis ist der Hauptgrund, warum Getreide ein unangemessenes Handelsobjekt ist.«[12]

Zwischen 1780 und 1789 kam es zu mehreren schlechten Getreideernten und lokalen Hungersnöten in Frankreich. Schon vor der Revolution glaubten die Menschen, dass der König und die politischen Entscheidungsträger den Hunger als politisches Instrument nutzten, um das Volk auszuhungern. Die Königin von Frankreich, Marie-Antoinette, wird oft mit dem Spruch »Wenn die Menschen kein Brot haben, sollen sie doch Kuchen essen « zitiert. Der Ursprung dieses Zitats liegt jedoch in Jean-Jacques Rousseaus Roman *Les Confessions* und belegt die Verachtung hoher Vertreter gegenüber dem eigenen Volk. Es gibt keinen Hinweis, der die Königin Marie-Antoinette mit diesem Satz in Verbindung bringen könnte, aber ihre Unbeliebtheit in den Jahren vor der Französischen Revolution erleichterte diese Zuschreibung.

Erste prominente Opfer nach dem Sturm auf die Bastille waren der ehemalige Finanzminister Joseph François Foullon und sein Schwiegersohn, die die Hungrigen verhöhnt hatten: »Wenn diese Gauner kein Brot haben, lasst sie Heu essen.« Beide wurden grausam hingerichtet, da man sie beschuldigte, mit Getreide spekuliert zu haben. Die berüchtigte

Episode wurde später von Charles Dickens im Roman *Eine Geschichte aus zwei Städten* wiedergegeben.

Auch der Marsch der Marktfrauen im Oktober 1789 zum König nach Versailles wurde eingeleitet von massivem Brotmangel in Paris. Die Marktfrauen hatten eine einfache Forderung an den König: »du pain«, nach Brot. Diese Konfrontation beendete die unabhängige Autorität des Königs effektiv und begünstigte den Fortgang der Revolution und damit letztlich auch die Abschaffung der Monarchie. Hunger und Unterdrückung ergeben eine Mischung, die sich explosiv entwickeln kann und sich schon vielfach in der Menschheitsgeschichte entlud.

»Jahr ohne Sommer«

Bei dem Ausbruch des Vulkans Tambora auf Sumbawa (Indonesien) im Jahre 1815 wurde eine ungeheure Menge Staub und Schwefel in die Atmosphäre geschleudert, welche die Sonneneinstrahlung auf der Erde reduzierte und in den folgenden Monaten eine extrem kalte und nasse Witterung in weiten Teilen der Welt bewirkte. Entsprechend war der Sommer 1816 viel zu nass und kalt, um – nach einer ganzen Serie von Missernten seit 1811 und den wirtschaftlichen Folgen der Napoleonischen Kriege – eine ausreichende Ernte zu ermöglichen. In Süddeutschland erlebten die Menschen eine schwere Hungersnot, auch aus der Schweiz und Frankreich wurde von schlimmen Ernteausfällen berichtet, und selbst aus Nordamerika kamen Nachrichten über stark gestiegene Getreidepreise. In vielen europäischen Städten fanden Demonstrationen vor Getreidemärkten und Bäckereien statt, gefolgt von Unruhen und Plünderungen. Heute staunen wir über die Wirkung dieses Vulkanausbruchs im fernen Indonesien, der nur zu einer kurzen Wetteranomalie führte, der die Temperaturen in Europa um bis zu 3,5 °C senkte und trotzdem so verheerende Folgen für die Menschen hatte. Welche Auswirkungen wird dann wohl der menschengemachte Klimawandel haben?

Diese Hungersnot blieb über 100 Jahre lang in Kirchen und öffentlichen Gebäuden präsent. Bilder berichteten vom Einzug der vollen Erntewagen im Jahr 1817 mit dem Hinweis: »Nun lobet alle Gott.« Die Erinnerung an den Hunger wurde zum letzten Mal mit einer göttlichen Erlösung vermischt.[13] Die notwendigen Veränderungen fanden in einem anderen, profanen Bereich statt. Die starke Ausdehnung des Kartoffelanbaus in Europa und die Einrichtung eines verlässlichen Verkehrssystems im 19. Jahrhundert verringerten die Anfälligkeit für Hungersnöte. Darüber hinaus leiteten die Ereignisse von 1816 wichtige Reformen in der Landwirtschaft ein. Der erste Direktor der Landbauschule in Stuttgart-Hohenheim, die als Reaktion auf die Hungersnot gegründet wurde, weist darauf hin, dass die Hauptsäule eines jeden Staates zweifellos auf der Landwirtschaft und damit auf der Ernährung des Volkes basiert.[14]

Hunger und Auswanderung

In den Dubliner Docklands steht das Denkmal der großen irischen Hungersnot, die die Menschen von 1845 bis 1849 plagte. Die »Hungerstatuen« erinnern an eine Million Hungertote und an ein bis zwei Millionen Menschen, die aus Irland auswanderten. Die Bevölkerung der Insel wurde durch dieses Ereignis um 20 bis 25 Prozent reduziert. Ursache war eine Kartoffelkrankheit, die allgemein als Kartoffelfäule bekannt ist. Obwohl der Kartoffelanbau in den 1840er-Jahren in ganz Europa von der Seuche heimgesucht wurde, waren die Auswirkungen in Irland, wo ein Viertel der Bevölkerung vollständig von Kartoffeln abhängig war, durch eine Vielzahl politischer, sozialer und wirtschaftlicher Faktoren verschärft.

In dieser Zeit dominierten englische Großgrundbesitzer die irische Landwirtschaft. Die irischen Bauern bearbeiteten das Land als Pächter und bauten darauf Getreide und Kartoffeln an. Während der Kartoffelmissernte wurde weiterhin irisches Getreide exportiert, sodass die Iren hungerten. Die meiste Zeit der fünfjährigen Hungerperiode war Irland ein Nettoexporteur für Nahrungsmittel. Das Vereinigte Königreich diskutierte zwar lebhaft im Parlament, ob und wie den Iren geholfen werden sollte, aber selbst nachdem die Regierung das Ausmaß der Krise erkannt hatte, hat sie nicht wirklich darauf reagiert. Der irische Nationalist John Mitchel formulierte 1861 seine beißende Kritik am Vereinigten Königreich: »Der Allmächtige sandte die Kartoffelfäule, aber die Engländer schufen die Hungersnot.«[15] Die Hungerstatuen materialisieren dieses Verständnis von Hungersnot als primär vom Menschen geschaffenes Phänomen. Bis heute wird in Irland darüber diskutiert, ob es sich bei dieser Hungersnot nicht um einen Genozid am irischen Volk handelte.

Hunger an der Heimatfront

Die durch den Ersten Weltkrieg verursachte Hungersnot in Deutschland zählt zu den schwersten des 20. Jahrhunderts in Westeuropa. Das Deutsche Reich war ökonomisch nicht auf einen langen Krieg vorbereitet. Größere Lebensmittelvorräte fehlten, und die Umstellung auf die Kriegswirtschaft schränkte die Erzeugung und Verteilung von Lebensmitteln drastisch ein. Dazu kam, dass die Blockadepolitik Englands notwendige Nahrungsimporte aus dem Ausland verhinderte. Nachdem schon in den ersten Monaten des Krieges deutlich wurde, dass die Bevölkerung mit Verknappungen von Lebensmitteln rechnen musste, wurden Brot und andere Grundnahrungsmittel ab 1915 rationiert. Der Höhepunkt der Not wurde im sogenannten »Steckrübenwinter« 1916/17 erreicht. Statt Kartoffeln – die eben fehlten – mussten die Menschen Futterrüben essen. Rationierungen, Streck- und Ersatzstoffe konnten den extremen Mangel an Nahrungsmitteln nicht mehr ausgleichen. Fast die gesamte Bevölkerung litt an Unterernährung. Der Erste Weltkrieg forderte das Leben von zwei Millionen deutschen Soldaten auf den Schlachtfeldern. An den Folgen von Hunger und Unterernährung in Deutschland starben während der Kriegsjahre zusätzlich mindestens

700 000 Zivilisten. Das Ende des Ersten Weltkrieges bedeutete darüber hinaus nicht das Ende der Versorgungsengpässe. Der Hunger blieb bis etwa 1924 und war auch im öffentlichen politischen Diskurs ständig gegenwärtig. In den Wahlkämpfen warb fast jede Partei damit, das Problem von fehlendem Brot und Armut lösen zu können. Diese Propaganda blieb bis nach dem Zweiten Weltkrieg und der Währungsreform von 1948 bestehen. Danach verschwand die Forderung nach Brot von der politischen Agenda und wurde vom Begriff Wohlstand abgelöst. Das tägliche Brot und das Essen insgesamt erhielten eine andere Bedeutung in unserer Gesellschaft, Hunger und Mangel als Alltagserfahrung verschwanden.

Hunger als Waffe

Auch in der zweiten Hälfte des 20. Jahrhunderts verursachten Kriege Hunger, weil Grundlagen der Nahrungsmittelversorgung zerstört wurden oder Menschen aus ihrem Land flüchteten oder vertrieben wurden. Hunger als systematischer Nahrungsmittelentzug wird im Krieg aber auch als Waffe gegen innere und äußere Feinde eingesetzt, wie beispielsweise der Konflikt Ende der 1960er-Jahre um Biafra belegt. Um die Gründung eines eigenständigen Staates zu verhindern, griff Nigeria im Juni 1967 die Republik Biafra militärisch an, nachdem sich dieser südöstliche Teil Nigerias für unabhängig erklärt hatte. Bereits Ende desselben Jahres entstand eine bedrohliche Versorgungskrise. Die am dichtesten besiedelte Region Afrikas hatte wichtige Nahrungsmittelanbaugebiete verloren. Hilfslieferungen internationaler und kirchlicher Organisationen konnten die Not nur zeitweise lindern, da sie von nigerianischer Seite angegriffen wurden. Der nigerianische Staat setzte die Strategie des Aushungerns gezielt als Kriegsmittel gegen die Menschen in Biafra ein. Bei Kriegsende war fast ein Drittel der Bevölkerung schwer unterernährt. Der Krieg forderte zwischen 500 000 und drei Millionen Tote, die Mehrheit davon starb am Hunger und seinen Folgen. In der deutschen Medienlandschaft wurde Biafra zum Synonym für Hunger und Massensterben. Die Bilder hungernder Kinder zeigten die in entwürdigender Weise und machen Afrika in unserer Wahrnehmung bis heute zum Hungerkontinent.

Zugang zu Nahrung

Das Projekt »Kopenhagener Konsens« hat in den Jahren 2004, 2008 und 2012 die zentralen Herausforderungen zur Verbesserung des Wohls der Menschheit untersucht und kam zum Ergebnis, dass die Beendigung des Hungers als Mittel mit höchster Priorität durchaus lösbar erscheint. Den wissenschaftlichen Experten fiel es leicht, die wirkungsvollsten Maßnahmen, die die mangelhafte Ernährung bekämpfen, anhand einer Nutzen-Kosten-Relation zu beurteilen. Die Kosten, um den Hunger von morgen zu beenden, sind vergleichbar gering in Relation etwa zu den Kosten der Bankenrettung in der Finanzkrise 2008/2009. Aber was hindert uns daran, dieses Problem für unsere hungernden Mitmenschen zu lösen?

Der indische Nobelpreisträger für Wirtschaftswissenschaften Amartya Sen hat 1982 in seinem bahnbrechenden Werk *Poverty and Famines. An Essay on Entitlement and Deprivation* aufgezeigt, dass in vielen Fällen von Hungersnöten die Versorgung mit Nahrungsmitteln eigentlich ausreichend ist, aber ökonomische und soziale Faktoren für den Hunger verantwortlich sind. Es gelte also, den Betroffenen ein Zugangsrecht zu den vorhandenen Nahrungsmitteln zu gewähren. Sens Analyse ermutigte Regierungen und internationale Organisationen, die sich mit Ernährungskrisen befassen, sich nicht nur um die Behebung unmittelbarer Notstände zu bemühen, sondern Wege zu grundlegender Abhilfe zu suchen. Als kraftvoller Verteidiger politischer Freiheiten glaubt Sen, dass es in funktionierenden Demokratien keine Hungersnöte gibt, weil die politisch Verantwortlichen auf die Bedürfnisse ihrer Bürger Rücksicht nehmen müssen.[16]

Die Kultur des Hungers

Der Hunger ist stetiger Begleiter unserer Zivilisationsgeschichte, aber er schien in der Vergangenheit zeitlos und unausweichlich zu sein. Heute spiegelt sich Hunger als globales soziales Problem wider, das politische Interventionen in Form von Wohlfahrt zur Unterstützung der Hungrigen oder von Entwicklungsaktivitäten zur Schaffung von ausreichend Nahrung und Beschäftigung erfordert. Die Weltgemeinschaft gibt dem Ziel der Beseitigung des Hungers eine hohe Priorität.

Selbst in Wohlstandsgesellschaften ist die Angst vor Armut und Hunger immer wieder sichtbar, wahrscheinlich momentan am besten bei den 940 Tafeln in Deutschland zu studieren, die mehr als 1,5 Millionen Menschen mit Lebensmittelspenden unterstützen. Der apokalyptische Reiter scheint weiterhin einen Platz in unserer Überflussgesellschaft zu haben und seine Schrecken zu verbreiten. Die stattfindende, gut gemeinte Umverteilung von Lebensmitteln überdeckt die Unfähigkeit des Wohlfahrtstaates, den Bedürfnissen aller seiner Bürger gerecht zu werden.[17] Auch hier wäre es zwingend notwendig, einen Ausweg für die Armen und Hungrigen zu finden.

Vom Hunger waren im Laufe der Zeit so viele Menschen betroffen, seltsam, dass die vielfältigen Praktiken, sich an den Hunger und seine Überwindung zu erinnern, weitgehend unerforscht sind. Natürlich konzentrieren sich Überlebende von Hungersnöten eher auf die Zukunft als auf die schreckliche Vergangenheit. Trotzdem bleibt das hehre Ziel der Überwindung des Hungers, samt den Auswirkungen, die das hätte, und auf die Martin Luther King jr. 1964 bei der Auszeichnung mit dem Friedensnobelpreis in Oslo hinwies: »Ich besitze die Kühnheit, daran zu glauben, dass alle Menschen drei Mahlzeiten täglich für ihren Körper haben können, Bildung und Kultur für ihren Geist, und Würde, Gleichheit und Freiheit für ihre Seele.«[18]

Anmerkungen

1 Norman Borlaug: »The Green Revolution, Peace, and Humanity. Nobel Lecture 11.12.1970«, in: Frederick W. Haberman (Hrsg.): *Nobel Lectures, Peace 1951–1970, Volume 3.* Amsterdam 1972.

2 John F. Kennedy: *Presidential Papers. Remarks to World Food Congress delegates, 4.6.1963.* Boston MA.

3 Lioba Weingärtner, Claudia Trentmann: *Handbuch Welternährung.* Frankfurt am Main 2011.

4 Deutsche Welthungerhilfe und Concern Worldwide: *Welthunger-Index 2020.* Bonn, Dublin 2020.

5 Hans Konrad Biesalski: *Der verborgene Hunger.* Berlin 2013.

6 Siehe Altes Testament: Genesis 47,13–26.

7 Stefan Pfeiffer: »Die Bekämpfung einer drohenden Hungersnot durch Ptolemaios III. und seine Gemahlin Berenike II«, in: Andreas Gestrich, Lutz Raphael (Hrsg.): *Inklusion/Exklusion. Studien zu Fremdheit und Armut von der Antike bis zur Gegenwart.* Frankfurt am Main 2008, S. 245–263.

8 Miriam Lichtheim: *Ancient Egyptian Literature. A Book of Readings. Vol. 3, The Late Period.* Berkeley 1980.

9 Ulrich Fellmeth: *Brot und Politik. Ernährung, Tafelluxus und Hunger im antiken Rom.* Stuttgart 2001.

10 Herzog Carl von Württemberg: *Verordnung von zusätzlichen Gebeten im Herzogtum Württemberg in Hungerzeiten.* Sammlung Museum Brot und Kunst, A-3-187. Stuttgart 1771.

11 Cynthia Bouton: *The Flour War. Gender, Class and Community in Late Ancien Regime French Society.* Pennsylvania 1993.

12 Ferdinando Galiani: *Dialogues sur le commerce des blés.* Paris 1770.

13 Wolfgang Behringer: *Tambora und das Jahr ohne Sommer. Wie ein Vulkan die Welt in die Krise stürzte.* München 2015.

14 Johann Nepomuk Hubert von Schwerz: »Vortrag in Hohenheim gehalten am 24. August 1820«, in: *Das Erntefest zu Hohenheim.* Stuttgart 1821.

15 Thomas Gallagher: *Paddy's Lament, Ireland 1846–1847. Prelude to Hatred.* Boston 1982.

16 Amartya Sen: *Poverty and Famines. An Essay on Entitlement and Deprivation.* Oxford 1982.

17 Stefan Selke (Hrsg.): *Tafeln in Deutschland. Aspekte einer sozialen Bewegung zwischen Nahrungsmittelumverteilung und Armutsintervention.* Wiesbaden 2009.

18 Martin Luther King jr.: »The quest for peace and justice. Nobel Lecture 11.12.1964«, in: Frederick W. Haberman (Hrsg.): *Nobel Lectures, Peace 1951–1970, Volume 3.* Amsterdam 1972.

Felix Lindner

Überall Wurst

Ein Literaturspot um 1900

1923, erzählt der Romanist Ernst Curtius, habe er für sein Buch über die Rezeption Honoré de Balzacs in Johann Wolfgang Goethes Tagebüchern recherchieren wollen. Doch die Bände seien partout nicht aufzutreiben gewesen. »Aber als ich mir eine Wurst kaufte«, schreibt er, »wurde sie in ein Stück Makulatur gewickelt, das aus einem Bogen der Weimarer Ausgabe bestand und den gesuchten Text enthielt.«[1] Wer fleißig ist, dem kommen die Dinge von alleine, soll das heißen. Wie Fleischreste zu Druckresten finden und wie die Metzgerei zum Produktionsgehilfen wird, das erklärt er leider nicht. Obwohl die Verbindung gar nicht selten ist. Wo Literatur entstehen soll, da ist oft erst einmal: Wurst.

Robert Walsers »Wurstpoetik«, Friedrich Nietzsches »Schinkenbriefe«, Franz Kafkas Selbstbild als »gestopfte Wurst«, als »Aufschnitt«: Immer wieder werden Schreibszenen von Koch- und Brühwaren aus bewertet, kommentiert und angeleitet. Schreiben und Körper, Faulheit und Arbeitsstimmung, Genialität und Banalität treffen in der Wurst aufeinander und zeigen Momentaufnahmen künstlerischer Produktion, die mit Diätetik scheinbar mehr zu schaffen haben als mit Wortkunst.

Warum also wird beim Schreiben übers Schreiben so oft über Wurst gesprochen? Was ist an der Wurst, das sie zu einem Stellvertreterobjekt für Schriftstellerdiäten macht; für das Dressurversprechen, besser, schneller, mehr schreiben zu können? Wie hilft sie dabei, die Problemlagen zu artikulieren, die Stockungen und Widerwilligkeiten? Man muss ein paar Ebenen unterhalb des »Werks« ansetzen, um diese Konstellation historisch und diskursiv sichtbar werden zu lassen: dort, wo Literatur noch gar nicht da ist, sondern nur das Schreiben.

»Selbst-Régime« und Schinkenauswahl

Ende August 1887 schreibt Nietzsche an seinen Freund Franz Overbeck in Dresden, es reiche erst mal mit den Büchern. Schreiben natürlich will er weiterhin, nur sich dabei »absolut auf [s]ich zurückziehn«: »*Keine* Erlebnisse, *nichts* von *außen* her; nichts *Neues* – das sind für lange jetzt meine einzigen Wünsche.«[2] Ein paar Tage später geht eine Karte aus Sils-Maria ab, ein Wunsch des Sohnes an die Mutter: »Ich brauche eine ganz feine Schinkenwurst; was ich aus der Schweiz mir besorgt habe, ist *fett* und bekommt mir nicht. Kannst du mir nicht *umgehend* etwas schicken? Es ist eine rechte Frage der Gesundheit.« Und kleiner, in einer Ecke steht: »(Nichts Andres als die Wurst!)«. Eine Woche später bedankt sich Nietzsche für die »deliziöse Wurst« und verspricht: »Andre Jahre werde ich das Herumexperimentieren mit Schinken lassen und gleich … eine feste Bestellung auf solchen Schinken machen.«[3] Es werden trotzdem Jahre des Herumexperimentierens mit Schinken.

Vom Logistikzentrum Naumburg aus versorgt Franziska Nietzsche den Vagabundensohn noch bis 1889 mit »Freßkistchen«[4] voll Wurstwaren und Süßigkeiten. Der ist enttäuscht, wenn die Bestellung schlecht war, mit der Gesundheit »abgebüßt«, nur noch die »runde dicke Lachsschinken-Wurst«, bitte, sechs Kilo für vier Monate, er wolle doch vernünftig und ohne Experimente sein, denn »riskiren« darf er »absolut nichts mehr«.[5] Und wieder kommen die Würste. Sie sind zu klein, sie sind zu trocken, sie heißen »Milchschinkli« und seien fürchterlich versalzen, sechsmal müsse er nachts Wasser trinken, sie sind zu fett, zu faserig, die Leute hätten »keinen Begriff davon, was ein Schinken zum Gebrauch von Kranken ist«. Und dann wieder: »Der Schinken sieht äußerst delikat und stattlich aus: ich blicke mit neuem Vertrauen in die Zukunft.«

In der Korrespondenz findet sich konzentriert, was Nietzsche andernorts ähnlich, nur unter erheblich geringerem Aufwand etwa an Zwieback, Eiern, Käse und Kakao erprobt: ein diätetisches Experimentalsystem zum Zweck der Schreiboptimierung. Seine »Hauptsache«, so schreibt er, sei die »militärische Genauigkeit im Kleinsten der Lebensweise«, ein »Selbst-Régime« der »größte[n] Gleichmäßigkeit in der … Ernährungsweise«.[6] Allein so könne er arbeiten, und allein so könne man auch sicher sein, dass aus einer Magenverstimmung keine Philosophie wird und man nicht, wie es ihm einst passierte, durch »Leipziger Küche« und Schopenhauer-Lektüre seinen Willen zum Leben verliert.[7]

An diesem Schinken wird aber nicht nur ideengeschichtlich transparent, was Philosophie für Nietzsche ist, nämlich »Diätetik … als Erkenntnis- und Moralkritik«[8], sondern vor allem, wie viel Schreibarbeit es braucht, um mit dem Schreiben zu beginnen. Nietzsche legt Klimatabellen des Wetters in Italien an, erstellt Unverträglichkeitslisten und diätetische Imperativregister.[9] Alles steht inmitten seiner Werknotizen, und auch der Schinken taucht dort wieder auf. Es ist ein Zusammenschreiben der Dinge[10] – »fetter, weißer Käse«[11] ist nicht wichtiger als Ethik und Moralphilosophie. Wie der Schinken aber in die Briefe kommt und warum es dringend Schinken sein muss, das ist damit noch nicht erklärt.

1875, mehr als ein Jahrzehnt vor diesen Briefen, lässt sich Nietzsche in Steinabad im Schwarzwald vom Kurarzt Joseph Wiel behandeln, der seinen Magen »interessant« findet. Er stellt eine Magenerweiterung fest, verordnet Diät, zeigt Nietzsche eine »Fleischhackmaschine« (einen Fleischwolf) und kocht sogar mit ihm.[12] Im selben Jahr erscheint Wiels *Tisch für Magenkranke*, ein Diätkochbuch, in dem die fünf kleinen Mahlzeiten am Tag gelistet sind, die nicht blähen und die »Zusammenziehung des Magens« fördern sollen. Die Hauptrolle spielt besonders mageres Fleisch: Braten, Schinken, Hackfleischklopse, auf Emaille serviert, 50 Gramm, ein wenig angewärmt. Gegessen werden soll, was »schon in kleinen Quantitäten zur Ernährung«[13] ausreicht und was der Ernährungsphysiologie und Diätetik des 19. Jahrhunderts vor allem Eiweiß war. Die Kalorienversprechen des Jahrhunderts – Liebigs Fleischextrakt, Knorrs Erbswurst – sind nichts anderes als Eiweißkondensate, eine Ableitung vom Nährgehalt des Fleischs[14] und der Entdeckung, dass der Mensch nicht Nahrung, sondern »Energie« braucht, die man berechnen und auf ein Gramm genau ermitteln kann.[15]

Es sei der »Fleischgenuss«, schreibt Justus Liebig 1869, der die englischen Arbeiter so viel arbeitsamer mache als die deutschen, die Tabellen zeigten das. »Im Grossen genommen« könne »der Mensch … zu höheren … energischeren Leistungen das Fleisch … nicht entbehren.«[16] Fleisch ist Eiweiß ist Muskelmasse ist Energie. Nationalistisch und männlich, wie dieses ganze Jahrhundert. Man kann es an den Diätkochbüchern sehen.

Ausdauer, Energie und Arbeitsleistung, einen gesunden Magen haben – im Schinken, in der Wurst wird es versprochen. Weshalb Nietzsche, der »in der Schule des alten Wiel gewesen« ist, wie er schreibt, nicht nur nach dem besten Schinken sucht, sondern nach dem »Wiel'schen Schinken«[17], dem besonders mageren. Dass der aber kaum aufzutreiben war, bezeugen die »Experimente« von anderthalb Jahren. Sie sind der Beweis, wie sich konzentriertes und haltbares, frankierbares Eiweiß in eine Produktionsästhetik schieben kann.

In der Schinkenepisode zeigt sich, wie die Idee des kuratierten Körpers zu einem Instrument der Produktion von Arbeitsstimmung wird. Was zu Beginn des 19. Jahrhunderts noch Genius war, sind hier Beobachtungsketten, Funktionswerte und Selbstoptimierungen. »Notizen – dann nach Aufschnitt laufen«[18], so beschrieb es Gottfried Benn in einem Nietzsche-Gedicht. Die Fragen danach, wie viel Kalorien ein Arbeiter im Tagesdurchschnitt braucht und wie viel Wurst jemand, der schreibt, sie wurden gleichzeitig gestellt. Und sie werden sich Jahrzehnte halten.

Dichterkörper in der Saison der Wurst

»Dickleibige Dichter«, schreibt Robert Walser 1917 in seiner Miniatur »Poetenleben«, »sind etwas wie ein Ding der Unmöglichkeit.« Denn: »Dichten«, steht dort, »heißt nicht dick werden, sondern heißt fasten und entbehren.«[19] Rund 70 Jahre vorher hieß das im Lexikon noch so: »Im vorzüglichern Sinne heißt dichten, ästhetische Ideen in entsprechende Bilder fassen oder in einem harmonischen Ganzen sinnlicher

Anschauungen versinnlichen …«[20] Das ganze Geheimnis der Goethe-Zeit, die Versinnlichung von Literatur durch das Vorenthalten ihres Produktionsprozesses, ist passé, sobald Dichterkörper Lesbarkeit einfordern.

Eine Physiognomie des Dichters kannte auch das 19. Jahrhundert. Dass ihm aber »Schlankheit [ansteht]«, dass er einen »durchgeistigten Anblick [gewähre]«, das ist neu. Dabei sei es ganz egal, »ob er nur Suppe mit Wurst verzehrt oder ob er ganze Speisekarten voll mitwegißt«, Hauptsache, dünn, Hauptsache, »dass ihm gute Gedichte entstehen«. Vorzuziehen sei jedoch die Diät, die auch die Produktionsschwelle senkt: Denn die Gedichte, so heißt es, »entstehen ihm … bei zarter, dürftiger und magerer Kost entschieden besser als bei irgendwelcher andern«.[21]

Die Herstellung von Poesie, weiß diese fingierte Lehrmeinung, gebietet Minimalspeisung für Maximalertrag. Wenn er schon essen muss, der Dichter – und essen muss er ja –, dann reicht das Fleisch in seiner unprätentiösesten und marginalsten Form: »Suppe mit Wurst«, keine Monatsmiete Braten, was für den Asketen eben abfällt, es ist so gut wie Fasten. Und sonderbar asketisch ist es nun mal auch, was das »Poetenleben« angeblich ausmacht: Das Handwerk, das hier vom Körper aus begründet wird, soll ihn am Ende ganz vergessen machen. Ein »Hungerkünstler«, dieser Dichter, der im Fasten geistig wird.

In der Figur des dünnen Dichters wird damit eine Poetologie transparent, deren Imaginationen von Krafthaushalt und Energiebilanz, von Konsumtion und Produktion an einer Physiologie geschult sind, die das Schreiben diätetisiert. Wer auf seine Zufuhr achtet, so hieß es schon bei Nietzsche, begünstigt seine Produktion. Und wieder stellt die Wurst die Referenz.

Dass diese aber schnöde ist und überall verfügbar, das ist gar nicht selbstverständlich. Denn zu der Zeit, als Walser sein »Poetenleben« schrieb, wird in Deutschland inzwischen dreimal so viel Schweinefleisch gegessen wie noch 30 Jahre vorher.[22] 1877 beginnen die Bauarbeiten für den Berliner »Central-Vieh- und Schlachthof«; ein riesenhafter Schlachtkomplex von 38 Hektar und Knotenpunkt der neuen Ringbahn, deren Funktion noch hauptsächlich der Güterverkehr war.

Im ersten Geschäftsjahr 1881 lautet die Bilanz dann: 126 347 Rinder, 392 895 Schweine, 111 937 Kälber und 650 060 Hammel.[23] Mit welchem Tempo auch die maschinelle Wurstherstellung vorangetrieben wurde, zeigt die Einweihung des Kyffhäuserdenkmals 1896: 40 000 Halberstädter Würstchen gab es für die Gäste.[24] Die Industrialisierung und Erfindung eines Nationalgerichts.

So findet die Wurst auch Eingang in die Satiren und Sittenbilder, dem kulturellen Kurzzeitgedächtnis. In den *Berliner Wespen*, einem humoristischen Wochenblatt von Julius Stettenheim, erscheint 1877 die Klage eines fiktiven Metzgers, das Reichsgesundheitsamt sei viel zu streng, und bei der Wurst sei schließlich Kreativität gefragt:[25] eine Antwort auf die unzähligen Gesetze und Gerichtsverfahren zur Wurstfälschung, die offensichtlich nicht hinterherkamen, die Fleischwarenproduktion zu regulieren. Seine Entdeckung, die »Kartoffelmehlwurst« mit Anilin und Fuchsin zur schönen Rotfärbung, werde nie ein Publikum finden, weil ihm, dem »Wurst-Sokrates« – so die Überschrift der Rede –, die Handwerksgelehrten keinen Erfolg gönnen würden. Der Wursterneuerer, angeklagt durch Traditionalisten.

Zur selben Zeit erklärt der Wiener Feuilletonist Friedrich Schlögl die Wurst direkt zur Signatur des Zeitgeists. Politik, Kultur und Volkswirtschaft, Prophetie und Dekadenz: In Schlögls »Die Saison der Wurst« wird sie zum »Wahrzeichen der hereinbrechenden Noth«, zum palliativen Bratensurrogat der Massen. Ein »Symbol der Versöhnungsära« zwischen Arm und Reich sei sie sogar, aber eben auch Geschmacksdekadenz: »Die Wurst ist die drittletzte Etappe auf dem Passionswege zur Schlußkatastrophe …« Nach ihr kämen nur Kartoffeln, Brot und Tod. »Wurst und wieder Wurst und immer Wurst, wohin das Auge blickt!«[26] Das ist die alltagsgeschichtliche Rückseite des Bildes vom Wurst essenden Poeten.

Von hier aus entwickelt sie sich zum Inbegriff der Allenthalbenheit – und wird bisweilen regelrecht zum Kennzeichen des schmucklosen Schreibhandwerks: In Thomas Manns Erzählung »Beim Propheten« werden am Karfreitag »etwa zwölf« Personen zur Lesung des Poeten Daniel eingeladen, der, selbst nur als Gemälde anwesend, seine »Predigten, Gleichnisse, Thesen, Gesetze, Visionen, Prophezeiungen und tagesbefehlartige[n] Aufrufe« auf einem Dachboden von einem seiner »Jünger« verlesen lässt und »Buddha, Alexander, Napoleon und Jesus« zu seinen »demütigen Vorläufer[n]« erklärt. Über zwei Stunden dauert diese Lesung, der auch ein Novellist »aus einer andern Sphäre« beiwohnt und dem »um zehn Uhr … die Vision einer Schinkensemmel [kommt]«.[27] Viel bescheidener kann es bei der Ausstattung neuer Sozialfiguren fast gar nicht zugehen. Ästhetizismus gegen Hunger, Christus gegen eine Schinkensemmel: Der frugale Novellist braucht nichts weiter als einen vollen Magen, um zu schreiben.

Aufschnittimaginationen

Die Kuranstalt »Jungborn« liegt ungefähr auf halber Strecke zwischen Goslar und Wernigerode; im »Harzidyll«, wie es die Broschüre nennt.[28] Hier läuft man nackt herum, man schläft in »Lichtlufthäuschen«, ernährt sich vegetarisch und trinkt nur Milch von Weidekühen. Alles, was der Mensch brauche, das komme aus der Erde, schrieb Adolf Just 1896,[29] der Gründer dieser »Heimstätte und Musteranstalt für reines Naturleben«. Die »Lichtlufthäuschen« sind aus Holz, nach allen Seiten offen, es gibt auch einen »Lichtluftbademantel« und eine »Frucht-Diät«;[30] ein Ort für müde Europäer, an dem jedwede Wurst ein Sakrileg wäre. Von hier berichtet Kafka, der auf drei Wochen im Juli 1912 gekommen ist, an seinen Freund Max Brod: »Mein Hauptleiden besteht darin, daß ich zuviel esse. Ich stopfe mich wie eine Wurst, wälze mich im Gras und schwelle in der Sonne an.« Er habe die Idee, sich »dickmachen zu wollen« und so gesund zu werden. Und er schreibt noch: »Es ist damit nicht ohne Zusammenhang, daß meine Schreiberei langsamer weiter geht als in Prag.«

Nur ist er ja gekommen, um zu essen, um sich zu sonnen und zu wälzen. Was hier gesund machen soll, das wird zum Hindernis des störungsfreien Schreibens. Die unproduktive, träge Stopfwurst aber ist keine lose Imagination eines Schriftstellers in verminderter Arbeitsstimmung – sie ist das Kippbild einer Enthaltungsethik, einer festgezurrten Produktion.

Vier Monate später schreibt Kafka an Felice Bauer, er sei »der magerste Mensch, den ich kenne«. »[I]in Rücksicht auf das Schreiben« sei überhaupt nichts »Überflüssiges« an ihm und seine »Lebensweise … nur auf das Schreiben hin eingerichtet«. Diese »Lebensweise«, mehr gewünscht denn immer eingehalten, soll sie sich so vorstellen: »[v]on 8 bis 2 oder 2 1/3 Bureau, bis 3 oder 1/2 4 Mittagessen«, dann schlafen bis halb acht. Zehn Minuten turne er nackt vorm offenen Fenster und gehe dann spazieren für eine Stunde. Darauf folge »das Nachtmahl innerhalb der Familie« und dann ab halb elf oder halb zwölf das Schreiben, »je nach Kraft, Lust und Glück bis 1, 2, 3 Uhr einmal auch schon bis 6 Uhr früh«. Dann turnen, abwaschen und schlafen, bis es wieder ins Büro geht.[31]

Kafka »müllert«, Kafka »fletschert«[32], er ernährt sich vegetarisch, isst oft einfach Nüsse, Obst und Milch. »Dichten heißt nicht dick werden, sondern heißt fasten und entbehren.« Zur Wurst werden, das hieße, die Heil- und Kurmethoden befolgen, sich nach fremden Diätplänen auszurichten, die Produktion an Maßstäbe anzupassen, die vielleicht den Magenkranken helfen, nur den Schriftstellern nicht. Das Grundprinzip der meisten zeitgenössischen Kuren lautet nämlich: Fett ansetzen.[33] Es ist ganz gleich, zu welchen Ärzten die »Nervösen«, zu denen Kafka jetzt zählt, oder die »Schwindsüchtigen«, zu denen er zählen wird, gehen. Was verordnet wird, ist Mastkur. Die Nerven, lautet der Physiologenkonsens damals fast überall, brauchen vor allem Fett.[34] Noch 1996 erinnert sich Thomas Sprecher, damals Leiter des Thomas-Mann-Archivs, daran, wie im Sanatorium Davos noch 1963 löbliche Gewichtszunahmen der Patienten »im Speisesaal coram publico verkündigt und mit einer Davoser Kalbsbratwurst belohnt wurden«.[35]

All die Briefe aus den Kuren, den Fütterungsanstalten, er nehme zu, mal anderthalb, mal zwei Kilo, er esse sogar Fleisch, nur könne er es nicht kauen, er »verschweinert« nur den Boden oder fühle den »mißbrauchten und gestraften Körper wie eine fremde Schweinerei«. Fleisch, das ist hier Heilmittel und Produktionshemmung zugleich.

Die Tiefphasen von Kafkas Schreiben stehen auch deshalb immer wieder im Zeichen der Wurst. »[I]ch glaube, für geistige Arbeit ist Fleischkost unbedingt erforderlich«, sagt einer seiner Tischnachbarn, in Tradition von Liebig, einmal. Es sind solche diskursiven Spitzen, die den Nexus von Schreiben und Fleischkonsum alltagsweltlich zementieren und in einen Bildkomplex aus Metamorphosen, Passivität und Portionierungen einwandern: »Vorstellungen, wie z. B. die, daß ich ausgestreckt auf dem Boden liege, wie ein Braten zerschnitten bin und ein solches Fleischstück langsam mit der Hand einem Hund in der Ecke zuschiebe – solche Vorstellungen sind die tägliche Nahrung meines Kopfes.«[36] Dass Köpfe Nahrung brauchen, »Nervennahrung«, diese Vorstellung konnte es erst geben, seit Fleisch und Fett für Arbeitsleistung standen. Dieser Schriftstellerbraten aber ist vollkommen unbeweglich, er leistet überhaupt nichts, außer selbst zu Fleisch zu werden und sich ans nächste Raubtier zu verfüttern. Dazu kommt bei Kafka »[i]mmerfort die Vorstellung eines breiten Selchermessers das eiligst und mit mechanischer Regelmäßigkeit von der Seite her in mich einfährt und ganz dünne Querschnitte losschneidet, die bei der schnellen Arbeit fast eingerollt davonfliegen«.[37] Der zerhackte Schriftsteller, die Aufschnittimaginationen sind Ausdruck einer Positionsbestimmung im Feld der Fütterungssysteme, die vorgeben, wie sich der nervöse Kopfarbeiter zu ernähren hat. Der Körper, so betont der Naturheilkundler Kafka immer wieder, sei »unteilbar«.[38] In der Frage des Fleischs, die damals kontrovers zu werden beginnt, scheint er zerlegbar.

Es hängt damit auch das »Verlangen« zusammen, von dem Kafka einmal schreibt, die »Vorstellungen von schrecklichen Wagnissen mit Speisen in mir zu häufen«. »Sehe ich eine Wurst«, schreibt er im Tagebuch, »die ein Zettel als alte harte Hauswurst anzeigt, beiße ich in meiner Einbildung mit ganzem Gebiss hinein und schlucke rasch, regelmäßig und rücksichtslos wie eine Maschine. ... Die langen Schwarten von

Rippenfleisch stoße ich ungebissen in den Mund und ziehe sie dann von hinten den Magen und die Därme durchreißend wieder heraus.«[39] Zwischen Fletschern und Fleischekel schiebt sich hier die Logik des Exzesses: Ungeduld, Schnelligkeit und Gier. Es ist kein Essen, das hier stattfindet, sondern ein »Häufen«, eine ungehinderte Aufnahme an Zähnen, am Magen, an der Verdauung vorbei. Die »langen Schwarten von Rippenfleisch«, die einmal durch den Körper gestoßen werden, ohne sie irgendwie zu verwerten, sondern um die Verdauungsorgane zu zerstören, sind die Imagination eines Essens ohne zu essen, einer Volumenvergrößerung ohne Verwertung – eines Essens ohne Bedeutung.[40]

Traditionslinien von Wurst und Kunst

Die diätetische Überwachung des Schreibens durch den Schreibenden, man ahnt es, bleibt um 1900 Männern vorbehalten. Sie ist zum einen Effekt einer am männlichen Normalkörper geschulten Physiologie und wird zum anderen institutionell und diskursiv von Behandlungspraktiken und Symptomatiken begründet. Hält ein Mann Diät, hat es System – hält eine Frau Diät, so ist sie anorektisch. So hat es Nina Diezemann in *Die Kunst des Hungerns* beeindruckend für die deutschsprachige Literatur und Medizingeschichte um 1900 analysiert. »Während junge Frauen den medizinischen Texten zufolge *Anorexia nervosa* bekommen wie andere einen Schnupfen«, schreibt sie, »scheinen Männer ihren Appetit und ihre Ernährung selbst zu kontrollieren.«[41] Was hier im Essen, in der Wurst verdichtet werden sollte, die Geschichte der Selbstoptimierung von Schriftstellern, das fußt nicht zuletzt auch auf dem Privileg der Unbedenklichkeit, medizinisch als auch literarisch – dass es produktiv, nicht pathologisch sei, die eigene Ernährung zu beobachten. Diese Geschichte darf nicht blind sein für die Voraussetzung, die ihre anderen Voraussetzungen erst schafft: dass es allein der Männerkörper war, dem es ermöglicht wurde, sein Schreiben unter systematische Beobachtung zu stellen.

Das mag zugleich eine Erklärung dafür sein, dass sich noch Ende des 20. Jahrhunderts die Künstler gegenseitig an der Wurst erkennen: »Ich sitze im Sacher, esse eine Wurst und lese die Zeitungen«, erinnert sich Udo Jürgens in einem Interview. »Da schaue ich hoch und gerate regelrecht in Furcht ... Gegenüber sitzt der Thomas Bernhard und isst auch eine Wurst und liest die Zeitung.«[42] Die gleichen Gesten, Insignien und Rituale, eine Schriftstellerkausalität. Es mag die Traditionslinien erklären, die von Liebig bis zu aktuellen Männerpublikationen wie dem *Beef!*-Magazin reichen und die Joseph Beuys 1978 zwar kein Emaillegeschirr wie Nietzsches Arzt, aber eine Wurstpappe mit »Ich ernähre mich durch Kraftvergeudung« signieren ließen.[43] Eine hartnäckige Verbindung, zusammengehalten durch Kalorienmythen, Selbsterzählungen und Rezeptionsketten. Nietzsche liest die Physiologen, die Physiologen lesen Nietzsche. Liest Robert Walser Nietzsche, liest Kafka Robert Walser und Thomas Mann sie alle, bis Beuys später genauso Nietzsche liest. So setzen sich die Sedimente ab und geben sich natürlich.

Literaturwürste

Am Ende wird die Literatur selbst wieder zur Wurst. Zwischen 1961 und 1974 stellt der Künstler Dieter Roth um die 50 »Literaturwürste« her: Martin Walsers *Halbzeit* und 20 Bände Hegelwerke etwa – in Schnipsel gerissen, mit Fett und Gewürzen vermischt, in einen Darm mit aufgeklebter Titelei gestopft, manchmal baumelnd an einem Rahmen aufgereiht.[44] Steckte bei Curtius die Wurst im Druckpapier, ist das Druckpapier bei Roth nun in die Wurst gestopft. »Bücher, die er nicht leiden könne«[45], zum Wurst-Stückpreis 100 Mark. Aber konserviert, verwertet, gegessen und geschrieben wird hier nichts mehr, sondern es verkommt zu unlesbarem, schimmelndem Hohn. Und weil in Archivarkulturen nun mal alles aufgehoben werden muss, stehen Restauratoren nun vor der kuriosen Aufgabe, etwas zu konservieren, was der Inbegriff des Konservierens ist.[46]

Wie Schriftsteller um 1900 über ihr Schreiben schreiben, wie sie versuchen, es zu observieren und zu verwalten, wie sie ihre Körper dabei organisieren und optimieren – das wird bisweilen an so etwas Schnödem wie der Wurst sinnfällig. Was zu oft nur als Schrulle, als Bizarrerie in Plauderbiografien oder Fußnoten Eingang findet, das ist in Wahrheit der erste Schritt zur Poetologie, zur Vorbereitung des Werks. Die Schrullen nämlich haben System. Zu schreiben, was man schreibt, beginnt beim Überlegen, *wie* man schreibt und was man isst.

Anmerkungen

1 Ernst Robert Curtius: *Büchertagebuch.* Bern 1960, S. 6.

2 Friedrich Nietzsche: Brief an Franz Overbeck, 30.08.1887, in: Ders.: *Sämtliche Briefe. Kritische Studienausgabe in 8 Bänden, Bd. 8.*, hrsg. von Giorgio Colli und Mazzino Montinari. München 1986, S. 139f. Im Folgenden als KSB mit Bandnummer und Seitenzahl zitiert.

3 KSB: Postkarte an Franziska Nietzsche, 04.09.1887, Bd. 8, S. 141.

4 KSB: Brief an Franziska Nietzsche, 17.07.1886, Bd. 7, S. 209.

5 Alles KSB: Brief an Franziska Nietzsche, 16.06.1888, Bd. 8, S. 333f., 364–366, 341. »Delikat«, das gilt für Würste und für Produktivzustände: »Du glaubst nicht, an was für delikate Bedingungen die Freiheit meines Kopfes und meine ganze geistige Tüchtigkeit gebunden ist. Und nun die Augen!« (KSB: Franziska Nietzsche, Ende April 1885, Bd. 7, S. 43).

6 KSB: Brief an Franziska Nietzsche, 14.09.1888, Bd. 8, S. 432. KSB: Brief an Malwida von Meyenbug, 21.02.1883, Bd. 6, S. 335. KSB: Brief an Franziska Nietzsche, 20.03.1888, Bd. 8, S. 272.

7 Friedrich Nietzsche: »Ecce Homo«, in: Ders.: *Sämtliche Werke. Kritische Studienausgabe in 15* Bänden, Bd. 6, hrsg. von Giorgio Colli und Mazzino Montinari. München, S. 255–374, hier: S. 279.

8 Winfried Menninghaus: *Ekel. Theorie und Geschichte einer starken Empfindung.* Frankfurt am Main 1999, S. 240.

9 Friedrich Nietzsche: Notizheft N-VII-3, S. 31 f., N-VII-1, S. 189f. und N-VII-4, S. 60.

10 Vgl. Bruno Latour: »Visualisation and Cognition: Drawing Things Together«, in: *Knowledge and Society. Studies in the Sociology of Culture Past and Present* 6 (1990), S. 1–40.

11 KSB: Brief an Elisabeth Förster, 12.03.1886, Bd. 7, S. 160.

12 KSB Brief an Franziska und Elisabeth Nietzsche, 17.07.1875, Bd. 5, S. 256ff. Die Diät Wiels lautet wie folgt: »7 Uhr: ein Kaffeelöffel Karlsbader Sprudelsalz. / 8 Uhr Beefsteak 80 Gramm, 2 Zwiebäcke. / 12 Uhr Gebratenes Fleisch 80 Gramm (nichts weiter!) / 4 Uhr 2 rohe Eier und eine Tasse Milchkaffee. / 8 Uhr Gebratenes Fleisch 80 Gramm, mit Gelée. – / Sowohl nach Mittag- als Nachtessen ein Glas Bordeaux.«

13 Joseph Wiel: *Tisch für Magenkranke.* Karlsbad 1875, S. 166.

14 Vgl. *Meyers Großes Conversations-Lexikon, Bd.* 6, Leipzig 1906, Art. Fleisch 677f.: »Das Fleisch ist, wie aus seiner Zusammensetzung hervorgeht, eines unserer schätzbarsten Nahrungsmittel, und Menschen, die sich grösstenteils mit kräftigem und gut zubereiteten Fleisch ernähren, zeichnen sich im allgemeinen … durch grössere Körperkraft und Ausdauer aus … Die Bedeutung des Fleisches als Nahrungsmittel beruht vor allem auf seinem Reichtum an eiweissartigen Substanzen.«

15 Vgl. Anson Rabinbach: *Motor Mensch. Kraft, Ermüdung und die Ursprünge der Moderne.* Wien 2001.

16 Justus Liebig: *Über die Gährung und die Quelle der Muskelkraft.* München 1869, S. 455 und S. 452. Vgl. außerdem: Ole Fischer: »Männlichkeit und Fleischkonsum. Historische Annäherungen an eine gegenwärtige Gesundheitsthematik«, in: *Medizinhistorisches Journal* 50 (2015), H. 1/ 2, S. 42–65.

17 KSB: Brief an Franziska Nietzsche, 24.07.1888, Bd. 8, S. 366; Brief an Franziska Nietzsche, 12.08.1887, S. 125.

18 Gottfried Benn: »Turin«, in: Ders.: *Das Hauptwerk, Bd. 1,* hrsg. von Marguerite Schlüter, München 1960, S. 177.

19 Robert Walser: »Poetenleben«, in: Ders.: *Sämtliche Werke in Einzelausgaben, Bd. 6,* hrsg. von Jochen Greven. Zürich 1986, S. 126f., hier: S. 126.

20 Allgemeine deutsche Real-Encyklopädie für die gebildeten Stände. Conversations-Lexikon in fünfzehn Bänden. Band 4. Leipzig 1844, S. 336.

21 Robert Walser: »Poetenleben«, S. 127.

22 Vgl. Christian Kassung: »Schnittstelle Laderampe. Zur Infrastruktur des Schlachthofs«, in: Sebastian Gießmann et al. (Hrsg.): *Materialität der Kooperation.* Siegen 2019, S. 61–84.

23 Vgl. Christian Kassung: *Fleisch. Die Geschichte einer Industrialisierung.* Paderborn 2020.

24 Vgl. Alfred Georg Frei, Timo Groß, Toni Meier: »Es geht um die Wurst. Vergangenheit, Gegenwart und Zukunft tierischer Kost«, in: Angelika Ploeger et al. (Hrsg.): *Die Zukunft auf dem Tisch. Analysen, Trends und Perspektiven der Ernährung von morgen.* Wiesbaden 2011, S. 57–75, hier: S. 63.

25 Anonym [wahrscheinlich Julius Stettenheim]: »Der Wurst-Sokrates. Ein wissenschaftlicher Vortrag für Herren und Damen«, in: *Berliner Wespen. Illustrirtes humoristisches Wochenblatt* 45 (1877).

26 Friedrich Schlögl: »Die Saison der Wurst. Eine volkswirtschaftliche und neugastronomische Studie«, in: Ders.: *Wienerisches. Kleine Culturbilder aus dem Volksleben der alten Kaiserstadt an der Donau.* Wien 1883, S. 84–91, hier S. 86, 85, 87, 90.

27 Thomas Mann: »Beim Propheten«, in: Ders.: *Ausgewählte Erzählungen.* Berlin 1953, S. 475–484, hier S. 479, 482, 476, 483.

28 Die Broschüre ist abgedruckt in: Klaus Wagenbach: »Drei Sanatorien Kafkas. Ihre Bauten und Gebräuche«, in: *Freibeuter* 16 (1983), S. 77–90, hier: S. 83f. Zu Jungborn siehe auch: Ekkehard W. Haring: »Die Naturheilanstalt Jungborn als Ort des Schreibens und der Selbst-Reform«, in: Thorsten Carstensen, Marcel Schmid (Hrsg.): *Die Literatur der Lebensreform. Kulturkritik und Aufbruchstimmung um 1900.* Bielefeld 2016, S. 173–191.

29 Vgl. Adolf Just: *Kehrt zur Natur zurück! Die wahre naturgemäße Heil- und Lebensweise. Wasser, Licht, Luft, Erde, Früchte und wahres Christentum.* Stapelburg 1896.

30 Vgl. Klaus Wagenbach: »Drei Sanatorien Kafkas«, S. 83 f.

31 Franz Kafka: *Briefe 1900 – 1912*, hrsg. von Hans-Gerd Koch. Frankfurt am Main 1999, S. 159, 202 f., 203 f., 204. Im Folgenden als KKAB mit Bandnummer sowie Seitenzahl zitiert.

32 »Müllern«: Ein Sport-, Diät- und Hygieneprogramm, entworfen vom Dänen Jørgen Peter Müller in: Ders.: *Mein System. 15 Minuten täglicher Arbeit für die Gesundheit.* Leipzig 1904. Turnen und Abwaschen, wie im Brief an Felice Bauer geschildert, gehen auf Müller zurück. Als 1913 auch Müllers »Mein System für Frauen« erscheint, schreibt Kafka an Bauer: »Ich werde Dir nächstens das ›System für Frauen‹ schicken und Du wirst ... langsam, systematisch, vorsichtig, gründlich, täglich zu ›müllern‹ anfangen, mir darüber berichten und mir damit eine große Freude machen« (KKAB 2, S. 255). »Fletchern«: Vom US-amerikanischen Ernährungswissenschaftler Horace Fletcher begründete spezielle Kautechnik, die unter anderem vorschreibt, jeden Bissen mindestens 40- bis 50-mal zu kauen, um bereits im Mund vorzuverdauen und damit Magen und Darm zu entlasten.

33 Siehe etwa Otto Binswanger: »Ernährungskuren bei Nervenkrankheiten«, in: F. Penzoldt, R. Stintzing: *Handbuch der Speciellen Therapie der Inneren Krankheiten, Bd. 5*, Jena 1895, S. 73–78. Silas Weir Mitchell: *Die Behandlung gewisser Formen von Neurasthenie und Hysterie.* Berlin 1887. Besonders *Davoser Blätter* 29 (1887): »Da es noch kein spezifisches Mittel gegen den Tuberkelbacillus gibt, so kann nicht genug betont werden, dass bis auf Weiteres die Lungenschwindsucht vor allem vom Magen aus kurirt werden muss ...«

34 Siehe Paul Dubois: »Über nervöse Störungen des Appetits und der Verdauung«, in: *Correspondenz-Blatt für Schweizer Aerzte* 23 (1893), S. 354–403 oder Alexander Hirschfeld: Diätetik für Nervenkranke. Wien 1880.

35 Thomas Sprecher: *Davos im »Zauberberg«. Thomas Manns Roman und sein Schauplatz.* München 1996, S. 319.

36 KKAB 4, S. 382; KKAB 3, S. 341; KKAB 1, S. 134 f.; KKAB 2, S. 100; KKAB 4, S. 168; KKAB 2, S. 146.

37 Franz Kafka: *Tagebücher*, hrsg. von Hans-Gerd Koch et al. Frankfurt am Main 1990, S. 305. Im Folgenden KKAT.

38 Vgl. KKAB 3, S. 71: »Organismen lassen sich nicht teilen, ohne irgendwie zerstört zu werden. Habe ich ein zu großes Stück Kohl und kann es nicht durch die Ofentüre bringen, dann ist es sehr praktisch, wenn ich es zerschlage. Wenn ich aber durch eine für mich zu enge Tür gehen soll, dann wird es gar nicht praktisch sein, wenn ich mich zu diesem Zweck halbiere.«

39 KKAT, S. 210.

40 Vgl. Thomas Pekar: »Nahrung ohne Bedeutung. Kafkas Sehnsucht«, in: *Avenue* 5 (2018), S. 26–31.

41 Nina Diezemann: *Die Kunst des Hungerns. Anorexie in literarischen und medizinischen Texten um 1900.* Hamburg 2005, S. 99.

42 Zit. in: Michael Angele: *Der letzte Zeitungsleser.* Berlin 2016, S. 6.

43 Siehe dazu Wolfger Pöhlmann: *Es geht um die Wurst. Eine deutsche Kulturgeschichte.* München 2017, S. 260.

44 Dieter Roth: *Georg Wilhelm Friedrich Hegel: Werke in 20 Bänden (Detail), 1974, Suhrkamp Taschenbuchausgabe zerkleinert, mit Gewürzen und Schmalz angereichert in Wurstdärmen an Holzgestell*, https://www.staatsgalerie.de/sammlung/forschung-projekte/dieter-roth.html (28.10.2020).

45 Brief Dieter Roths an Hanns Sohm, zit. in: Dieter Roth: *Books + Multiples*. o. O. 2004, S. 9.

46 »Während der Präsentation der Arbeit in der Sammlung sind zwei Würste aufgrund von Versprödung der Aufhänge-Schnüre herabgestürzt, wobei eine beim Aufprall zerbrach. Nach eingehender Begutachtung der gesamten Arbeit hat sich herausgestellt, dass es neben dem Bruch der einen Wurst aufgrund von Alterung und Versprödung zu weiteren Veränderungen und Schäden an den Wurstoberflächen gekommen war.« Vgl.: https://www.staatsgalerie.de/sammlung/forschung-projekte/dieter-roth.html (letzter Abruf 28.10.2020).

FLXX
Schlussleuchten von und mit *Peter Felixberger*

Liebe Leserinnen und Leser,

ich darf Sie heute einladen zu einem Menü der Extraklasse. Das große Demokratiemenü. Wir haben hierfür Köche aus verschiedenen Ländern und Epochen gewinnen können. Sie alle eint das Streben, dem Genuss und Wohle aller zu dienen. Es geht ihnen nicht nur darum, uns satt zu machen und zu stärken, sondern auch, den einzigartigen Geschmack, den Demokratie hinterlässt, nie mehr in Vergessenheit geraten zu lassen. Ein Menü, das die Menschen verzückt, sie aber gleichzeitig auf dem Boden der Vernunft hält. Ein Menü, das wieder und wieder zubereitet werden muss, um das Fast Food verwirrter Schnellköche und Fettbrutzler dort zu parken, wo es hingehört: auf den Scheiterhaufen kulinarischer oder besser gesagt: auf den Misthaufen rassistischer und heimtückischer Absonderlichkeiten.

Treten Sie ein, hereinspaziert. Wir haben vier Gänge vorbereitet. Möge es Ihnen allen munden.

Amuse-Gueule: Arbeiter-Bourgeois-Spieß

Zutaten für zwei Personen:

1 Bourgeoisiefilet
2 Teelöffel Arbeitergewürzmischung

Das Rezept stammt von Karl Marx und ist ein zeitloses Beispiel dafür, wie das kreative Spiel gegensätzlicher Kräfte in der modernen Küche unverzichtbar ist. Marx, ein deutscher Wirtshauskoch, der viel herumkam, hat sich intensiv mit dem Gegensatz von Bourgeois und Arbeiter beschäftigt. Der Bourgeois als alleiniger Besitzer der Produktionsmittel darf in Ruhe heranreifen und auf der Basis seines Reichtums Fett ansetzen. Allerdings muss sehr darauf geachtet werden, kein verfettetes Exemplar zu kaufen, das nie über eine Wiese im Freien gehoppelt ist. Demokratieköche wissen, dass das Fett schön marmoriert und nicht zu schwartig sein darf. Die Gewürze bringen in diesem Rezept eigentlich nur ihre Arbeitskraft ein. Sie entfalten ihren Geschmack besonders in der Kombination mit dem Bourgeoisiefilet und verleihen ihm einen intensiveren und volleren Geschmack. Man könnte fast sagen, das Privateigentum des Bourgeois wird aufgehoben und verschmilzt mit den Gewürzen zum Gemeineigentum der klassenlosen Gesellschaft. Der Geschmack kann sich jetzt voll und frei in jede Richtung entfalten.

Den Bourgeois in dünne Scheiben schneiden, mit der Arbeitergewürzmischung einreiben und in Olivenöl kurz durchbraten. Zum Warmhalten in Alufolie wickeln und ruhen lassen.

Die Bourgeoisiestücke nacheinander an einem Schaschlikspieß aufreihen.

Für die Arbeitergewürzmischung benötigen wir Fenchelsamen, schwarze Pfefferkörner, Senfkörner, Thymian, Oregano und einen Hauch Chiliflocken. In der Pfanne gemeinsam anrösten und dann direkt auf das Filet auftragen. Keine Angst: Die Arbeitergewürze sind es gewohnt, erhitzt zu werden. Allerdings: Nicht zu stark rösten, sonst verlieren sie ihr demokratiestabilisierendes Aroma.

Zwischengang: Volkssuppe

Zutaten für zwei Personen:

1 freier und gleicher Wirsing
500 Gramm speckige Kartoffeln, die bereit sind, ihre Aromamacht vollständig abzugeben
1 richtig vernünftige Stange Lauch
250 Gramm tugendhafter Grünkohl
Gemüsebrühe aus den Arbeitergewürzen
3 Esslöffel wohlgeordnete Butter zum Andünsten
Salz und Pfeffer nach Geschmack

Das Rezept stammt von John Rawls und ist Ausdruck einer neuen emanzipierten Küche, wie man sie heute in ambitionierten Restaurants nicht nur in Großstädten findet. Rawls, der das streng hierarchische Küchenregiment seines Vaters nicht aufrechterhalten wollte, kam nach einigen Lehr- und Wanderjahren in das elterliche Restaurant zurück. Er führte dort eine wohlgeordnete Demokratie ein, in der alle Mitarbeiter die gleiche Freiheit und Gerechtigkeit akzeptieren und anerkennen. Alle kooperieren im Rahmen einer demokratischen Vernunft, die unverrückbar ist. Das, so Rawls, sollte auch auf seine Gerichte zutreffen. Seine Volksküche basiert deshalb auf der Idee, jede Zutat so miteinander zu verketten, dass auch die Schwächsten fortlaufend bessergestellt werden. Es herrscht also eine unbedingte, faire Chancengleichheit aller Zutaten. Selbige erklären sich wiederum bereit, so miteinander zu kooperieren, dass jede Zutat im Rezept noch geschmacklich spürbar ist, aber gleichzeitig dem gesamtsouveränen Geschmack das Zepter übergeben wird. Der Geschmack ist sozusagen nachhaltig integriert, ohne besonderen Wert darauf zu legen, sich grandios selbst entfalten zu wollen.

Wirsing putzen und in Streifen schneiden, vorher den möglicherweise egoistischen Strunk entfernen. Kartoffeln schälen und kurz in die aufgehende Sonne legen. Grünkohl grob hacken, damit aus der Tugend kein Terror ausströmen kann. Den Lauch in gleichmäßig vernünftige Ringe schneiden, in Butter kurz anschwitzen. Nicht zu stark, damit die Vernunft nicht gleich wieder verbrennt.

Alles in einen Schmelztiegel und mit Gemüsebrühe aus den Arbeitergewürzen aufgießen. So lange leicht kochen, bis das Gemüse gerade noch bissfest ist. Wenn das Gemüse verkocht, schmeckt die Volkssuppe fad und kann nur mit scharfen und extremen Gewürzkräften wieder reanimiert werden. Achtung: Akute Demokratiegefährdung. Lieber die verkochte Suppe wegschütten und neu zubereiten.

Tipp: Alle Vertragsparteien in der Volkssuppe erklären sich vorab bereit, über die gleiche Macht am Gesamtgeschmack zu verfügen. Achten Sie deshalb genau auf die Mengenabgaben. Sonst verbittert, versauert oder verschleimt die Suppe zu stark.

Hauptgang: Sozialliberalgrüne Staatspasta mit Tomaten, Ingwer und Garnelen

Zutaten für zwei Personen:

4 reife Politikertomaten
25 Gramm frischer, ungleicher Ingwer
1 Stängel fürsorgliches Zitronengras
1 Esslöffel selbstbestimmter Zitronensaft
½ extremistische Chilischote
10 souverän gekochte Garnelen (Schwanz entfernen)
Gemüsebrühe aus den Arbeitergewürzen
1 Esslöffel sozialdemokratisches Tomatenmark
¾ Liter FDP-gesüßte Kokosmilch
1 Bund Frühlingszwiebeln aus schwarz-grünem Koalitionsanbau
500 Gramm Merkelspaghetti aus emotional-kontrolliertem Teig

Das Rezept ist ein Evergreen in der Diversity-Küche. Es vereint den Grundgedanken der liberalen Küche, die auf Selbstorganisation und

Leistung setzt, mit der sozialdemokratischen Fürsorgeküche, die alle versorgt und den Koch als Vaterfigur der kindlichen Geschmäcker im Lande sieht, sowie der grünen Küche, die über Solidarität gesteuert wird. Im Grunde genommen ist es eine klassische Cross-over-Küche, die vermischt, was auf den ersten Blick nicht zusammengehört, aber damit ein betörendes Kochniveau erreicht. Vielleicht deswegen, weil sie Leistungs-, Verteilungs- und Chancengerechtigkeit der Zutaten so perfekt orchestriert, dass sich keiner vernachlässigt, nicht gewürdigt oder abseitsstehend wähnen müsste. Dahinter steht das Ideal der autonomen Zutat als Möglichkeit, autonom die Art und Form des Pastagerichts zu bestimmen, sofern dies mit der Freiheit der anderen Zutaten verträglich ist. Diese Selbstverwirklichung jeder Zutat bedingt zügelnd Selbstverantwortung und Selbstsorge. Man wird zum Souverän und Selbstdisziplinator in einer bunt schillernden Pastawelt. Kein Wunder: In der Cross-over-Küche gibt es derzeit die originellsten und kreativsten Rezepte.

Tomaten am Hybrisstrunk sternförmig einschneiden, mit kochendem Wasser überbrühen und ein paar Minuten stehen lassen, kalt abschrecken, damit sie sich häuten lassen. Keine Sorge: Politikertomaten kennen diese Behandlung aus ihrem Alltag in den Parlamenten und Medien. Fruchtfleisch würfeln und zunächst zur Seite stellen. Ingwer schälen und hacken, Zitronengrasstängel anquetschen und halbieren. Seien Sie unbesorgt: Als Sozialpädagoge unter den Gemüsesorten hält Zitronengras fast jeder Belastung stand. Das gilt ebenso für die extremistische Chilischote, mit der jene in den Schmelztiegel wandert. Wichtig ist, die FDP-Milch und die Arbeiterbrühe gleichzeitig hinzuzufügen. Kräftig das SPD-Tomatenmark unterrühren und etwa 15 Minuten bei mittlerer Hitze köcheln lassen. Währenddessen die Frühlingszwiebeln in dünne Streifen schneiden, damit die grüne Selbstüberhöhung eingedämmt wird. Zitronenstängel aus der Brühe herausfischen und mit Salz, Pfeffer und selbstbestimmtem Zitronensaft abschmecken. Tomatenwürfel einrühren, noch mal kurz aufkochen lassen. Und jetzt, ganz wichtig: Die Merkelspaghetti hineingeben und sanft simmernd mitkochen lassen.

Tipp: Wenn die Brühe zu stark aufkocht, besteht die Gefahr, dass zu viele Emotionen freigesetzt werden, die bisher im Nudelteig eingeschlossen waren. Am Ende nur noch die souveränen Garnelen dazugeben, kurz miterwärmen und alles heiß servieren.

Dessert: Schicksalssoufflé mit Granatapfelkernen

Zutaten für sechs Personen:

200 Gramm Quark (Topfen) mit 20 Prozent Fett
1 Esslöffel Wohlfahrtsstärke (Mais)
3 Eigelb von freilaufenden Hühnern
5 Eiweiß von selbigen
Mark von einer verarmten Vanilleschote
Schale von einer wohlgeformten Biozitrone
5 Esslöffel lebensbejahender Zucker
Pazifistische Granatapfelkerne, so viel man will

Das Rezept stammt von Michael Walzer, einem der bekanntesten amerikanischen Armenköche des 20. Jahrhunderts. Sein Restaurantansatz war beispielhaft. Denn die Gerichte waren alle kostenlos. Und wie finanziert? Nun, die Reichen ermöglichten den Armen den Genuss besonderer Essgerichte. Gerechtigkeit, so Walzer, beruhe nämlich auf dem Ansatz, dass zum Zwecke der gegenseitigen Versorgung die Güter an andere Menschen verteilt werden. So schuf Walzer eine Restaurantkette quer über die USA, in denen Haute Cuisine für Arme serviert wurde. Güterverteilung nach sozialen Gesichtspunkten rekurriert auf die unterschiedlichen Chancen, die Menschen in einer lebendigen Demokratie haben. Jede politische Gemeinschaft müsse im Prinzip als Wohlfahrtsstaat agieren. Deshalb: Soufflé für alle! Ohne kann der moderne Mensch nicht existieren. Denn allein sind wir den Gefahren und Schwierigkeiten des Sich-versorgen-Müssens nicht gewachsen. Die Menschen tun sich zusammen, weil sie je einzeln nicht leben können. Mit diesem Soufflé wird der Mensch endlich frei von Not sein. Friede den Kochtöpfen, Friede auf Erden.

Zunächst ganz friedlich Quark, Maisstärke, Eigelb, Zitronensplitter und die arme Vanille zu einem glatten Teig verrühren. Eiweiß mit einer Prise Salz und Zucker cremig schlagen. Tipp: Nicht zu fest, ganz achtsam, es soll noch glänzen. Einen kleinen Teil Eiweiß zur Soufflémasse geben, mit Schneebesen verrühren, dann restliches Eiweiß unterheben. Weiterhin sanft und friedlich bleiben. Die Form buttern und mit Mehl bestreuen, dann die pazifistischen Granatapfelkerne drauflegen. Die Soufflémasse einfüllen und im Backofen in einem weichen Wasserbad (»weiches Wasser bricht den Stein!«) rund 20 Minuten backen.

Tipp: »Keine Macht für Niemand« von Ton Steine Scherben in Endlosschleife hören, während das Soufflé gebacken wird und später auf der Zunge schmilzt! Dazu ein Süßwein vom Neusiedler See, der so flach ist, dass kein Mensch untergehen kann. Demokratie von unten!

Diese Kolumne irrlichtert bewusst in den Sicherheitskorridoren der letzten Wahrheiten. Allzeit bereit, selbige wie einen Pudding an die Wand zu nageln. Ihr bescheidenes Ziel ist, die Widersprüche und Anomalien im täglichen Leben als die eigentlichen Energiespender zu würdigen, die uns zu wohliger, synthetischer Einsicht und Zufriedenheit führen. So lässt sich der Autor treiben – auf einer Bahnfahrt, auf einem Berg oder nur auf der Toilette sitzend. Scheinbare Gewissheiten lösen sich auf, womögliche Ungewissheiten spannen ihre Muskeln und spontane Banalitäten kreuzen die Klingen. Diese Kolumne feiert die Ahnungslosen, entlarvt die Bodenlosen und kokettiert mit den Zweifellosen. In der heutigen Folge preisen wir die Idee eines Demokratiemenüs, das die Zweifelnden und Dürstenden stärken und laben will. Es erhält dieses Mal den FLXX, einen symbolischen Preis, den wir vierteljährlich an Personen, Ideen und Projekte verleihen.

Autorinnen und Autoren

Eva Barlösius, geb. 1959, ist Professorin für Soziologie an der Leibniz Universität Hannover und gründete das Leibniz Forschungszentrum Wissenschaft und Gesellschaft. Zuletzt erschien *Soziologie des Essens. Eine sozial- und kulturwissenschaftliche Einführung in die Ernährungsforschung.*

Jürgen Dollase, geb. 1948, ist Gourmetkritiker und -journalist. Zuletzt erschien *Pur, präzise, sinnlich. Ganzheitlicher Genuss – die Zukunft des Essens.*

Eva-Maria Endres, geb. 1986, ist nach ihrem Studium der Ökotrophologie und Public Health Nutrition Stipendiatin im Promotionskolleg »Ethik, Kultur und Bildung für das 21. Jahrhundert«. Zuletzt erschien *Ernährung in Sozialen Medien. Inszenierung, Demokratisierung, Trivialisierung.*

Andrea Fadani, geb. 1965, ist Agrarwissenschaftler und arbeitet seit 2000 als Vorstand für die Eiselen-Stiftung und die Stiftung fiat panis in Ulm. Zuletzt veröffentlichte er einen Beitrag im Sammelband *Hunger. Zur Geschichte einer existenziellen Bedrohung.*

Peter Felixberger, geb. 1960, ist Herausgeber des *Kursbuchs* und Programmgeschäftsführer der Murmann Publishers. Seine Bücher erschienen bei Hanser, Campus, Passagen und Murmann. Dort auch sein letztes: *Wie gerecht ist die Gerechtigkeit?*

Christoph Klotter, geb. 1956, ist Ernährungspsychologe und Psychotherapeut. Er lehrt Ernährungspsychologie an der Hochschule Fulda. Zuletzt erschien *Einführung Ernährungspsychologie* (in vierter Auflage).

Felix Lindner, geb. 1991, ist nach dem Studium der Deutschsprachigen Literatur und Kulturwissenschaft Doktorand am GRK 2190 »Literatur- und Wissensgeschichte kleiner Formen« in Berlin. Zuletzt erschien »Flüsterworte am Verstehen vorbei. Eine kleine Geschichte der Gänsehaut«, in: *Kon-Paper* 7 (2020).

Heike Littger, geb. 1969, ist freie Journalistin und Lektorin. Sie arbeitet für Zeitschriften sowie Buchverlage und lebt bei München.

Jana Rückert-John, geb. 1969, ist Professorin für »Soziologie des Essens« an der Hochschule Fulda. Zuletzt erschien *Fleisch. Vom Wohlstandssymbol zur Gefahr für die Zukunft* (gemeinsam mit Melanie Kröger).

Corinna Schirmer, geb. 1989, ist Kulturanthropologin und Mitarbeiterin im Museum für Kunst und Kulturgeschichte in Dortmund. Zuletzt erschien »Beyond Beethoven – Erinnerungsorte in Bonn«, in: *Alltag im Rheinland. Mitteilungen der Abteilung Alltagskultur und Sprache des LVR-Instituts für Landeskunde und Regionalgeschichte*.

Marie Schröer, geb. 1983, ist Juniorprofessorin für Kultursemiotik und Kulturen romanischer Länder an der Universität Potsdam. Ihre Dissertation *Terrain de Je: Zum Wechselspiel zwischen Comic, Autobiografie und Bildungsroman* erscheint Anfang 2021.